우리가 오해한 **트럼프**

우리가 오해한 **트럼프**

초판 1쇄 발행 2025년 6월 10일

지은이   박다니엘
펴낸이   박다니엘
편집   홍윤경
북디자인   오정화
제작   재남

펴낸곳   은혜와진리
주소   (12241) 경기도 남양주시 진건읍 경춘로 725번길 136
등록번호   제 357-251002012000100호(2012년 1월 12일)
전화   031) 528-7712
팩스   031) 528-3842
이메일   luvneighbor@naver.com

저작권자   2025ⓒ 박다니엘

* 이책의 저작권은 저자에게 있습니다.
ISBN 978-89-98860-11-0 03340

값 17,000원

* 잘못된 책은 바꾸어 드립니다.

Printed in korea

우리가 오해한 **트럼프**

박다니엘 편저

책을 시작하며

　2024년 미국 대선은 많은 이들에게 충격을 안겨주었다. 미국과 한국의 주류 언론은 공화당 대통령 후보 도널드 트럼프(Donald Trump)와 민주당 대통령 후보이자 부통령인 카말라 해리스(Kamala Harris)의 대결을 엇비슷하거나 해리스가 우세할 거라 예측했다. 하지만 뚜껑을 열어보니 트럼프가 압도적인 승리를 거두었다. 예상 밖의 결과로 미국과 한국의 주류 언론은 큰 망신을 당했고, 주류 언론의 신뢰도가 하락했다.

　그동안 한국인 대다수는 미국 주류 언론의 보도를 그대로 베낀 한국 언론을 통해 트럼프를 접해왔다. 이 과정에서 트럼프는 '돈밖에 모르는 무식한 양아치 장사꾼'이라는 부정적 이미지로 굳어졌고, 한국은 유독 다른 나라보다 트럼프에 대한 반감이 강했다. 그러나 정작 미국 국민은 달랐다. 국제 문제를 떠안고 자국민의 삶을 외면한 기존 정치인들, 소위 엘리트들에게 염증을 느낀 미국인들은 '미국 우선(America First)'을 외친 트럼프의 'MAGA(Make America Great Again)' 운동에 공감했다. 결국 그들은 트럼프를 선택했다.

우리가 오해한 **트럼프**

　미국의 한 설문조사에 따르면, 응답자의 77%는 주요 언론 매체가 '가짜 뉴스'를 보도한다고 믿는다고 했다. 국민은 이제 언론의 거짓 선동에 더 이상 속지 않는 것이다. 한국 언론 역시 예외는 아니었다. 특히 트럼프를 묘사한 주류 언론의 기사는 대부분 사실과 거리가 멀었다.

　2016년 대선 출마 전까지만 해도 트럼프는 성공의 상징으로 존경받는 인물이었다. 하지만 대선 출마 선언 이후 CNN, ABC, CBS, 뉴욕타임스, 워싱턴포스트와 같은 주류 언론은 그를 잔인하게 공격하기 시작했다. 심지어 그가 후원했던 정치인들조차 등을 돌리고 비난에 가세했다.

　그들은 트럼프를 거짓말쟁이, 사기꾼, 난봉꾼으로 묘사했으며, 심지어 범죄자, 히틀러라고까지 불렀다. 이것은 한국 언론에 그대로 전달되었다. 그 결과 한국인들에게 트럼프는 백인우월주의자, 인종차별주의자, 여성차별주의자, 막말꾼 그리고 어디로 튈지 모르는 럭비공 같은 비열한 장사꾼으로 여겨졌다.

- 트럼프는 '돌아이'다.
- 미치광이에게 핵 버튼을 맡길 수 없다.
- 트럼프는 히틀러다.
- 유색 인종은 탄압당하고 결국 추방될 것이다.

책을 시작하며 …

    이 모든 주장은 언론이 만들어낸 프레임의 산물로, 트럼프의 재임 기간을 되돌아보면 그는 언론이 묘사한 것과는 상당히 다른 행보를 보였다. 트럼프는 1980년대 이후 미국 대통령 중 유일하게 전쟁을 일으키지 않은 대통령이다. 또한 그의 정책으로 유색 인종을 포함한 미국 내 다양한 계층의 삶이 개선되었다.

    그는 미국의 에너지 자립을 이뤄냈고, 미국 국민은 값싼 기름과 안정된 에너지 공급으로 인플레이션 걱정 없는 삶을 누릴 수 있었다. 트럼프에 대한 지지도는 시간이 갈수록 높아졌다. 2016년과 2020년 그리고 2024년 대선에서 그의 지지율은 꾸준히 상승했다. 이는 단순한 선동이 아닌, 그의 정책이 이뤄낸 성과였다.

    이 책은 우리가 왜곡된 시선으로 보아온 트럼프를 객관적으로 이해하도록 돕기 위해 쓰였다. 1부에서는 정치인으로서의 트럼프에 대해 다루고, 2부에서는 더욱더 강력해져서 돌아온 트럼프에 의해 일어난 주요 사건과 성과를 분석한다. 그리고 3부에서는 이곳저곳에서 싸우는 트럼프의 모습을 다룬다.

차례

책을 시작하며 •4

프롤로그: Fight! Fight! Fight! •10

제1부　정치인 트럼프

제1장 2016 대선: 트럼프의 정치 입문과 예상을 뒤엎은 승리 •16

제2장 트럼프의 주요 업적: 경제 성장과 보수 가치의 회복 •24

제3장 트럼프와 팬데믹: 위기 속 리더십과 논란 •32

제4장 언론과의 전쟁: '가짜 뉴스'와 싸운 대통령 •39

제5장 트럼프 탄핵 과정과 결과: 정치적 음모를 뚫고 살아남다 •45

제6장 2020 대선: 논란과 의혹 속의 패배 •50

제2부   돌아온 트럼프

제7장 폭주한 민주당: 권력 남용 •64

제8장 일론 머스크: 민주당의 폭주가 불러낸 또 한 명 •74

제9장 트럼프와 기독교: 신앙으로 연결된 정치적 기반 •80

제10장 2024 대선 출마: 트럼프의 복귀와 마지막 전쟁 •87

제11장 당선 후 흔들리는 지구촌: 세계를 다시 뒤흔든 충격파 •95

제3부   트럼프 100일

제12장 취임 후 시작된 전쟁의 서막: 개혁의 서막 •116

제13장 취임 후 2주: 전광석화처럼 밀어붙인 개혁 •124

제14장 조용한 전쟁: 파나마 운하 •133

제15장 부패와의 전쟁: DOGE와 숨겨진 거대 부패 •138

제16장 자금 사용처: 미국과 전 세계 장악에 쓰인 돈 •148

제17장 딥스테이트의 패닉과 반격: 보이지 않는 패권 전쟁 •156

제18장 관세 전쟁: 경제 패권을 건 글로벌 전쟁 •165

··· 차례

제19장 우크라이나 전쟁의 진실: 감춰진 이야기 • 173

제20장 부정선거와의 전쟁: 자유민주주의를 지키기 위한 투쟁 • 183

제21장 취임 후 100일: 번영과 불안의 교차 • 191

제22장 트럼프 인터뷰: 트럼프에게 직접 듣는 100일 • 207

제23장 트럼프와 한국의 미래: 한미동맹과 새로운 도약의 기회 • 218

제24장 트럼프 시대의 투자전략: 경제 위기 속 생존 전략 • 233

제25장 끝나지 않은 전쟁: 보이지 않는 적들과의 지속적 싸움 • 247

제26장 트럼프의 위험한 거래: 글로벌 엘리트의 트로이 목마 • 255

에필로그 끝나지 않은 이야기 - 우리가 가야 할 길 • 259

부록

트럼프 대통령 연설 1
2025년 1월 20일 제47대 대통령 취임 연설 • 262

트럼프 대통령 연설 2
2017년 11월 8일 대한민국 국회 본회의장 연설 • 284

프롤로그

Fight! Fight! Fight!

    2024년 7월 13일 18시 트럼프 전(前) 대통령은 펜실베이니아(Pennsylvania) 주 버틀러(Butler) 농장 박람회장에서 유세 연설을 시작했다. 그의 지지자들은 열광적인 반응을 보였다. 그가 국경과 불법체류자들의 문제를 이야기할 때 자료화면을 보려고 고개를 돌렸는데, 그때 모든 사람을 경악시키는 총성이 여러 차례 들렸다.

    트럼프는 귀를 감싸며, 마이크 스탠드 아래로 내려갔다. 저격범이 쏜 총에 오른쪽 귀를 맞고 엎드린 트럼프의 얼굴엔 피가 흐르고 있었다. 곧이어 비밀경호국 요원들이 돔 형태로 그를 덮치며 보호했다. 그러나 당시 현장에 있던 데이비드(David Dutch)와 제임스(James Copen haver)는 중상을 입었고, 관중석의 코리(Corey D. Comperatore, 1974-2024)는 가족들을 보호하다가 저격범의 총탄에 목숨을 잃었다.

    요원들은 트럼프를 일으킨 후 둥글게 에워싸 현장을 벗어나려 했다. 그때 트럼프의 눈에 총격에도 자리를 떠나지 않고 그의 생사를 걱정하는 지지자들이 보였다. 트럼프는 위험을 무릅쓰고 지지자들에게 자신이 안전하다는 것을 알리고 함께 거대한 악과 싸우자는 뜻으로 주먹을 치켜들고 외쳤다.

    "Fight! Fight! Fight! Fight!"

트럼프가 무사한 것을 본 지지자들은 안도하며 그에게 화답했다.

"USA! USA! USA!"

"WE LOVE TRUMP! WE LOVE TRUMP! WE LOVE TRUMP!"

지지자들은 트럼프가 차를 타고 떠날 때까지 그를 향해 외쳤다. 정치 역사상 가장 충격적이고, 아름다운 일이 일어난 순간이었다. 오후 8시 42분 트럼프는 성명문을 통해 자신이 오른쪽 귀 윗부분을 총에 맞았는데, 순간 피부를 찢는 총알을 느꼈다고 말했다. 이 사건을 연구한 전문가들은 '단 0.5초에 불과한 짧은 순간에 고개를 돌려 목숨을 구했다' '삶과 죽음의 순간이 0.3초였다'고 했다. 사격 각도와 부상 위치를 고려했을 때, 고개를 돌리지 않았더라면 총탄이 뇌에 명중했을 거라고도 했다.

2024년 7월 14일 새벽 1시 45분, 연방수사국(FBI)은 이번 총격 사건 범인이 토마스 매튜 크룩스(Thomas Matthew Crooks, 2003-2024)라고 공개했다. 크룩스는 2022년 베델 파크 고등학교(Bethel Park High School)를 졸업한 20세 청년으

▲ 총격 직후 불끈 쥔 주먹을 치켜든 도널드 트럼프 전(前) 대통령[1]

---

[1] https://www.yna.co.kr/view/AKR20240714046400009

로 재학 중 전국 수학, 과학 관련한 프로젝트에 참가하여 500달러의 상금을 받았다. 법집행기관이 크룩스의 집을 조사하던 중 폭발물이 발견되자 주민들은 급하게 대피했다.

크룩스의 주변 사람들은 믿을 수 없는 일이라며 그가 평소 조용하고 친절한 학생이었다고 했다. 그에게는 전과나 법정 기록이 전혀 없었고, 정부에서 관리하는 요주의 인물 명단인 '워치리스트(Watch List)'에도 오르지 않았다. 한 가지 이상한 점은 그가 범행을 벌이기 전 블랙록(Black Rock) 광고에 나왔던 이력이었다. 그러나 사건 이후 모든 광고는 빠르게 사라졌다.

충격적인 암살 미수 사건으로 인해 2024년 미국 대선 구도는 하루아침에 바뀌었다. 가장 큰 변화는 양대 정당의 네거티브와 프레임 중심의 전략이 잠시 잦아든 것이다. 트럼프는 충격 이후 네거티브 공세를 자제했다. 그는 트루스 소셜 계정을 통해 총격범과 폭력을 규탄하며 '지금 이 순간 우리가 통합해 강인하고 결단력 있는 진정한 미국인의 면모를 보여주는 것이 그 어느 때보다 중요하다'고 했다. 그로부터 몇 시간 뒤에도 '미국을 통합하라(UNITE AMERICA)!'는 게시글을 올려 그간 바이든에 대한 노골적인 비난을 일삼던 것과는 달리 '통합'을 거듭 강조했다.

바이든 역시 마찬가지였다. 사건 직후 바이든 캠프는 트럼프에 대한 네거티브를 중단했고, 민주당 거물들은 트럼프가 무사함에 감사하고, 폭력은 있어서 안 된다는 성명을 내놓았다.

이 사건 이후 가장 빠른 반응을 보여준 전기자동차 회사 테슬라의 최고경영자 일론 머스크(Elon R. Musk)는 2024 미국 대통령 후보로 트럼프를 전폭적으로 지지하기 시작했다. 그는 자신의 트위터에 다음과 같은 글을 올렸다.

총을 맞고 "싸워, 싸워"를 외치는 트럼프… 그는 용감하다… 본능적인 용기다.

이 사건에 대해 사우스 다코타(South Dakota)주의 크리스티 노엄(Kristi Noem) 주지사는 다음과 같이 말했다.

"우리는 트럼프 대통령이 싸움꾼이라는 것을 알고 있다. 그는 내가 만난 사람 중 가장 강인하며 그 누구도 그가 견뎌낸 것 이상을 견뎌낸 사람은 없다. 트럼프의 명예를 훼손하고 그를 탄핵하며 파산시키려 하고 부당하게 기소했다. 하지만 이번 가장 위험한 순간에도 그의 본능은 일어나 싸우는 것이었다. 트럼프는 경기장에서 우리 편이다. 그는 우리를 위해 싸우는 것을 멈추지 않을 것이다. 그는 결코 멈추지 않을 것이다."

그 후 트럼프가 직접 나와 그 상황에 대해 자세히 설명했다. 너무 고통스러워 두 번 다시는 말하지 않을 것이라며 다음과 같이 간증했다.

"전 오늘 밤 여기 오면 안 되는 거였어요. 여기 있으면 안 되는 거였죠. 네, 맞습니다. 하지만 저는 전능하신 하나님의 은혜로 이 무대에 서게 되었습니다. 지난 며칠 동안 보도를 보면서 많은 사람들이 섭리의 순간이었다고 말했는데, 아마 그랬을 것입니다. 제가 경호원들에게 둘러싸여 일어섰을 때 관중들은 제가 죽은 줄 알고 혼란스러워했고, 크게 슬퍼했습니다.

그들의 얼굴에서 그런 모습을 볼 수 있었어요. 제가 괜찮다는 것을 알리기 위해 뭔가 하고 싶었습니다. 오른팔을 들어, 숨죽여 기다리는 수천, 수만 명의 관중을 바라보며 '파이팅!' 하고 외치기 시작했습니다. 파이팅! 파이팅! 꽉 쥔 주먹이 높이 올라갔어요. 여러분, 제가 무사하다는 것과 조국에 대한 자부심으로 관중들이 포효하는 것을 보셨을 겁니다.

여태 그런 함성은 처음이에요. 저는 남은 생애, 펜실베이니아의 역사적인 시간에 수많은 애국자들이 보여준 사랑에 감사할 것입니다. 하지만 코리는 날아오는 총알로부터 가족들을 보호하려고 방패 역할을 하다가 목숨을 잃었습니다.

우리의 친구 코리를 위해 잠시 묵념해주시길 부탁드립니다. 타인을 위해 목숨을 바치는 것보다 더 큰 사랑은 없습니다. 이것이 가장 암울했던 시기에 미국을 일으킨 정신이며, 미국을 다시 미국으로 이끌 사랑입니다. 위대함의 정상으로 이끌 것입니다. 바로 이것이 필요합니다. 그런 극악무도한 공격에도 우리는 그 어느 때보다 단결합시다. 감사합니다, 감사합니다."

트럼프는 총격 후 연단에서 "Fight! Fight! Fight! Fight!"를 외쳤다. 차로 향하면서도 주먹을 쥐고 지지자들과 함께 싸우겠다는 결의를 보였다. 그 이유는 지지자들이 총격 후 혼란스러운 상황에서도 그를 걱정해서 흐트러지지 않고, 기다리는 모습을 보았기 때문이다. 주권을 빼앗긴 미국 국민들은 잠에서 깨어난 후, 나라를 장악하고, 파괴를 일삼는 거대 세력에 대항해서 트럼프와 함께 싸우고 있다. 그의 싸움의 여정을 보는 것은 매우 흥미로울 것이다.

제1부

정치인 트럼프

제1장

2016 대선: 트럼프의 정치 입문과 예상을 뒤엎은 승리

젊은 뉴스 앵커 로나가 트럼프에게 물었다.

"어떤 사람들에겐 인생의 궁극적인 목표가 미국 대통령이 되는 것일지도 모릅니다. 당신도 대통령이 되고 싶으신가요?"

트럼프는 잠시 생각하더니 진지하게 대답했다.

"그렇지 않을 겁니다. 하지만 그런 자격이 있는 사람이 대통령이 되면 좋겠어요. 정말 유능한 사람들 대부분은 공직에 나서지 않습니다. 그들이 가진 것은 많지만, 공직은 그들을 끌어안지 못하죠. 그것이 이 나라에 매우 슬픈 현실입니다."

트럼프의 대답은 회의적이었지만 미국 사회에 대한 사랑이 묻어났다. 그는 추가 질문에 이렇게 덧붙였다.

"정치를 하는 건 비참한 삶이라고 생각합니다. 나라를 사랑하면 인생을 바칠 수 있지만 그 과정이 너무 힘들 것 같습니다. 강한 신념과 두뇌가 뛰어난 사람보다, 단지 미소만 큰 사람이 당선되는 것이 현실입니다. 이것이 정치의 슬픈 모습입니다."

어쩌면 그의 발언이 미래를 예고한 것인지도 모른다. 시간이 흐르고 트럼프는 무너져가는 미국을 바라보며, 대통령직에 대한 열망을 조금씩 키웠고, 그 열망은 역사의 중심에 그를 세웠다.

대통령 선거에 도전하기 전, 트럼프는 자신의 정치적 견해를 출판했다. 그의 저서 《우리가 마땅히 누려야 할 미국》(The America We Deserve, 2000)은 범죄, 건강관리, 외교 정책 등 다양한 주제를 다루고, 트럼프의 초창기 정치적 비전을 제시하며, 대통령 출마를 진지하게 고려했음을 암시해 주고 있다.

2011년 출간 저서 《트럼프, 강한 미국을 꿈꾸다》(Time to Get Tough: Making America Great Again, 2011)에서는 보다 구체적인 정책 비전을 펼치며, 세금 개혁과 이민 정책 그리고 미국의 경제적 우위를 회복하기 위한 전략을 제시하고 있다. 그리고 2015년에 출간된 저서 《불구가 된 미국》(Crippled America: How to Make America Great Again, 2015)에서는 '미국을 다시 위대하게(Make America Great Again)'라는 슬로건으로 자신의 정치적 철학(Political Philosophy)을 명확히 제시하고 있다.

그는 글뿐만 아니라 행동으로도 화제가 되었는데, 언론과의 인터뷰에서 트럼프는 오바마의 출생지가 미국이 맞는지 의심스럽다고 했다. 이에 분노한 오바마는 2011년 백악관 만찬에 그를 초대하여 '출생지 의혹'을 제기한 것에 대해 대중 앞에서 신랄하게 비난하고 조롱했다. 만찬장엔 웃음소리가 울려 퍼지고 트럼프는 굳은 얼굴로 자리를 지켰다. 이 일화는 그의 결단에 불을 붙였고, 그의 대선 출마에 심리적 동기가 되었던 순간으로 회자되고 있다.

2015년 6월 16일, 뉴욕 맨해튼 트럼프

금빛으로 빛나는 에스컬레이터를 타고 내려온 도널드 J 트럼프는, 누구도 예상하지 못한 정치적 지진을 예고했다.

"나는 오늘, 미국 대통령 선거에 출마하기로 결심했습니다."

그 순간, 전 세계 언론은 일제히 비웃었다. 《워싱턴포스트》는 "트럼프의 출마는 또 다른 사업 홍보일 뿐"이라며 조롱했고, CNN은 "진지하게 받아들일 필요가 없는 쇼"라고 평가했다. 정치 전문가들, 학계, 심지어 공화당 내부조차도 그를 철저히 무시했다.

하지만 트럼프는 쇼를 하려는 것이 아니었다. 그는 이미 오래전부터 미국 사회 곳곳에 스며든 분노와 좌절을 감지하고 있었다. 중산층은 몰락하고 있었고, 제조업 일자리는 해외로 빠져나갔으며, 워싱턴은 국민이 아닌 기득권을 위해 봉사하고 있었다.

"미국을 다시 위대하게(Make America Great Again)."

트럼프가 내세운 이 말은 억눌려 있던 미국인들의 마음에 불을 지폈다.

트럼프는 정치 경력이 전무했다. 그는 워싱턴의 룰을 따를 생각이 없었다. 오히려 그 룰을 깨기 위해 출마했다. 기존 정치인들과 달리, 그는 말끝마다 계산하거나 타협하지 않았다. 거칠고 직설적인 언어, 때로는 과장된 표현으로 정적과 언론을 공격했고, 이로 인해 비난도 받았지만 동시에 열렬한 지지를 얻었다.

그의 지지자들은 정치적 올바름(Political Correctness)에 질려 있었다. 트럼프는 그들의 목소리를 대신해 싸웠다.

"이민자 문제를 해결하겠다."

"중국과의 불공정 무역을 바로잡겠다."

"미국 우선(America First) 정책을 펼치겠다."

트럼프는 정치권이 금기시하던 주제들을 과감히 꺼내 들었다.

그가 멕시코 이민자들을 범죄자와 강간범에 빗대며 "국경에 벽을 세우겠다(I will build a wall on the border)"고 발언했을 때는 그의 지지자들조차 말도 안

되는 공약이라고 생각했다. 언론은 비판과 찬사를 동시에 쏟아냈다. 그러나 이것은 트럼프가 워싱턴 기득권에 대한 대중의 불만을 대변하며, 그를 영웅으로 만든 계기가 되었다. 공화당 경선은 치열했는데, 17명의 후보가 경합했지만, 트럼프는 독특한 전략으로 상대를 제압했다. 그중에서 세 명의 후보를 소개한다.

첫째, 젭 부시(Jeb Bush)는 미국 제41대 대통령 조지 부시(George H. W. Bush, 1924-2018)의 아들이자 제43대 대통령 조지 부시(George W. Bush)의 동생으로 플로리다 주지사를 역임한 그는 공화당의 유력 후보였지만, 트럼프는 그를 '졸린 젭(Low Energy Jeb)'이라 조롱하며, 기득권 정치에 대한 피로감을 강조했다.

둘째, 마르코 루비오(Marco A. Rubio)는 젊고 카리스마 있는 정치인이었지만, 트럼프는 그를 '작은 마르코(Little Marco)'라 부르며 언론의 이목을 끌었다.

셋째, 테드 크루즈(Ted Cruz)는 경선에서 최후까지 남은 강력한 경쟁자였으나 트럼프는 '거짓말쟁이 테드(Lyin' Ted)'라는 별명을 붙여 그의 신뢰성을 타격했다.

한 명씩 무너뜨려 가던 트럼프는 결국 2016년 7월 공화당 전당대회에서 공식적으로 대통령 후보로 지명되었는데, 이것은 단순한 승리가 아니라 '기득권 정치 질서의 몰락과 대중주의 정치의 부상'을 상징했다. 그는 승리한 후 곧바로 대선에 뛰어들었다.

트럼프는 전형적인 정치인이 아니었다. 부동산 재벌이자 리얼리티 TV쇼 '어프렌티스'의 스타로, 대중에게는 친숙했지만 정치 무대에서는 낯선 인물이었다. 그러나 그의 출마는 단순히 유명인의 정치적 실험이 아니었다. 트럼프는 공화당 경선에 뛰어들어 전통적인 정치 질서를 부정했고, 이는 미국 대선 역사상 가장 격렬한 캠페인 중 하나였다.

그의 슬로건 '미국을 다시 위대하게(Make America Great Again)'는 단순하면서도 강렬한 구호로 미국의 경제적 쇠퇴와 글로벌화로 인해 소외감을 느끼던 백인 노동자 계층의 마음을 사로잡았다. 그들에게 트럼프는 좌절과 분노를 대변하며, 워싱턴 정치(Washington Politics)라는 기득권 질서를 무너뜨릴 희망으로 떠올랐다.

민주당 대통령 후보 힐러리는 오바마 행정부의 국무장관이자 상원의원, 그리고 퍼스트레이디로서 정치적 경험과 자원 면에서 압도적인 강자였다. 그녀는 최초의 여성 대통령이라는 역사적 의의를 강조하며, 미국의 다원성과 진보적 가치를 지키겠다는 메시지를 내세웠다.

그러나 그녀의 경력은 양날의 검이었다. 이메일 스캔들, 월스트리트와의 밀접한 관계는 그녀의 신뢰도에 심각한 타격을 주었고, 트럼프는 이것을 놓치지 않았다. 트럼프는 힐러리를 '부패한 힐러리(Crooked Hillary)'로 정체성을 규정하며, 유권자들에게 기득권 정치의 화신으로 그려냈다. 힐러리에 대한 트럼프의 끈질긴 공격은 힐러리의 이미지에 깊은 균열을 만들었다.

2016년 대선은 소셜 미디어(Social Media)가 정치의 핵심 도구가 된 첫 선거로 트럼프는 트위터를 통해 유권자와 소통했다. 그의 트위터는 즉흥적이고 공격적이었지만, 이는 기존 정치인들의 신중함과 극명히 대비되며 지지자들에게 솔직함과 열정을 보여주었다.

반면, 소셜 미디어는 가짜 뉴스의 급속한 확산을 초래하며 대선 과정에 어두운 그림자를 드리웠는데, 특히 '러시아의 선거 개입 논란'은 디지털 공간에

서 정보 왜곡이 얼마나 치명적인지 보여주었다.[2]

트럼프의 승리를 예측한 기관은 거의 없었다. 《뉴욕타임즈》는 힐러리의 승률을 85%로 보도했다. CNN은 트럼프를 비웃었다. 그러나 개표가 진행될수록 지도가 붉게 물들기 시작했다. 펜실베이니아, 미시간, 위스콘신 같은 '블루월(민주당 텃밭)'이 무너졌다. 오하이오, 플로리다, 아이오와에서도 트럼프가 승리했다.

마침내, CNN 뉴스룸이 얼어붙은 채 결과를 발표했다.

"도널드 J. 트럼프, 제45대 미국 대통령 당선."

2016년 11월 제45대 대통령 선거 결과는 전 세계를 충격에 빠뜨렸다. 힐러리는 전체 득표수에서 약 290만 표를 더 얻었지만, 트럼프는 선거인단 투표에서 304표를 확보하며 대통령에 당선되었다. 트럼프는 득표율에서 뒤졌지만, 주별 승자독식 방식에 따라 선거인단을 과반 확보했다. 이 결과는 미국 선거 제도의 독특한 구조와 트럼프의 전략적 승리를 동시에 보여주었다.

그는 미국 경제의 중공업과 제조업의 중요한 부분을 형성했으나, 제조업의 사양으로 러스트 벨트(Rust Belt)라고 알려진 산업 쇠퇴 지역에서 민주당의 지지기반을 무너뜨렸다. 펜실베이니아, 미시간, 위스콘신에서의 승리는 백인 노동자 계층의 분노를 효과적으로 대변한 트럼프 메시지의 영향도 있지만, 여론 조사에 참여하지 않은 숨겨진 유권자(Hidden Voters)가 결정적인 역할을 했다. 그들은 트럼프를 지지하지만, 의사를 밝히지 않는 사람들로 정치적 아웃사이더인 트럼프를 통해 자신의 목소리를 냈다.

---

[2] https://www.voakorea.com/a/world_us_us-senators-election-intervention/6030782.html

2016년 미국 대통령 선거는 정치사에서 가장 충격적이고, 논쟁적인 순간으로 남게 되었다. 단순히 권력의 교체가 아닌, 미국이라는 거대한 민주주의 실험의 핵심을 뒤흔든 사건으로 트럼프의 승리는 기존 정치 체계에 대한 대중의 불신과 반발을 보여주었다. 전통적 정치 구조를 흔들며, 트럼프를 단순히 승리자가 아닌 정치적 혁명의 상징으로 만들었다.

트럼프의 승리는 단순한 인기 투표가 아니었다. 그것은
- 워싱턴 기득권층에 대한 국민적 분노
- 정치적 올바름에 대한 반발
- 자유무역의 피해를 입은 중산층의 절규
- 국경과 주권을 지키려는 국민적 본능이 만들어낸 결과였다.

트럼프는 단순히 백악관에 입성한 것이 아니었다. 미국 정치의 게임 자체를 뒤바꾼 것이었다. 그리고 새로운 전쟁이 시작되었다. 기득권 세력, 주류 언론,

딥스테이트(Deep State)는 트럼프를 가만두지 않았다. 워싱턴은 그를 제거하기 위해서 조용히, 그러나 집요하게 움직이기 시작했다.

트럼프는 이제 대통령으로서, 그 누구보다 거센 저항을 마주해야 했다. 그는 알고 있었다. 이 싸움은 단순한 정치 싸움이 아니라, 미국의 영혼을 건 전쟁이라는 것을. 이 전쟁으로 인해 젊은 시절 트럼프가 피하려 했던 '비참한 삶'인 정치의 길은 그의 운명이 되었다.

제2장

트럼프의 주요 업적:
경제 성장과 보수 가치의 회복

사업가였던 트럼프가 가장 강력한 능력을 발휘할 수 있는 분야는 경제였다. 그러나 2016년 대선 유세장에서 트럼프가 '더 많은 일자리, 더 높은 임금, 더 강한 미국!'이라는 슬로건을 외치면 미국 경제가 다시 위대해질 것이라고 말했을 때, 사람들은 과장된 공약이라며 고개를 저었다. 그의 정책 비전은 당시 정치권과 전문가들 사이에서 비판받았고, 오바마 대통령조차도 비웃듯 말했다.

"떠난 일자리를 어떻게 다시 가져오겠다는 건가요? 마법의 지팡이라도 있습니까?"

대통령 취임 후 트럼프가 백악관에 입성했을 때, 미국은 느리지만 안정된 성장을 기록하고 있었다. 그러나 트럼프는 만족하지 않았다. 그는 '안정'이 아니라 '폭발적인 성장'을 원했다.

"미국 경제를 다시 위대하게 만들겠다."

그는 단순한 정치 구호가 아니라, 구체적인 행동 계획을 갖고 있었다. 2017년 12월, 트럼프는 '감세와 일자리법(Tax Cuts and Jobs Act)'을 통과시켰다. 이는 1986년 로널드 레이건 이후 가장 큰 세금 개혁이었다. 법인세율을 35%에서 21%로 대폭 인하했다. 개인 소득세도 다수 구간에서 감면되었다. 표준 공제(Standard Deduction)를 두 배로 늘려 서민 부담을 줄였다.

트럼프는 경제를 움직이는 원동력이 기업과 개인이라는 것을 꿰뚫어 보고 있었다. 정부가 세금을 덜 거두면, 기업은 더 많이 투자하고, 개인은 더 많이 소비할 것이라고 믿었다. 결과는 놀라웠다. 미국 기업들은 사상 최대 규모의 투자 계획을 발표했고, 수백만 명이 고용되었으며, 국민의 주머니에 더 많은 돈이 남기 시작했다.

트럼프 행정부의 또 다른 기조는 '규제 해체'였다. 그는 워싱턴 관료들이 만든 불필요한 규제가 경제 성장을 가로막고 있다고 보았다. 트럼프는 취임 첫 해 '새 규제 하나를 만들려면 기존 규제 두 개를 없애라'는 행정명령에 서명했다.

그 결과 환경, 금융, 노동 분야에서 수천 개의 규제가 철폐되거나 완화되었다. 특히 에너지 산업(석유, 천연가스, 석탄)에서 규제 완화는 미국을 세계 최대 산유국으로 올려세웠다. 소규모 사업자들은 다시 살아나고 경제는 숨통이 트인 듯 달리기 시작했다.

트럼프 취임 이후, 미국 경제는 연평균 3% 내외의 성장률을 기록했다. 실업률은 50년 만에 최저치(3.5%)를 찍었다. 특히 흑인, 히스패닉, 아시아계 실업률이 사상 최저를 기록했다. 이는 그동안 민주당이 장담했던 '진보적 복지정책이 아니면 소수 계층은 구제할 수 없다'는 신화를 깨뜨린 결과였다. 트럼프는 자유시장과 규제 완화를 통해 모든 인종과 계층이 함께 성장할 수 있음을 증명해 보였다.

트럼프는 무역에서도 기존 질서를 거부했다. 그는 자유무역(Free Trade)이 아니라 공정무역(Fair Trade)을 외쳤다. NAFTA(북미자유무역협정)를 폐기하고

USMCA(미국-멕시코-캐나다 협정)로 대체했다. 중국과의 무역 전쟁을 선포해 불공정 관행에 맞섰다. 세계 각국과 '미국에 더 유리한' 새로운 무역 협정을 체결했다. 이러한 관세 및 무역 전쟁은 단기적으로는 논란을 불렀지만, 장기적으로는 미국 제조업 부흥과 일자리 창출로 이어졌다.

이러한 노력으로 다우존스 산업평균지수(Dow Jones Industrial Average)는 연일 최고치를 경신했고, 기업들은 새로운 투자를 확대하며 고용 시장을 활성화했다. 결과적으로 670만 개의 신규 일자리가 창출되었고, 실업률은 50년 만에 최저치인 3.5%를 기록했다. 트럼프는 자신의 공약을 실현하며 비판자들 특히 오바마 전(前) 대통령에게 다음과 같이 응수했다.

"제가 마법의 지팡이를 가지고 있었던 것 같네요."

트럼프는 대선 후보 시절부터 '멕시코가 우리 일자리를 빼앗고, 범죄자들을 보내고 있다'며 불법 이민 문제를 해결하겠다고 공언했다. 그의 해결책은 국경 장벽 건설이었다. 이는 단순히 이민 정책을 넘어, 미국을 보호하겠다는 상징적인 행보였다. 트럼프는 약 450마일(약 725km) 길이의 장벽을 건설했으며, 이는 기존의 국경 펜스를 강화하거나 새로운 장벽을 세우는 형태로 이루어졌다. 이것을 통해 불법 이민, 마약 밀매, 인신매매와 같은 문제를 해결하고 국경 보안을 강화하고자 했다.

트럼프 대통령 재임 기간 중 가장 논란이 많았던 주제는 문화전쟁과 관련된 정책들이다. 단순히 경제와 외교 성과를 추구한 게 아니라, 미국 사회의 정체성과 전통적 가치를 둘러싼 이념적 대립의 중심에서 보수적 가치를 강력히 옹호했다.

트럼프 행정부는 공공장소와 교육 현장에서 종교적 자유를 확대하였다. 그는 공립학교에서 성경을 읽고, 가르칠 수 있도록 법안을 제정했으며 캠퍼스

내 기독교 동아리 활동의 자유를 보장했다.

이러한 정책은 보수층이 느꼈던 '기독교 가치에 대한 공격'에 대응하는 노력으로 평가되었다. 트럼프는 '기독교가 탄압받고 있다(Christianity is Being Oppressed)'는 보수 진영의 우려를 정치적으로 활용하며 종교적 전통과 가치가 보호받아야 한다고 강조했다. 이것은 기독교 보수층의 강력한 지지를 얻는 데 중요한 역할을 했다.

▲ 2019년 10월 미국 워싱턴DC 연방대법원 청사 앞에서 성 소수자들이 권리를 위해 시위하는 모습

트럼프는 성 소수자 및 젠더 이슈에서도 전통적 입장을 고수했다. 트랜스젠더의 군복무를 금지하며, 군대 내 젠더 이슈를 다룰 때 전통적인 성 역할(Traditional Gender Roles)을 강조했다. 이러한 조치는 성 소수자들의 권리를 옹호하는 단체들의 강한 반발을 불러일으켰지만, 보수 진영에서는 군사 효율성 보호(Protecting Military Effectiveness)라는 명분 아래 환영받았다.

또한, 성 소수자 차별금지법 확대를 저지하며, 종교 단체나 기업이 종교적 신념에 따라 특정 서비스를 거부할 수 있는 권리를 보장하려 했다. 그로 인해 종교적 자유와 성소수자 권리 간의 갈등이 첨예화되고, 문화전쟁에서 중요한 전선이 형성되었다.

낙태와 생명권 보호

1973년 로 대 웨이드(Roe v. Wade) 판결 이후, 미국에서 합법적으로 이루어진 낙태는 6,300만 건을 넘어섰다. 즉, 6천만 명 이상의 아기들이 태어나지도 못한 채 세상을 떠난 것과 다름없다. 진보 진영에서는 낙태를 '여성의 선택권'이라고 포장하며 낙태를 부추겼다. 이로 인해 미국에서는 매년 60만 건 이상의 낙태가 이루어지고 있다. 이 수치는 미국에서 매년 암으로 사망하는 인구보다 많다. 많은 기독교인들에게 낙태는 단순한 정치적 이슈가 아니라 생명, 도덕적 가치 그리고 신앙의 문제였다. 그래서 매년 태어날 기회를 빼앗긴 6천만 명의 생명을 기억하며, 기독교인들을 중심으로 수 만 명의 사람들이 생명을 위한 행진(March for Life)이라는 행사에 참여했다. 어떤 이들은 낙태를 반대하는 팻말을 들고 산부인과 진료소 앞에 가서 목소리를 높였다.

이들에게 트럼프는 자신이 대통령이 되면 낙태법을 되돌릴 수 있다고 말했다. 그의 특유의 말투로 그건 어렵지 않다며 자신이 보수적인 판사를 세우면 된다고 했다. 그는 약속대로 재임 기간 중 생명권 보호를 강조하며 낙태를 제한하는 정책을 추진했다. 그리고 재임에 실패해 백악관을 떠나기 전, 세 명의 보수 성향 대법관들을 임명했다. 그 후 진보성향의 바이든이 대통령이 되었기 때문에 낙태법을 되돌리는 것이 불가능하다고 생각됐는데 트럼프의 말대로 그가 지명한 세 명의 보수 성향 대법관들은 2022년 6월 24일에 '로 대 웨이드(Roe v. Wade)' 판결을 뒤집는 데 결정적인 역할을 했다.[3]

이 판결은 낙태 문제를 각 주의 재량으로 돌려보냈으며, 보수 진영에게는 역사적 승리로 간주 되었다. 이 조치는 낙태 권리를 지지하는 진보 진영의 강한 반발을 불러일으켰지만, 트럼프는 보수적 가치를 재확립했다는 평가를 받았다.

총기 소지의 자유

총기 소지의 권리는 미국에서 가장 논쟁적인 주제 중 하나다. 트럼프는 재임 기간 중 '총기 소지의 자유'를 강력히 옹호하며, 헌법 제2조 수호를 자신의 임무로 삼았다. 그리고 '전 미총기협회(National Rifle Association, NRA)'와 긴밀히 협력하며, 총기 규제 강화 시도에 맞서 싸웠다.

트럼프의 '총기 소지 정책'은 보수층에게는 개인의 자유와 자위권 수호로 받아들여졌지만, 총기 폭력 문제를 주장하는 진보 세력과의 갈등을 심화시켰다. 이 주제는 문화전쟁의 핵심 쟁점 중 하나로 자리 잡았으며, 트럼프는 이를 통해 보수적 가치의 수호자 이미지를 강화했다.

강한 미국의 재건

더 나아가 강력한 군사력을 기반으로 한 억지력을 통해 미국의 안보를 강화했다. 약 2조 2천억 달러를 군사 예산에 투자하여, 첨단 무기를 개발하고 현역과 퇴역 군인의 처우를 개선했다. 이와 함께 국제 테러와의 싸움에

---

3 '로 대(對) 웨이드(Roe v. Wade)'는 1973년 1월 22일에 이루어진 미국 연방대법원 판결로 당시 연방대법관들은 찬성 7, 반대 2로 낙태의 권리가 미국 헌법에 기초한 '사생활의 권리'에 포함되므로 이를 보장받을 수 있다고 판결했다. 낙태권 보장에 대한 내용은 1992년 '가족계획협회 대(對) 케이시(Planned Parenthood v. Casey)' 판결에서 재확인되었다. 그러나 49년 후인 2022년 6월 24일 미국 연방대법원은 '돕스 대(對) 잭슨여성보건기구(Dobbs v. Jackson Women's Health Organization)' 판결에서 위의 두 판례를 번복하여, 낙태권에 대한 연방 차원의 헌법적 보호를 폐지(廢止)하였다.
https://www.bbc.com/korean/news-61934454
https://www.bbc.com/korean/64363865

서 상징적인 승리를 거두었다. 2019년 IS 지도자 알바그다디(Abu Bakr al-Baghdadi,1971-2019)를 제거하며 테러 조직의 쇠퇴를 가속화 했고, 2020년에는 이란 혁명수비대 사령관 솔레이마니(Qasem Soleimani, 1957-2020)를 타격하여 중동 지역에서의 미군의 위상을 공고히 했다.

예루살렘과 이스라엘

트럼프는 국제 외교에서도 보수적 가치에 부합하는 강력한 결정을 내렸다. 그는 2017년 예루살렘을 이스라엘의 수도로 공식 인정하고, 미국 대사관을 텔아비브에서 예루살렘으로 이전했다. 트럼프의 이런 조치는 이스라엘의 국가적 정체성과 주권을 전적으로 지지한다는 의미로 받아들여졌으며, 복음주의 기독교인들과 보수층의 뜨거운 지지를 얻었다.

예루살렘 문제는 단순히 외교 정책을 넘어, 보수주의와 종교적 신념을 기반으로 한 트럼프의 문화전쟁 전략으로 볼 수 있다. 복음주의 기독교인들에게 트럼프는 '하나님의 섭리를 실행하는 지도자'로 여겨졌으며, 이는 그의 정치적 기반을 더욱 공고히 하는 데 기여했다.

트럼프와 딥스테이트

행정기관의 권한을 제한하는 '쉐브론(Chevron) 판례'[4]를 폐기하며, 비선출(非選出) 관료에게 집중된 권력을 줄였다. 이는 미국 행정법의 근본적인 방향성을 변화시키는 중요한 결정으로 평가된다. 더 중요한 사실은 이 판결은 행정기관

---

[4] https://www.lawtimes.co.kr/news/199792 미국 연방대법원은 2024년 6월 28일 행정법 분야에서 지난 40년간 금과옥조처럼 판례법상 확고한 선례로 자리잡아 온 쉐브론 독트린(Chevron Doctrine)을 파기했다. 권력분립과 행정절차법에 따라, 의회가 제정한 법률을 해석하는 최종 권한은 법원에 있다는 판결을 내린 것이다. 연방대법원을 비롯한 각급 법원은 쉐브론 독트린을 바탕으로 지난 40년간 의회가 제정한 법률의 내용이 모호한 경우 이른바 행정청 존중(Agency Deference)원칙을 확립하고, 완화된 사법심사권만을 행사해 왔다.

안에서 법 위에 군림하던 딥스테이트(Deep State)에 큰 충격을 주었다. 이 판결로 인해 딥스테이트들도 헌법의 권위 아래 들어오게 되었다.

그가 선거 유세에서 반복했던 슬로건은 '약속한 것은 지킨다(Promises made, promises kept)'였다. 트럼프 지지자들은 공약 이행률을 90%로 평가하는데, 과장된 면이 있다. 그리고 플로리다주(州) 세인트 피터즈버그에 있는 포인터 미디어연구소(Poynter Institute for Media Studies)가 운영하는 폴리티팩트닷컴(PolitiFact.com)과 비영리 웹사이트인 팩트체크(FactCheck.org)에서 말하는 실제 이행률 45%는 너무 낮게 잡은 면이 있다. 한 가지 명확한 사실은 기존의 정치인들은 그럴듯한 공약을 내세운 후 제대로 실천하지 않았지만, 트럼프는 공약을 실천하는데 혼신의 노력을 기울였다는 점이다.

보수적 가치를 기반으로 한 트럼프의 정책들은 단순한 행정 조치 이상이었다. 그는 법과 질서(Law and Order)와 전통적 가족 가치(Traditional Family Values) 그리고 미국적 정체성을 강조하며, 진보적 변화에 맞서 싸우는 상징적 인물로 자리 잡았다. 지지자들에게 트럼프는 미국적 전통과 정체성(Tradition and Identity)을 되찾기 위한 투쟁의 상징이자, 보수적 가치의 최전선에서 싸우는 전사였다. 그의 유산은 단순한 성과를 넘어, 미국 경제와 사회 구조에 지속적인 영향을 미치는 거대한 파도로 남아 있다.

이 모든 경제적 성과에도 불구하고, 주류 언론은 트럼프를 제대로 평가하지 않았다. 그들은 경제 성과가 '오바마의 경제를 이어받은 것'이라고 주장하거나 '부자 감세' 때문이라고 폄하했다. 그리고 트럼프가 세계 경제를 불안하게 만든다고 주장했다. 그러나 숫자는 거짓말하지 않는다. 트럼프 1기 동안, 미국 경제는 전 세계에서 가장 강력하고 역동적인 경제로 재탄생했다. 트럼프는 단지 대통령이 아니라, 미국을 다시 한 번 '기회의 땅'으로 만든 리빌더(Rebuilder)였다.

제3장

트럼프와 팬데믹: 위기 속 리더십과 논란

  2020년 초, 전 세계를 강타한 코로나19 팬데믹은 모든 나라의 리더십을 시험대에 올려놓았다. 도널드 트럼프 역시 예외는 아니었다. 이 팬데믹은 단순한 공중 보건 위기를 넘어, 정치적 전쟁, 경제적 대혼란, 사회적 분열을 가져왔다. 트럼프는 이 모든 것을 동시에 상대해야 했다.

  트럼프는 특유의 낙관적 태도로 대중의 불안을 달래려 했고 '코로나19'가 곧 사라질 것이라며, 팬데믹이 미국 경제와 일상에 미칠 영향을 최소화하려 했다. 그는 이렇게 말하곤 했다.
"이건 그냥 독감처럼 지나갈 겁니다. 곧 없어질 거예요."
  대중을 안심시키려는 의도였지만, 과학계와 언론으로부터 거센 비판을 받았다. 전문가들은 팬데믹의 심각성을 경고하며 신속한 조치를 요구했지만, 트럼프의 발언은 팬데믹의 위기를 과소평가한다는 비난을 샀다.

  2020년 1월 31일, 트럼프는 미국 시민이 아닌 중국발 입국자 전면 금지 조치를 발표했다.[5]

당시 다수 언론과 민주당 정치인들은 트럼프의 조치를 '인종차별적'이라 비난했다.[6]

조 바이든은 이를 '히스테리와 외국인 혐오에 기반한 결정'이라고 공격했다.[7] 그러나 몇 달 후, WHO와 주요 보건 전문가들은 '국경 통제가 팬데믹 초기 확산을 늦추는 데 효과적이었다'고 인정했다.[8]

트럼프는 과학적 근거 없이 행동한 것이 아니었다. 그는 '시간이 생명을 구할 수 있다'는 판단 아래 가장 이른 시기에 가장 강력한 결정을 내린 것이다.

2020년 3월 초 '코로나19'와 관련하여 이탈리아에 대한 충격적인 뉴스가 전해졌다.[9]

선진국의 의료체계가 완전히 붕괴될 수 있다는 현실적 위험이 드러난 것이다. 뉴욕에서도 확진자가 폭증했고, 월가는 연일 폭락을 거듭했다. 3월 11일 세계보건기구(WHO)의 팬데믹 선언은 상황의 심각성을 공식화했다.

2020년 3월 팬데믹 혼란 가운데 일부 연구들은 '하이드록시클로로퀸(Hydroxychloroquine)'[10]이 '코로나19' 치료에 효과가 있을 수 있다는 가능성을 제시했는데, 트럼프는 기자회견과 트위터를 통해 이 약물을 적극 홍보하기 시작했다.

"하이드록시클로로퀸은 게임 체인저가 될 수 있습니다."

트럼프는 2020년 3월 기자회견에서 이 약물이 '코로나19'에 해결책이 될

---

[5] White House Press Briefing, January 31, 2020.
[6] CNN, "Trump's China Travel Ban Criticized," February 2020.
[7] Biden Campaign Speech, Iowa, March 2020.
[8] WHO Interim Report, "Impact of Early Border Closures" June 2020.
[9] https://www.bbc.com/korean/news-51788176 이탈리아가 '신종 코로나 바이러스 감염증(코로나19)' 확산세가 급증하자, 감염이 집중되고 있는 롬바르디아주(Lombardia)를 포함해 북부와 동부 11개 주를 봉쇄하기로 했다.
[10] 하이드록시클로로퀸(Hydroxychloroquine)은 플라케닐(Plaquenil)이라는 상품명으로 팔리는 말라리아의 예방, 치료약이다. 류머티스 관절염, 루푸스 및 만성적 피부 포르피린증 등의 치료에도 사용된다. 코로나바이러스감염증-19에 대한 실험적 치료제로 연구되고 있다.

수 있다고 주장하며 이를 '기적의 치료제'로 묘사했다. 자신도 이 약물을 복용하고 있다며 약물의 안전성을 강조했는데, 그의 발언은 대중과 언론의 큰 관심을 끌었고, 약국에서 하이드록시클로로퀸을 사재기하는 현상이 발생하기도 했다.

그의 발언은 과학계와 의료 전문가들 사이에서 큰 논란을 불러일으켰다. 질병통제예방센터(Centers for Disease Control and Prevention, CDC)와 국립알레르기·전염병연구소(National Institute of Allergy and Infectious Diseases, NIAID) 소장이었던 앤서니 파우치(Anthony Fauci) 박사는 약물의 효과와 안전성 검증을 위해 더 많은 연구가 필요하다며, 신중한 접근을 촉구했다.

약물의 안전성과 관련해 트럼프의 발언에 대한 파우치 박사의 반박론을 살펴보면 트럼프의 주장이 과학적이지 않다며 검증되지 않은 약물을 복용하지 말 것을 경고했다. 이는 트럼프와 파우치 사이의 긴장을 더욱 고조시켰다.

정치적 논쟁을 살펴보면 트럼프의 '하이드록시클로로퀸'에 대한 옹호 발언은 과학적 논의에서 정치적 논쟁으로 변질되었다. 보수층은 트럼프의 주장을 지지하며 약물 사용을 옹호하는 반면, 진보층은 트럼프의 발언이 비과학적이며, 대중을 위험에 빠뜨릴 수 있다고 비판했다.

2020년 6월 미국 식품의약국(FDA)은 추가 연구 결과를 바탕으로 하이드록시클로로퀸에 대한 긴급 사용 승인을 철회했다. 대규모 임상 시험 결과, 이 약물이 '코로나19 환자의 회복'과 관련해 통계적으로 효과가 매우 낮다는 결론이 내려졌다. 세계보건기구 또한 하이드록시클로로퀸을 '코로나19 치료제'로 권장하지 않는다고 발표했다. 의료 전문가들의 반응은 단호했다. 국립보건원(NIH)은 임상시험을 초기 중단했으며, 세계보건기구 역시 효과가 없다고 발표하였다.

　트럼프는 논란 이후에도 과학적 결론에 반박하며 하이드록시클로로퀸에 대한 입장을 철회하지 않았다. 그의 주장은 과학자들과 의사들에 의해 입증되었고, 정부 사이트에서 만일 팬데믹 때 사용할 수 있는 약물이 있다면 긴급 승인 백신을 만들 수 없다는 법을 찾아내 식품의약국과 백신 회사 간에 서로 다른 모종의 음모가 있었다는 사실을 발견했다.

　2020년 3월 27일 트럼프는 2조 달러 규모의 '코로나바이러스 지원, 구제 및 경제 안보법(CARES Act)'에 서명했는데, 전례 없는 규모의 경기부양책이었다. 주요 내용을 보면 첫째, 개인당 1,200달러 현금 지급, 둘째, 실업수당 확대, 셋째, 중소기업 지원, 넷째, 항공업계 등 타격이 큰 산업 지원 등이다. 트럼프 행정부의 가장 두드러진 성과는 '코로나19 백신 개발과 배포 및 접종사업(Operation Warp Speed)'이었다.
　이 프로젝트는 백신, 치료제, 진단 장비 개발을 사상 유례없는 속도로 추진한 국가적 총력전이었다. 그 결과 모더나, 화이자, 존슨앤존슨 백신이 트럼프 임기 중 긴급사용 승인을 받았다. 그 후 백신 개발 평균 기간이 수년 걸리던 기존 상식을 깨고, 불과 10개월 만에 첫 백신이 탄생했다.

　2020년 12월 14일 첫 백신 접종을 시작으로 의료진 및 고위험군을 우선 접종하고, 단계적으로 접종 대상을 확대했다. 2021년 1월에는 영부인 멜라니아와 함께 백신을 접종하여, 백신 접종을 권장했고 그 효과와 안전성 강조하였다.
　트럼프는 재임 후반기에 들어 백신 접종의 중요성을 언급하며, 자신이 백신 개발에 기여한 것을 강조했다. 백악관에서 백신을 비공개로 접종했고, 후에 접종한 것을 공개했으나 백신 접종을 장려하는 데는 적극적이지 않았다. 그리고 백신 접종이 개인의 선택임을 언급하면서 강력히 권장하기보다는 자유를 강조했다.

팬데믹은 경제를 멈춰 세웠다. 수천만 명이 일자리를 잃고, 수많은 기업이 문을 닫았다. 트럼프는 초기 봉쇄를 수용했지만, 곧바로 '경제 재개'를 강하게 주장했다.

"우리는 바이러스를 치료하려다 국가를 죽일 수 없다."[11]

민주당 주지사들은 경제 봉쇄를 장기화하며 트럼프와 대립했다. 트럼프는 연방 차원의 완전한 봉쇄 명령을 내리지 않고, 주(state) 단위 자율성을 존중했다. 이는 연방주의 원칙을 따른 결정이었다.[12]

그러나 민주당 소속 주지사들은 장기간 봉쇄를 유지하며 경제를 더욱 얼어붙게 만들었고, 이는 팬데믹을 정치적으로 이용하려는 의도라는 비판을 받았다.[13]

특히 선거가 다가오면서, 트럼프의 경제 성과를 무너뜨리기 위한 봉쇄 연장이 정치적 계산과 무관하지 않다는 지적이 제기됐다.[14]

팬데믹과 대선

2020년 팬데믹은 단순한 바이러스와의 싸움이 아니었다. 그것은 대선 국면을 지배하는 거대한 무기가 되었다. 우편투표 대량 확대, 투표소 제한, 개표

---

[11] Trump COVID-19 Press Conference, March 2020.
[12] U.S. Constitution, 10th Amendment.U.S. Constitution, 10th Amendment.
[13] Wall Street Journal Editorial, "The Politics of Prolonged Lockdowns," May 2020.Wall Street Journal Editorial, "The Politics of Prolonged Lockdowns," May 2020.
[14] Fox News, "Extended Lockdowns and Election Calculations," June 2020.

지연 사태 등은 선거 공정성 논란을 야기했다. 트럼프는 선거 직전까지 우편투표의 문제점을 경고했지만, 주류 언론과 민주당은 이를 '민주주의 공격'으로 몰아붙였다. 2020년 11월, 팬데믹 하에서 치러진 대선은 미국 역사상 가장 논란이 많은 선거 중 하나로 기록되었다. 부정선거에 대한 더 자세한 내용은 6장과 20장에서 더 자세히 다루고 있다.

팬데믹 대응에 대한 트럼프에 대한 평가는 극단적으로 갈렸다. 비판자들은 '혼란스러운 리더십'을 문제 삼았고, 지지자들은 '기존 정치 문법을 뛰어넘는 결단력과 추진력'을 높이 평가했다.

분명한 것은, 트럼프가 국경 봉쇄, 초고속 백신 개발, 경제 재개 추진 등에서 세계 어떤 지도자보다 빠르고 과감하게 움직였다는 사실이다. 만약 트럼프가 없었다면, 미국은 훨씬 더 많은 생명과 경제를 잃었을 것이라는 평가도 적지 않다. 그러나 필자는 그가 의료계의 말을 듣고 실행했던 초고속 백신 개발은 그의 일생에 가장 치명적인 실수라고 생각한다. 왜냐면 백신으로 인해 전 세계에 수천만 명이 넘는 사람들이 목숨을 잃거나 불구가 되었기 때문이다.

트럼프는 팬데믹과 함께 싸웠지만, 그 싸움은 단순히 바이러스와의 싸움이 아니었다. 그것은 언론, 정치권, 글로벌 기득권, 공중 보건 관료주의와의 복합적 전쟁이었다. 그리고 이 전쟁은 그의 대통령직을 넘어, 미국의 미래를 만들어가는 거대한 싸움으로 이어졌다.

대통령 퇴임 후에도 트럼프는 백신의 안전성과 효과를 주장하며, 지지자들에게 백신을 맞을 것을 권유했다. 트럼프는 백신 개발을 자신의 업적으로 내세웠지만, 보수층 일부는 백신 자체에 대한 강한 의구심을 품고 있었다. 이로 인해 트럼프는 백신을 권장했지만, 의무 접종은 반대한다는 입장을 유지했다. 그럼에도 불구하고, 일부 지지자들은 그가 백신을 옹호하는 것 자체에 반발했다. 심근염, 혈전증 등 일부 심각한 부작용 사례가 나오면서, 백신을 강력히 지지했던 사람들조차 경계를 늦추지 않게 되었다.

트럼프는 백신 개발의 주역이었지만, 자신의 정치적 기반이 흔들리는 것을 목격하면서 점점 백신에 대한 언급을 줄이기 시작했다. 그는 바이든 행정부의 백신 위무화를 비판하며 백신의 효과를 강조하기보다 '나는 의무화를 지지한 적이 없다'고 발뺌했다. 즉, 트럼프는 백신을 자신의 업적으로 남기고 싶었지만, 보수층의 반발이 거세지자 한발 물러선 것이다. 어쩌면 팬데믹과 백신으로 인해 대선에서 패배하고 지지자들에게 실망을 안긴 트럼프가 가장 큰 피해자 중 한 명이라고 할 수 있다.

제4장

언론과의 전쟁:
'가짜 뉴스'와 싸운 대통령

도널드 트럼프가 백악관에 입성한 순간부터, 그의 가장 강력한 적 중 하나는 정치인이 아니라 언론이었다. 언론은 트럼프의 정치 활동 내내 부정적 보도를 넘어 가짜 뉴스를 쏟아냈다. 트럼프는 임기 내내 언론과 끊임없는 전쟁을 벌였고, 이는 단순한 갈등이 아니라 정보를 둘러싼 권력 투쟁이었다. 특히 CNN, MSNBC, 뉴욕타임스, 워싱턴포스트 같은 거대 언론사들은 트럼프를 인종차별주의자, 독재자, 무능한 지도자로 묘사하기 위해 끊임없이 부정적인 프레임을 씌웠다.[15]

제45대 대통령 선거에서 승리한 뒤 트럼프가 첫 기자회견을 열었다. 중요한 자리였는데, 트럼프는 선거 전부터 이어진 유력 언론들의 보도가 마음에 안 든다며, CNN은 조용히 하고, 질문하지 말라며 기자와 고성이 오갔다.[16]

당시 트럼프는 다음과 같이 말했다.

"당신이 소속된 언론사(CNN)는 엉망이에요. 조용히 하세요. 다른 기자 질문

---

[15] New York Times, "Trump's First Year: A Media Retrospective," 2018.
[16] https://www.youtube.com/watch?v=jjF3otNeSXg

받겠습니다. 무례하게 굴지 마세요. 당신에게는 질문할 기회를 주지 않겠습니다. 당신 회사는 완전 가짜예요!"

트럼프 관련 오보(誤報) 중 하나는 2017년 트럼프가 아베(安倍晋三, 1954-2022) 일본 총리와 함께 한 '코이(잉어) 연못' 사건에 대한 보도였다.

2017년 11월 트럼프는 일본 방문 중 당시 아베 총리와 함께 도쿄의 아카사카 궁전에서 코이 연못을 구경하며, 물고기들에게 먹이를 주는 행사를 했다. CNN과 주요 언론 매체들은 짧은 클립 영상과 함께 트럼프가 물고기 먹이를 연못에 쏟아붓는 모습을 '무례하고 무심한 행동'으로 보도 했다. 며칠 뒤, 현장에서 촬영된 전체 영상이 공개되면서 사건의 전말이 드러났다.

사실 트럼프는 아베 총리를 따라 조심스럽게 손으로 먹이를 뿌렸고, 마지막에 아베 총리가 먼저 먹이통을 연못에 쏟아붓자 이를 보고 따라 했다. 하지만 CNN을 비롯한 주요 언론은 아베 총리의 행동을 생략하고, 트럼프의 영상만 사용했다. 이로 인해 트럼프가 '외교적으로 부적절하고, 무례하다'는 프레임

▲ 2017년 11월 일본 순방 중 잉어밥을 거꾸로 쏟아붓는 도널드 트럼프 대통령은 이 사진으로 여론의 뭇매를 맞았지만, 사진이 왜곡된 장면임이 밝혀졌다.

이 형성되었다. 사건이 전체 맥락과 함께 알려진 뒤에는 CNN이 사실을 인정하며 논란은 해소되었지만, 트럼프 지지자들은 이를 의도적인 왜곡으로 받아들였다.

이 외에도 언론은 가짜뉴스로 끊임없이 트럼프를 괴롭혔다. 2016년 대선 이후, 언론은 트럼프가 러시아와 공모했다는 '러시아 내통 스캔들'을 대대적으로 보도했다.[17]

CNN은 매일같이 '트럼프-푸틴' 관련 의혹을 제기했고, MSNBC는 트럼프를 '러시아의 꼭두각시'라고 몰아세웠다. 그러나 2년여의 수사 끝에, 로버트 뮬러 특검은 트럼프 캠프와 러시아 사이에 범죄적 공모가 없다고 결론 내렸다.[18] 이 충격적인 결론은 주류 언론의 신뢰성에 큰 타격을 입혔다.

코로나 팬데믹 보도: 정치적 무기화

2020년 팬데믹이 터졌을 때, 언론은 바이러스 자체보다 트럼프의 대응을 공격하는 데 더 열중했다. 초기에는 트럼프의 중국발 입국 금지를 '과잉 반응'이라 비난했고 나중에는 '조치를 너무 늦게 취했다'고 몰아세웠다. 마스크 착용과 관련해 처음에는 마스크가 필요 없다고 했다가[19], 이후에는 트럼프가 마스크 착용을 적극 권장하지 않는다고 공격했다. 심지어 트럼프가 언급한 특정 치료제(하이드록시클로로퀸)에 대해 '가짜 약'이라고 폄훼한 후[20], 나중에는 일부 효능이 확인되었음에도 이를 제대로 보도하지 않았다.[21]

---

[17] CNN, "Russian Investigation Timeline," 2017–2019.
[18] Mueller Report, Special Counsel Investigation, 2019.
[19] CDC Guidelines, February 2020.
[20] CNN, "Hydroxychloroquine Warnings," April 2020.
[21] NIH Study, Hydroxychloroquine Effectiveness Analysis, December 2020.

언론은 팬데믹을 객관적으로 다루는 것이 아니라, 트럼프를 무너뜨리기 위한 정치적 도구로 이용했다. 팬데믹 기간과 2020년 대선 기간, 주요 언론과 빅테크 플랫폼은 '팩트체크(Fact-check)'라는 이름으로 트럼프와 보수 성향 뉴스들을 검열했다. 그러나 문제는 팩트체크 자체가 정치적 편향을 갖고 있었고, 때로는 트럼프의 주장들이 사실로 드러나기도 했다는 것이다. 예를 들어 '코로나 바이러스는 중국 연구소에서 유래했을 가능성' '우편투표 부정 가능성' 같은 주장들은 처음에는 가짜뉴스로 낙인찍혔지만, 후에 근거가 있음이 밝혀졌다.

언론은 다양한 방법으로 트럼프를 괴롭혔다. 대표적인 사례로 2020년 6월 오클라호마 털사(Tulsa)에서 대규모 랠리가 열렸다. 엄청난 군중이 몰려들었지만, 행사장 내부에는 약 6,200명만이 참석했다. 언론은 이를 '실패한 집회(Failed Rally)'로 묘사하며, 트럼프의 정치적 영향력이 위축되었다고 보도했다. 그러나 사실은 언론이 사회적 거리두기와 보건 규제로 행사장 입장을 의도적으로 제한한 것이었다.

언론은 이상할 정도로 트럼프를 지지하는 수많은 군중을 보여주는 것을 꺼렸다. CNN, 케이블 뉴스 채널인 MSNBC 등 주요 언론이 행사장의 군중을 보여주는 대신, 비어 있는 좌석만 촬영해 마치 행사에 참여한 사람이 적은 것처럼 보도했다. 트럼프는 이것을 '언론이 나의 성공을 보도하지 않으려는 의도적 왜곡'이라고 말했다.

트럼프는 언론을 향해 '거짓말을 반복해 진실처럼 만든다'고 비판했다. 특히 CNN, 뉴욕타임스, 워싱턴포스트와 같은 언론 매체들의 보도가 대표적인 '가짜 뉴스'라고 했다. 그는 언론의 왜곡 보도에 맞서 직접 SNS를 통해 메시지를 전달했고, 백악관 브리핑을 공격적인 방식으로 운영했으며, 언론의 신뢰성 붕괴를 국민에게 경고했다. 정책 발표, 비판 반박, 의견 표명 등을 실시간으로 전달하며 언론을 경유하지 않고, 대중과 직접 소통했는데 이것은 현대 정치에서 매우 이례적인 방식이었고 그의 트위터는 연일 화제가 되었다.

트위터에서 트럼프는 과감하고 직설적인 표현을 사용했는데, 이를 통해 지지자들과 유대를 강화했으며, 스스로 언론의 필터 없이 사실을 직접 전달한다며, 대중에게 본인의 입장을 효과적으로 각인시켰다. 트위터는 트럼프에게 있어 언론과의 갈등을 넘어 자신의 목소리를 전할 수 있는 중요한 도구였다.

트럼프는 대부분의 주류 언론을 '가짜 뉴스'라고 비난했지만, 폭스 뉴스(Fox News)와 같은 보수 성향의 언론사와는 우호적인 관계를 유지했다. 폭스 뉴스는 트럼프를 지지하는 언론사로, 트럼프의 정책과 발언을 긍정적으로 보도했다. 트럼프는 폭스 뉴스를 통해 자신의 메시지를 전달하고, 자신에게 우호적인 논평을 강화하는 미디어 전략(Media Strategy)을 세웠다.

트럼프와 폭스 뉴스의 관계는 보수 진영의 지지층 결집에 큰 도움이 되었다. 폭스 뉴스와의 긴밀한 관계를 통해 지지층과의 소통을 강화했으나 폭스 뉴스에서도 자신을 비판하는 목소리가 나오면 즉각적으로 실망감을 드러냈는데, 이는 그가 얼마나 언론 보도를 신중히 관리했는지 보여주는 사례이다.

결국 2021년 조사에 따르면, 미국 국민의 58%가 '주류 언론을 신뢰하지 않는다'고 응답했다.[22] 특히 보수 성향 유권자 중 75%는 '언론이 거짓말을 한다'고 생각했다. 트럼프는 단순히 언론과 싸운 것이 아니라, 정보를 독점하려는 권력 구조와 싸운 것이다.

---

[22] Reuters Institute, "Trust in News Survey USA," 2021.

트럼프와 언론의 전쟁은 아직 끝나지 않았다. 그리고 이 싸움은 트럼프 개인을 넘어, 미국 민주주의의 근간을 흔드는 싸움이 되어가고 있다. 언론은 진실의 수호자인가, 아니면 새로운 독재의 도구인가? 트럼프가 던진 이 질문은 오늘날에도 여전히 유효하다.

제5장

트럼프 탄핵 과정과 결과: 정치적 음모를 뚫고 살아남다

트럼프는 대통령이 된 순간부터 워싱턴 기득권층(Deep State)과 민주당 지도부의 공공연한 타깃이 되었다. 그들의 목표는 트럼프를 끌어내리는 것이었다. 그리고 이 목표를 위해 그들은 미국 역사상 전례 없는 두 번의 탄핵 시도를 감행했다.

첫 번째 탄핵: 우크라이나 통화 스캔들

2019년 7월 25일 오전 9시 3분, 백악관 상황실에서 한 통의 전화가 우크라이나 키예프(Ukraine Kyiv)로 연결되었다. 트럼프와 새로 당선된 볼로디미르 젤렌스키(Volo dymyr O. Zelenskyy) 우크라이나 대통령의 30분간의 통화 중 트

▲ 도널드 트럼프 미국 대통령과 젤렌스키 우크라이나 대통령

럼프의 한 마디는 탄핵의 핵심 증거가 됐다.

"바이든에 대해 조사해 주십시오."

민주당은 이를 '권력을 이용한 외국 정부 압박'이라 주장했고, 트럼프는 '정당한 부패 수사 요청'이라고 반박했다. 실제로 문제의 통화 녹취록(Transcript)은 곧바로 백악관에 의해 공개되었고[23], 거기에는 뇌물이나 협박의 명확한 증거가 없었다. 하지만 민주당은 이를 무시하고 2019년 12월 18일, 하원에서 탄핵소추안을 통과시켰다.[24]

이후 청문회장에서 증인들의 행렬이 이어졌다.

- 마리 요바노비치(Marie Yovanovitch) 전(前) 우크라이나 대사: "나는 부패와 싸우라는 임무를 받았습니다. 하지만 결국 그 싸움에서 희생양이 되었습니다."[25]
- 고든 손들랜드 주EU 대사: "명백한 대가성이 있었습니까? 네, 있었습니다."[26]
- 빌 테일러 우크라이나 대사 대행: "비정상적인 외교 채널이 있었습니다."[27]

그러나 2020년 2월 5일, 공화당이 다수인 상원은 트럼프에 대해 '권력 남용' '의회 방해' 혐의에 대해 '52 대 48'과 '53 대 47'로 모두 무죄(Verdict of Acquittal)를 선고했다.[28]

---

[23] White House, "Memorandum of Telephone Conversation with President Zelensky," September 2019.
[24] House Vote Records, December 18, 2019.
[25] https://www.yna.co.kr/view/AKR20191116002000071
[26] https://www.voakorea.com/a/5174414.html
[27] https://www.hani.co.kr/arti/international/america/914368.htmlhttps://www.hani.co.kr/arti/international/america/914368.html
[28] U.S. Senate Impeachment Trial Records, February 5, 2020.

상원은 '트럼프가 범죄를 저질렀다는 명백한 증거가 없다'고 결론 내렸다. 탄핵은 실패했다. 그러나 민주당과 언론이 숨기려 했던 진실은 감춰지게 되었다.

젤렌스키와의 통화내용이 이런 파장을 일으킨 배경은 다음과 같다.

딥스테이트의 수족(手足)인 중앙정보국(CIA)과 같은 정보기관들은 우크라이나에 오랜 기간 영향력을 행사해 왔다. 특히 2014년 우크라이나의 친(親)러 정권이었던 빅토르 야누코비치 대통령(Віктор Янукович)을 비밀리에 축출[29] 한 이후 이들은 막대한 영향력을 행사할 수 있었다.

이들은 그 영향력으로 우크라이나에서 막대한 금액을 세탁했다. 예를 들어 2022년에 시작한 우크라이나 전쟁은 미국의 군산복합체(Military-Industrial Com-plex)에게 천문학적 이익을 가져다주었다. 특히 세계 최고의 항공우주 방위산업체인 록히드 마틴(Lockheed Martin Corporation)과 레이시온(Raytheon Technologies Corporation)과 같은 방산 기업들은 무기 공급을 통해 막대한 수익을 올렸다.

전쟁 전에도 딥스테이트는 엄청난 금액을 우크라이나를 통해 세탁했는데, 그중에 바이든 대통령과 그의 아들 헌터 바이든이 있었다. 그 당시 헌터 바이든은 아무런 자격이 없었는데 우크라이나의 천연가스 생산회사인 부리스마 홀딩스(Burisma Holdings)에서 고액의 고문료를 받았다.

오바마 행정부 당시 부통령이자 2020년 미국 제45대 대통령 선거 출마를 목표로 한 조 바이든의 둘째 아들인 헌터 바이든[30]은 2014년부터 2019년까

---

[29] https://www.yna.co.kr/view/AKR20140525068000095
[30] https://www.yna.co.kr/view/AKR20230318005500071 헌터 바이든과 관련하여 위에서 언급한 사건 외에도 노트북 유출사건이 있는데, 헌터 바이든의 노트북에서 유출된 내용들은 충격적이다. 마약과 성매매 사진들이 담겨있었는데, 2023년 6월에 웹사이트에 공개되었다.

지 우크라이나에 있는 대규모 천연가스 생산회사인 버리스마 홀딩스의 이사를 역임했다. 이 회사는 2016년까지 어떤 문제로 우크라이나 검찰의 수사 대상이었지만, 바이든 부통령이 우크라이나를 방문했을 때 검찰총장을 해임을 요구하자, 우크라이나 의회는 법무장관을 파면하였고, 회사는 검찰의 추궁을 피할 수 있었다. 만약에 이 사실이 드러난다면 이것은 바이든가의 문제일 뿐 아니라 딥스테이트 전체의 문제가 될 수 있었다. 그래서 이들은 목숨을 걸고 무리한 탄핵을 주도한 것이었다.

두 번째 탄핵: 의회 폭동 사건

2021년 1월 6일, 미국 국회의사당에서 폭동이 발생했다. 트럼프는 워싱턴 D.C.에 모인 지지자들에게 "평화롭게 애국적으로 목소리를 내라"고 요청했지만[31], 일부 과격한 참가자들이 국회의사당으로 난입했다.

민주당은 이 사건을 트럼프가 선동한 쿠데타로 규정했다. 취임까지 열흘도 남지 않은 상황에서, 민주당 하원은 다시 한번 트럼프에 대한 탄핵 소추를 밀어붙였다.[32]

이렇게 트럼프는 미국 역사상 처음으로 두 번 탄핵당한 대통령이라는 기록을 남기게 된다. 딥스테이트가 무리하게 밀어붙였던 이유는 트럼프가 4년 후에 다시 재선에 도전할 것에 대한 두려움이었다.

2021년 2월 13일, 상원은 다시 트럼프에 대해 무죄 판결을 내렸다.[33] 찬성 57표, 반대 43표로 찬성표가 더 많았지만 유죄 판결을 위해 필요한 67표에는 크게 못 미쳤다. 상원은 '퇴임한 전직 대통령은 탄핵 대상이 될 수 없다'는 헌

---

[31] Trump Speech, "Save America Rally," January 6, 2021.
[32] House Impeachment Vote, January 13, 2021.
[33] Senate Vote Records, February 13, 2021.

법적 논리를 수용했고, 트럼프 개인에 대한 선동 책임 역시 입증되지 않았다는 결론을 내렸다.

두 차례 탄핵은 트럼프를 제거하지 못했지만, 미국 사회에 심각한 상처를 남겼다. 정치적 양극화는 극에 달했고, 국민의 언론과 정치권에 대한 불신은 폭발했다. 특히 두 번째 탄핵은 '정치적 보복'의 성격이 강했다는 평가가 많았다.[34] 트럼프는 탄핵 국면을 이렇게 요약했다.

"그들은 저를 노린 것이 아닙니다. 그들은 여러분(국민)을 노린 것이고, 나는 그 길을 막았을 뿐입니다."[35]

---

[34] Wall Street Journal Editorial, "The Real Motive Behind Trump's Second Impeachment," February 2021.
[35] Trump CPAC Speech, February 2021.

제6장

2020 대선: 논란과 의혹 속의 패배

도널드 트럼프의 첫 임기는 역대 어느 대통령보다 치열하고 논란이 많았다. 그리고 그 마지막 해인 2020년, 트럼프는 인류 역사상 가장 예측 불가능한 대선을 치러야 했다. 그것은 단순한 선거가 아니었다. 코로나 팬데믹, 경제 붕괴, 인종 갈등, 빅테크 검열, 선거 시스템 변화 등 수많은 변수가 동시에 작용한 미국 역사상 가장 혼란스러운 대선이었다.

코로나19 팬데믹은 전통적인 투표 방식을 완전히 뒤흔들었다. 사전 투표(Early Voting)가 대규모로 허용되었고[36] 사상 유례없는 우편투표(Mail-in Voting) 확장이 이루어졌다.[37] 몇몇 경합 주에서는 법률 개정 없이, 주지사, 주 선거 관리국 또는 법원 명령만으로 선거 절차를 변경했다[38]. 트럼프 캠프는 이 과정을 문제 삼았다. 특히 우편투표가 부정의 통로가 될 수 있다고 경고했다[39]. 하지만 주류 언론과 빅테크는 이를 '근거 없는 음모론'으로 폄하했다.

---

[36] Pew Research Center, "Early Voting Trends 2020," October 2020.
[37] NBC News, "Mail-In Ballots Expand Across States," May 2020.
[38] Heritage Foundation, "Election Law Changes Without Legislative Approval," 2021.
[39] Trump Campaign Rally Speech, October 2020.

이런 악조건 속에서도 트럼프는 묵묵히 자신의 길을 걸어갔다. 바이든은 코로나를 핑계로 대중집회를 열지 않았지만 트럼프는 노령의 몸을 이끌고 미국 전역을 돌아다니며 유세에 집중했다. 당일 트럼프는 노스캐롤라이나, 펜실베이니아, 위스콘신, 미시간 4개 주 5개 도시를 전용기를 타고 전속력으로 순회하며 '전국구 유세'를 펼쳤다.

마지막 유세는 미시간주 제럴드 R. 포드 공항에서 펼쳤는데 그의 지지자들은 마이크를 잡은 트럼프를 향해 "사랑합니다(I love you)!"를 연호했다. 트럼프는 손을 눈가에 가져다 대며 "날 울리지 마세요(Don't make me cry)."라고 했다. "내가 울면 그들은 대통령이 무너지고 울었다며 떠들 것이다."라며 "아마 내 지지율이 4~5퍼센트 정도 오를지도 모르지만, 상관하지 않겠다."고 했다. 그 후 그는 "나는 우리가 이길 거라고 생각한다. 내일이 역사상 가장 위대한 승리 중 하나가 될 것이다."라고 선언했다.

마지막 유세에는 아들 도널드 트럼프 주니어와 그의 여자 친구, 딸 이방카 트럼프와 사위 재러드 쿠슈너(Jared Kushner) 등 트럼프가(家) 사람들이 총출동했고, 수천여 명의 지지자들이 함께했다. 그는 4년 전 승리를 기억하며 그의 지지자들에게 "다시 돌아오고 싶었다."고 말했다.

▲ 2020년 11월 3일(현지 시각) 미시간주 제럴드 R 포드 공항에서 마지막 유세를 펼치고 있는 도널드 트럼프 대통령

이날 트럼프 진영은 바이든이 연설 중 말을 더듬고 실수하는 장면들을 짜집기한 영상을 내보냈다. 그리고 올해로 77세인 바이든의 '치매설'을 부각시켰다. 이날 트럼프는 '내가 역사상 최악의 대선 후보와 맞붙었다는 점이 더 큰 압박'이라며 "어떻게 이런 자에게 질 수 있겠나?"라며 바이든을 조롱했다.

같은 날 바이든은 경합주이자 자신의 고향인 펜실베이니아에서 선거 유세를 마무리했다. 바이든은 미 프로풋볼(NFL) 피츠버그 스틸러스(Pittsburgh Steelers)의 홈구장인 하인즈필드(Heinz Field)에서 가수 레이디 가가의 공연과 함께 드라이브인 유세를 펼쳤다. 바이든은 "트럼프는 러시아 푸틴(Vladimir Putin) 대통령의 강아지처럼 행동한다."며 "트럼프는 이제 집에 갈 시간, 우리는 혼돈과 인종주의, 트위터, 분노, 실패, 무책임과 이별해야 한다."고 외쳤다.

2020년 11월 3일, 미국 대선 날에 필자는 캘리포니아의 시골 마을에서 투표를 한 후 집으로 돌아와서 투표상황을 실시간으로 지켜보았다. 그날 전국에서 수천만 명의 유권자들이 투표소를 찾았고, 개표가 시작되자 긴장감이 감돌았다. 개표 초반, 트럼프 대통령이 월등히 우세했다. 플로리다, 오하이오, 텍사스 같은 핵심 경합주에서 승리를 거두자 공화당 지지자들은 환호성을 질렀다. "트럼프가 해냈다! 2016년의 재현이다!" 축하 파티가 열렸고, 샴페인이 터졌다. 승리를 뒤엎을 만한 일은 없을 것으로 보였다.

그러나 이상한 일이 벌어지기 시작했다. 선거일이 끝났지만, 개표는 끝나지 않았다. 각 주에서는 어디선가 밀려오는 우편투표를 계속 받아 계수했다. 완벽한 트럼프의 승리였는데 시간이 지날수록 분위기가 미묘하게 변했다. 자정을 넘기면서 펜실베이니아, 미시간, 조지아, 위스콘신 같은 경합주에서 기계의 오작동이 있다고 말하며 개표가 갑자기 중단되었다. 그리고 몇 시간 후, 우편투표가 대량으로 밀려 들어오기 시작했다. 초반 트럼프가 크게 앞서던 지역에서도 바이든의 표가 급격히 늘어났다. 개표 그래프가 수직으로 치솟았고,

새벽이 될 무렵 '블루 쉬프트(Blue Shift)'가 시작되었다. TV 화면에 나타나는 숫자는 서서히, 그러나 확실히 트럼프의 리드를 잠식하고 있었다.

필자는 대체 "무슨 일이 벌어지고 있는 거지?"라고 생각하며 그 상황을 자세히 지켜보았다.

트럼프 지지자들은 불안한 기색을 보이며 부정선거라고 생각하기 시작했다. 트럼프 캠프에서는 투명한 개표 과정이 필요하다고 주장했지만 개표는 계속되었다. 급기야 트럼프가 나와 선거를 멈춰야 한다고 했지만 각 주에서는 계속 들어오는 우편투표를 멈추지 않고 계수했다. 시간이 갈수록 트럼프의 리드가 사라지기 시작했다. 11월 4일이 지나면서, 상황은 더욱 혼란스러워졌다. 위스콘신과 미시간에서 단숨에 수만 표가 추가되었고, 그중 대부분이 바이든을 향하고 있었다. 트럼프는 즉각 반발했다. "이 선거는 조작됐다! 내가 이겼다!" 그러나 언론은 그의 주장을 무시하고 바이든이 유리하다는 분석을 내놓기 시작했다.

11월 6일, 펜실베이니아에서도 트럼프의 리드가 무너지기 시작했다. 이제 남은 건 시간 문제였다. 11월 7일, CNN과 AP통신이 조 바이든을 차기 대통령으로 선언했다.

바이든 지지자들은 거리로 나와 환호했고, 주류 언론은 '역사적 승리'라며 축포를 쏘아 올렸다. 반면, 트럼프는 이를 인정하지 않으며 "우리는 싸울 것이다. 이 선거는 끝나지 않았다!"고 말했다.

필자는 이런 일들이 벌어지는 것을 보면서 미국이 엄청나게 썩었다는 것을 알게 되었다. 우편투표의 급증과 개표 지연 속에서 바이든에게 승리를 안긴 2020년 대선은 단순한 선거가 아니었다. 이날은 트럼프와 그의 지지자들에게 미국 정치사에서 가장 논란이 많았던 순간 중 하나로 남아 있다.

우선 트럼프 대통령은 2019년에 자신이 임명한 법무장관 빌 바(Bill Barr)를 압박해 부정선거를 조사하기를 원했다. 그러나 선거 이후 수많은 증거, 내부 고발 그리고 개표기의 문제가 드러났지만 빌 바 법무장관은 이 모든 혐의를 철저히 조사하지 않고 '대규모 사기 증거는 없다'는 결론을 서둘러 내렸다. 수많은 공화당 유권자들이 계속해서 투명한 수사를 요구했지만, 그는 이를 무시했다. 그리고 2020년 대선 당시, 그가 헌터 바이든의 '노트북 게이트'를 FBI와 덮었던 것을 기억하며 트럼프 지지자들은 빌 바를 '배신자'라고 불렀다. 트럼프도 "빌 바는 나를 지지한 것이 아니라, 딥 스테이트를 보호하는 데 집중했다."라며 분노했다.

또 다른 배신이 있었다. 브라이언 켐프(조지아 주지사)와 브래드 래펜스퍼거(조지아 국무장관)는 2020년 대선에서 조지아 주의 부정선거 논란이 커졌을 때, 트럼프를 돕기는커녕 바이든의 승리를 신속하게 확정해 버렸다. 조지아는 우편투표 논란이 가장 심했던 곳 중 하나였으며, 개표소에서 이상한 영상과 데이터가 속출했지만, 켐프와 래펜스퍼거는 이를 무시했다. 트럼프는 "그들은 배신자다. 공화당 소속이면서도 바이든에게 승리를 넘겨주었다."고 공격했다. 그리고 트럼프는 루디 줄리아니(Rudy Giuliani), 시드니 파월(Sidney Powell) 그리고 제나 엘리스(Jenna Ellis)와 같은 변호사들을 통해 전면적인 법적 투쟁을 전개했다.

루디 줄리아니는 9·11 테러 당시 뉴욕 시장을 지낸 인물이며, 강력한 법 집행으로 뉴욕의 범죄율을 대폭 낮춘 전설적인 검사였다. 그는 2020년 대선 이후, 트럼프 법률팀의 선봉장이 되어, 경합 주에서 부정선거 의혹을 조사하고 증거를 수집하는 역할을 맡았다. 그는 펜실베이니아, 미시간, 조지아, 애리조나 등에서의 개표 조작 및 투표기 문제를 공개적으로 제기하며, 연방 및 주 법원에 소송을 제기했다. 하지만 주류 언론과 민주당 그리고 일부 공화당 인사들은 그의 주장을 음모론으로 몰아갔다. 결국 부정선거와 싸우다가 법률 면허 정지 및 명예 실추라는 대가를 치른 역사적인 인물로 남게 되었다.

시드니 파월은 전직 연방 검사 출신으로 대담한 성격과 공격적인 법정 전략으로 유명했다. 2020년 대선 후, 그녀는 부정선거를 폭로하는 법적 투쟁의 핵심 인물이 되었다. 그녀는 도미니언(Dominion) 투표 시스템이 조작되었다는 의혹을 강력히 제기했다. "크라켄(Kraken)을 풀겠다!"고 선언하며, 선거 데이터 조작 및 소프트웨어 해킹 가능성을 파헤쳤다. 하지만 민주당뿐만 아니라 공화당 내부에서도 그녀를 비판하는 목소리가 커졌다. 결국 그녀는 도미니언의 명예훼손 소송을 당하며, 막대한 법적 비용을 떠안게 되었다. 그럼에도 불구하고 시드니 파월은 끝까지 싸움을 멈추지 않았다.

제나 엘리스는 트럼프 법률팀에서 법적 전략을 총괄했던 핵심 인물이었다. 그녀는 법정에서 트럼프 캠프를 대표하며, 주 선거법 위반 사례를 조목조목

지적했다. 그녀는 주 의회 청문회에서 증거를 제출하며, 개표 과정의 불투명성을 문제 삼았다. 하지만 연방 및 주 법원들은 대부분의 소송을 기각하며 실질적인 법적 대응을 막았다. 그녀는 "법원이 정치적 압력을 받아, 정당한 문제 제기를 묵살했다."고 주장했다. 결국 그녀 역시 법적제재와 사회적 비난을 받았고 공화당 내부에서도 배척당하게 되었다.

루디 줄리아니, 시드니 파월, 제나 엘리스는 2020년 대선의 어두운 진실을 파헤치려했다. 개표기 소프트웨어가 트럼프 표를 바이든 표로 전환했다는 음모론도 등장했다. 마지막 법적 소송으로 트럼프 캠프는 주요 경합 주인 펜실베이니아와 애리조나, 조지아, 미시간 등에서 60건 이상의 소송을 제기했으나 대부분 증거 부족과 법적 근거 미비로 기각되었다. 역사상 가장 큰 선거 의혹을 법정에서 증명하려 했지만 강력한 정치적 압력에 의해, 딥스테이트가 만들어 놓은 시스템의 벽에 가로막혔다.

결국 아무런 성과 없이 바이든이 46대 대통령으로 취임하는 2021년 1월 6일이 다가왔다. 붉은 모자를 쓴 수십만 명의 트럼프 지지자들이 워싱턴 D.C.에 모여 대선 결과에 항의했다. 논란이 많았던 2020년 대선 이후, 트럼프는 선거 조작 의혹을 제기하며 "도둑맞은 선거를 되찾겠다!"고 외쳤다. 그들과 함께하지 못했던 수백만 명은 온라인을 통해 참여했다.

이날 미국 의회는 2020년 대선의 선거인단 인증(Electoral College Certification)을 위한 회의를 열었다. 이는 형식적인 절차에 불과했지만, 2020년 대선 때는 달랐다. 경합주 곳곳에서 부정선거 의혹이 제기되고, 트럼프 대통령과 그의 지지자들은 이날이야말로 진실을 밝힐 마지막 기회라고 믿었다. 그래서 트럼프 측은 부통령 펜스에게 선거인단 인증을 거부할 권한이 있다고 주장하며 그에게 압박을 가했다.

▲ 2021년 1월 6일 저녁 6시 광장에 모인 사람들

　트럼프는 연설에서 '펜스가 옳은 결정을 해야 한다'고 강조했고, 지지자들은 "우리는 싸울 것이다!"라고 외치며 국회의사당으로 향했다. 이날 트럼프는 '평화적으로 목소리를 내라'고 말했지만, 시위대 일부가 의회 내부로 진입하는 초유의 사태가 벌어졌다.
　이때 경비병들과 시위대 간 충돌이 발생했고, 경찰은 최루가스를 사용하며 진압에 나섰으며, 여성 시위자 애슐리 배빗(Ashli Babbitt)이 경찰의 총격에 사망했다. 결국 수많은 사람이 내란범으로 몰려 체포되었다. 그날의 충격적인 장면들은 곧바로 전 세계 뉴스에 등장했고, 민주당과 주류 언론은 이를 트럼프가 선동한 쿠데타 시도로 규정했다.
　이 일로 인해 의회 지도부들은 다른 곳으로 대피하는 일이 발생했다. 시위가 잦아들자 펜스와 의회 지도부는 선거인단 인증을 계속 진행했다. 몇 시간 후, 조 바이든은 공식적으로 차기 대통령으로 확정되었다. 트럼프 지지자들은 "펜스가 대선 사기를 방관했다!"며 분노했고, 시위대는 "마이크 펜스를 교수형에 처하라!"는 구호를 외치기도 했다. 펜스는 이후 인터뷰에서 '나는 헌법을 지켰을 뿐'이라고 변명했지만, 트럼프와 그의 지지자들에게 그는 가장 결정적인 순간에 배신한 인물로 남게 되었다. 2024년 대선을 앞두고, 펜스는 트럼프와 다시 경쟁하려 했지만, 보수층의 신뢰를 잃은 그는 결국 대선 경선에서조차 힘을 쓰지 못하고 사라졌다.

▲ 2021년 1월 6일 미국 워싱턴 국회의사당 점거 당시 도널드 트럼프 전 대통령 지지자들이 국회 안으로 들어가기 위해 벽을 넘는 모습

2024년 트럼프 대통령의 재당선 전후로 드러난 2021년 1월 6일 사건의 진실은 이렇다. 최근 공개된 2021년 1월 6일 의사당 폭동 관련 영상들로 인해, 이 사건이 단순한 폭동이 아니라 의도적으로 연출된 설정이었다는 의혹이 강하게 제기되고 있다. 영상 속 내용은 트럼프와 그의 지지자들을 범죄자로 몰아가기 위한 시도가 있었음을 보여주고 있다.

첫째, 군중을 선동한 인물들이 있다. 영상을 보면 군중 속에서 시위대를 선동하거나 내부로 진입하게끔 유도한 인물들이 있다. 이들이 지시를 내리거나 행동을 유도하는 모습이 포착되었는데, 이것은 자발적인 폭동이 아니라 계획된 행동일 가능성을 시사한다.

둘째, 의도적으로 경비가 느슨했다. 공개된 영상에서는 의사당 주변의 경비가 느슨하게 보인다. 일부 보안 요원들은 시위대가 내부로 들어가는 걸 방관하거나 길을 열어주는 듯하며, 특히 한 인물이 체포되어 수갑이 채워졌는데, 경비가 풀어주고, 나서 주먹 인사를 하는 장면이 있다. 이런 모습은 의혹을 더 키우고 있다.

▲ 길을 열어주는 경비대

셋째, 선택적 편집 의혹이 있다. 기존에 공개된 영상엔 폭력적인 장면만 부각시키고 사건의 맥락을 왜곡한 반면, 새롭게 공개된 영상들에는 시위대가 의사당 내부를 평화롭게 돌아다니는 모습이 있다. 이는 사건이 정치적 의도로 편집되고 활용되었을 가능성을 보여준다.

이 모든 영상들은 사건이 트럼프와 그의 지지자들을 범죄자로 몰아가려는 전략이 있었음을 시사하고 있다. 당시 민주당은 이 사건을 통해 트럼프와 공화당 지지자들을 탄압하는 명분을 얻었고, 동시에 부정선거 프레임에서 벗어날 기회를 잡았다. 비록 실패했지만 트럼프를 탄핵하려는 명분도 얻었다.

새로 공개된 영상은 트럼프 지지자들뿐만 아니라 주류 언론과 민주당의 선전에 세뇌됐던 국민들마저 분노하게 만들고 있다. 사람들은 질문했다.
- 왜 수갑이 채워진 사람이 경비와 주먹 인사를 하고 있는가?
- 그들이 모두 거짓말을 한 것인가?
- 자신들의 부정선거를 숨기고 권력을 유지하기 위해 국민까지 희생시켰나?

이러한 질문들은 미국의 보이지 않는 권력 구조, 즉 딥스테이트에 대한 의혹으로 이어지고 있다. 미국 국민은 이제 과거의 진실을 재조명하며, 민주주의와 자유의 본질을 다시 질문하고 있다. '누가 이 모든 것을 계획했는가?'라는 물음이 미국 정치와 사회의 중심에 떠오르게 되었다.

첫째, 트럼프와 워싱턴 기득권의 충돌

트럼프는 처음부터 '워싱턴 엘리트'와의 싸움을 선언하며 대통령직에 올랐다. 그는 연방수사국(FBI), 중앙정보국(CIA), 국방부와 같은 주요 기관들이 과도하게 정치와 정책에 개입한다고 비판하며 이들의 구조적 문제를 폭로했다. 이것은 곧 워싱턴 내부의 보이지 않는 권력 구조, 즉 딥스테이트와의 직접적인 충돌로 이어졌다. 트럼프가 권력을 유지하는 한, 딥스테이트의 민낯이 드러날 위험이 있어, 그를 제거하려는 시도는 점점 더 강력해질 수밖에 없었다.

둘째, 정보기관의 역할

트럼프 행정부 내내 연방수사국(FBI)과 중앙정보국(CIA)은 그의 정책에 지속적으로 저항하는 모습을 보였다.

- **2016년 러시아 스캔들**
  트럼프 캠페인이 러시아와 공모했다는 의혹이 크게 부풀려졌다는 주장이 있다. 이후 증거 부족으로 관련 의혹이 거의 해소됐지만, 이 과정에서 정보기관들이 잘못된 정보와 과장된 프레임을 유포했다는 의혹이 제기되었다.

- **2021년 1월 6일 사건 이후**
  정보기관들은 폭동의 책임을 트럼프에게 몰아가는데 적극적이었다는 의혹이 있다. 이것은 여론을 조작하고, 트럼프를 정치적 범죄자로 몰아가려는 움직임으로 해석된다.

셋째, 딥스테이트와 주류 언론의 공생

딥스테이트와 주류 언론은 트럼프 탄핵 과정에서 긴밀히 협력하며 사건을 프레임화했다.

- **언론의 역할**
  CNN, 뉴욕타임스, MSNBC 등 주류 언론은 의사당 폭동을 트럼프가 민주주의를 파괴하려 한 증거로 몰아갔다. 트럼프는 이들을 가짜 뉴스라며 강하게 비판했지만, 언론의 프레임은 대중에게 강한 인상을 남겼다.

- **선택적 보도**
  폭동 당시의 폭력적 장면은 집중적으로 보도된 반면, 평화롭게 행동한 시위대의 모습이나 경비원의 느슨한 대응 등의 장면은 은폐되거나 간과되었다. 이는 사건의 맥락을 왜곡하고, 정치적 의도를 강화하기 위한 행동으로 보인다. 딥스테이트와 민주당이 트럼프를 제거하려는 탄핵 전략은 오히려 역효과를 불러왔다.

트럼프의 두 번째 탄핵은 법적 정의를 실현하려는 시도가 아니라, 딥스테이트와 워싱턴 엘리트가 정치적 위협을 제거하기 위해 설계한 도구였다.

트럼프의 두 번째 탄핵은 단순히 법적 정의를 실현하려는 시도가 아니었다. 이는 그의 정치생명을 끊기 위해 치밀하게 설계된 전략이었다. 헌법상 탄핵이 통과되면 대통령직 박탈뿐만 아니라, 향후 공직 출마를 금지하는 조항이 존재한다. 민주당과 딥스테이트는 이 조항으로 2024년 대선에서 트럼프의 재출마를 원천 차단하려 한 것이다. 하지만 이 과정은 오히려 트럼프 지지층의 결집과 그의 정치적 생존력을 입증하는 계기가 되었다.

트럼프는 2020 대선을 '도둑맞은 선거(Stolen Election)'라고 불렀다.[41] 지지자들은 우편투표 확장, 빅테크 검열, 언론 왜곡, 절차 무시 등을 이유로 들며 선거의 정당성 자체가 심각하게 훼손되었다고 주장했다. 반면, 주류 언론과 민주당은 '역사상 가장 안전하고 투명한 선거'라고 선전했다. 진실은 무엇이었을까? 분명한 것은 2020년 대선은 단순한 승패를 넘어, 미국 민주주의에 대한 신뢰 자체를 시험한 사건이었다는 것이다. 트럼프가 대통령이 된 이후에도 탄핵과 1월 6일 사건의 배후에 대한 진실을 밝히는 과정은 미국 정치와 민주주의의 핵심 논쟁으로 남아 있다.

---

[41] Donald J. Trump, "Save America Rally," January 6, 2021.

제2부

돌아온 트럼프

제7장

폭주한 민주당: 권력 남용

2020년 대선 이후, 미국 정치는 새로운 국면으로 진입했다. 민주당은 백악관을 장악한 후 일당 독주 체제를 구축해 나갔다. 하지만 권력은 균형을 잃었을 때 위험해진다. 민주당은 '치유와 통합'을 외쳤지만, 실제로는 정치적 보복과 권력 남용으로 치닫기 시작했다.

조 바이든 대통령은 취임식에서 '모든 미국인을 위한 대통령이 되겠다'고 약속했지만, 취임 직후부터 트럼프 지지자들을 '국내 테러리스트'로 규정하기 시작했다.[42] FBI는 트럼프를 지지하는 단체들을 집중 조사했고,[43] 국토안보부는 '백인 우월주의자 위협 증가'를 경고했다.[44] 이러한 프레임은 공화당 지지자 전체를 급진적 위험세력으로 몰아가는 위험한 정치 선동이었다. 트럼프 지지자들은 '범죄자'가 아니라 '정치적 반대자'였다.

민주당 정권하에서 표현의 자유 역시 심각하게 위협받기 시작했다. 트위터,

---

[42] Department of Homeland Security Bulletin, February 2021.
[43] FBI Domestic Terrorism Analysis, 2021.
[44] Homeland Security Threat Assessment, 2021.

페이스북 등 빅테크 기업들은 트럼프 대통령의 계정을 영구 정지시켰고, 수많은 보수 성향 계정들이 검열당하거나 차단되었다. 애플, 구글, 아마존은 협력하여 보수 성향 소셜미디어 플랫폼인 파를러(Parler)를 앱스토어에서 삭제하고, 서버 제공까지 중단시켰다.[45] 이는 명백히 민간 기업을 통한 검열이었다. 표현의 자유를 보장하는 수정헌법 제1조 정신은 거의 짓밟혔다.

법집행기관들 역시 정치화되기 시작했다. FBI는 트럼프 사저인 마러라고(Mar-a-Lago)를 급습했다.[46] 반면 헌터 바이든 노트북 스캔들에 대해서는 철저히 무시하거나 은폐했다.[47] 법의 잣대는 더 이상 공정하지 않았다. 그것은 정치적 편의에 따라 선택적으로 적용되었다. 이런 현실은 수많은 미국인들에게 법치주의(Rule of Law)의 붕괴를 실감하게 했다.

권력을 잡은 민주당은 숨 돌릴 틈도 없이 급진적 입법을 밀어붙이기 시작했다. 국경 개방 정책으로 불법 이민자 유입이 폭증했고[48] 대대적 정부 지출로 인해 인플레이션이 악화되었다.[49] 그뿐 아니라 성 정체성 이슈 교육 의무화는 초등학교까지 확산[50]되었으며 총기 규제 강화 시도로 인해 수정헌법 제2조가 위협[51]받았다.

이 모든 조치는 미국의 전통적 가치와 헌법적 권리를 위협하는 방향으로 추

---

[45] Parler Lawsuit Against Amazon, 2021.
[46] FBI Raid on Mar-a-Lago, August 2022, News Reports.
[47] New York Post, "Hunter Biden Laptop Story," October 2020.
[48] Customs and Border Protection, Southwest Border Encounters Statistics, 2021.
[49] U.S. Bureau of Labor Statistics, Inflation Data, 2021-2022.U.S. Bureau of Labor Statistics, Inflation Data, 2021-2022.
[50] Department of Education Guidelines, 2021.
[51] White House Gun Control Proposals, 2021.

진되었다. 트럼프가 지켜낸 '미국 우선(America First)' 정책은 단 몇 달 만에 해체되기 시작했다.

민주당이 권력을 쥔 후, 그들의 가장 급진적인 무기는 단순한 정책이 아니었다. 그것은 사회적 의식(Social Consciousness)을 장악하려는 '워크(Woke) 어젠다'였다. 정의와 포용이라는 미명 아래, 그들은 언어를 바꾸고, 교육을 재구성하고, 문화를 통제하고, 개인의 양심과 표현의 자유를 위협했다. 트럼프는 이 흐름을 '미국 정신의 말살'이라고 경고했다.[52]

워크(Woke)란 무엇인가?

'워크(Woke)'는 원래 사회적 불평등과 차별 문제에 대한 '깨어있는 의식'을 의미한다. 하지만 최근 미국에서 진보적인 민주당의 사회 정책이나 정치적 불의를 인식하는 비판적 용어로 쓰인다. 그러나 최근 몇 년 동안, 이 개념은 급진적 인종 이론(Critical Race Theory), 성 정체성 이념(Gender Ideology), 반자본주의 운동(Anti-Capitalism)과 결합하면서 이념적 강요와 문화적 독재로 변질되었다[53]. '차별 반대'를 외치며 새로운 차별을 만들어내고 '포용'을 주장하며 반대 의견을 억압하는 모순이 벌어졌다.

학교를 장악한 워크 어젠다

민주당 주도의 교육청과 학교들은 팬데믹 이후 워크 어젠다를 교실로 밀어넣기 시작했다. 초등학교부터 성 정체성 교육을 실시[54]하고 미국의 역사를 '구조적 인종차별' 프레임으로 재구성[55]하여 부모의 동의 없이 청소년들에게

---

[52] Trump Speech, CPAC 2021.
[53] National Review, "How 'Woke' Hijacked Civil Rights," 2020.
[54] Wall Street Journal, "Elementary Schools and Gender Curriculum," 2021.

성전환 상담[56]을 제공했다.

특히 CRT(Critical Race Theory, 비판적 인종 이론)는 학생들을 피해자와 가해자로 나누는 위험한 교육방식으로 확산되었다. 많은 학부모들이 분노했지만, 교육청은 이를 무시하거나 오히려 학부모들을 '국내 테러리스트'로 낙인찍었다.[57]

기업을 장악한 워크 어젠다

대기업들도 민주당 정권 아래 워크 이념을 받아들였다. 그들은 직원들에게 '무의식적 편견 훈련(Unconscious Bias Training)'을 강요[58] 했을 뿐 아니라, 제품과 광고에 급진적 성 정체성 메시지를 삽입[59]했다. 더 나아가서 이들은 정치적 중립성을 포기하고 특정 정치 캠페인에 자금을 지원[60] 했다.

'기업의 사회적 책임'이라는 이름 아래, 기업들은 정치적 올바름(Political Correctness)을 신종 종교처럼 받아들였다. 이는 소비자들의 분노를 초래했고, 보이콧 운동이 확산되었다.

정부를 장악한 워크 어젠다

민주당은 행정부 전반에 걸쳐 워크 정책을 제도화했다. 이들은 연방 정부 기관에 '다양성, 형평성, 포용(DEI) 프로그램'을 의무화[61]했다. 이로써 모든 연방 부서에 인종, 성별, 성 정체성 비율 목표를 설정하여 실력과는 상관없이 다

---

[55] New York Times, "1619 Project Overview," 2019.
[56] Washington Examiner, "School Gender Counseling Without Parental Consent," 2021.
[57] Department of Justice Memo on Parent Protests, 2021.
[58] Training Materials from Coca-Cola Company, 2021 Leak.
[59] Disney Pride Month Campaign Materials, 2021.
[60] OpenSecrets.org, Corporate Political Contributions 2020-2022.
[61] Biden Executive Order on DEI, June 2021.

양한 사람들이 연방 정부 기관에 자리 잡았다.

심지어 군대조차 전투력보다 다양성과 포용성 목표 달성에 더 많은 에너지를 쏟기 시작했다.[62] 트럼프는 이를 가리켜 '우리는 전쟁에 이기기 위해 군을 키우는 것이 아니라, 사회실험을 위해 군을 망치고 있다'고 경고했다.[63]

워크 어젠다의 본질: 통제

워크 어젠다는 '약자를 보호한다'는 명분을 내세우지만, 그 실제 목표는 생각을 통제하고, 말과 행동을 규제하며 개인보다 집단을 우선시한다.[64] 이것은 자유민주주의의 정신과 헌법이 보장한 개인의 권리와 자유를 정면으로 침해하는 흐름이다. 트럼프는 이를 '21세기판 전체주의'라고 명명했다.

이러한 워크 어젠다가 정도를 넘을 때는 신성모독의 단계까지 도달했다. 2021년 1월 3일 제117대 미국 의회 개회에 앞서 감리교 목사 출신인 이매뉴얼 클리버(Emanuel Cleaver II) 민주당 의원이 다음과 같이 기도했다.[65]

"우리는 이 모든 것을 유일신 하나님인 브라마와 다른 많은 신앙 안에서 다른 많은 이름으로 알려진 신의 이름으로 구합니다. 아멘. 아우먼."

이 사건은 기독교 하나님에 대한 모독으로 알려지며, 큰 논란과 관심으로 이어졌다. 성 중립성 언어를 사용하기 위해 '아멘(Amen)'에 이어지는 '아우먼(A-Woman)'이라는 표현이 기독교인들에게 큰 충격을 주었다. 이들은 민주당이 하나님을 모독하는 단계까지 갔다고 생각했다.

---

62 Military Times, "Diversity and Inclusion Initiatives in U.S. Military," 2021.
63 Trump Speech, Save America Rally, 2022.
64 Heritage Foundation, "The True Goal of Woke Ideology," 2021.
65 https://www.christiandaily.co.kr/news/98925 공화당에서는 전통적인 '남녀'성별을 부정하는 민주당이 오히려 하나님의 성별을 이분화 시키는 모순을 저질렀다고 비판했다. 맷 개츠(Matt Gaetz) 공화당 하원의원은 '아멘과 아우먼' 기도에 대해 "아멘과 아우먼? 그들(민주당)은 성별이 두 개가 아니라는 걸 모르나? 그밖에 42개의 성별로 해보는 건 어떨까?"라고 트위터에 남겼다.

▲ 2021년 1월 3일 의회 개회 기도를 하는 이매뉴얼 클리버 하원의원

이들은 성별과 무관한 종교적 용어 '아멘'을 성 중립적 언어로 바꾸려는 시도가 무지하고 과도하다고 비판했다. 또한 이를 '정치적 올바름(Political Correctness)'과 워키즘의 지나친 예로 보고, 종교적 전통(Religious Traditions)을 훼손하는 행동이라고 주장했다. 반면 민주당 진보 진영에서는 클리버 의원이 성 중립적 언어를 사용한 점을 긍정적으로 평가하며, 그가 의도한 메시지와 성평등의 중요성을 인정하는 목소리도 있었고 그 안에서조차 반대의 목소리도 있었다.

논란이 커지자 클리버 의원은 종교적 전통을 바꾸려는 것이 아니라 성평등을 강조하기 위한 시도였다고 설명하며 유머러스하게 해명했다. 이 사건은 미국 내에서 '정치적 올바름'과 '성 중립적 언어 사용'의 경계에 대한 논쟁을 촉발시켰다. 성평등을 지지하는 움직임이 중요한 가치로 평가받는 가운데, 종교적 전통이나 문화적 의미를 왜곡할 수 있다는 우려도 제기되었다.

워크 어젠다를 장착한 민주당은 범죄를 저지르는 불법 이민자들에 대해 지나치게 관대하여 국민들에게 손가락질을 받았다. 2024년 9월 하원은 성범죄로 유죄 판결을 받은 불법 이민자들을 추방하는 법안을 통과[66] 시켰는데, 모

▲ 불법이민자(성범죄자) 추방 결의 선거 하는 모습

든 공화당 하원의원들과 51명의 민주당 하원의원들이 찬성했으나 158명의 민주당 하원의원들이 반대했다.

이 법안은 강간범과 소아성애자, 가정폭력 가해자 및 스토커들이 미국에 머무를 수 없도록 하는 내용을 담고 있지만 이들의 인권을 미국 국민들의 안전보다 우선시했던 민주당 의원들 중 다수는 반대했다. 많은 부모들이 민주당에게 등을 돌린 이유는 자녀들의 안전 때문이었다. 민주당은 워크 어젠다를 지나치게 밀어붙여 다음과 같은 일을 저질렀다.

- LGBTQ+ 권리 강화: 민주당은 성 소수자(LGBTQ+) 권리 보호에 적극적이며, 성 소수자 차별을 금지하는 법안, 동성결혼 권리 보장, 성 소수자에 대한 혐오 범죄 처벌 강화 등의 정책을 추진하고 있다.
- 성별 정체성 인정: 성 정체성에 따라 자신의 성별을 자유롭게 선택하고, 표현할 권리를 보장하는 데 중점을 두고 있다. 이는 트랜스젠더 학생이 자신의 성 정체성에 따라 학교에서 화장실이나 운동부를 선택할

---

66 그 외에도 연방 하원 공화당 의원들은 1월 7일(화) 올해 첫 법안으로 절도 혐의로 체포된 이민자를 구금하는 법안을 통과시켜 국경에 대한 관심을 집중시켰다.
https://newsandpost.com/data/read.php?id=news&category=1&no=22565
https://www.yna.co.kr/view/AKR20250108016700071

▲ 미묘한 성 정체성을 가진 교사가 아이들에게 수업하는 모습

수 있는 정책을 포함하고 있다.
- 성별 중립 언어 사용: 성 중립적 표현 사용을 장려하며, 'he/she'와 같은 이분법적 표현 대신 'they/them'과 같은 성 중립적 대명사를 사용하고, 공식 문서에서 성별을 기재하지 않는 등의 정책을 도입한다. 심지어 일부 지역에서는 성전환 수술을 부추기고, 부모의 동의 없이 성전환 수술을 받을 수 있게 했다.
- 다양한 성 정체성 교육강화: 어릴 때부터 교육을 통해 다양한 성 정체성을 수용하게 하여 다음 세대에 심각한 정체성 혼란을 주었다.

민주당의 급진적 정책들 가운데, 국민들의 분노를 폭발시키는데 결정적인 사건이 있었다. 남성들이 자신을 '여성'이라고 주장했다는 이유만으로 여자 스포츠계에 침투한 일이었다. 그들은 아무런 의학적 전환도 없이, 오직 '나는 여자다'라는 선언 하나로 여성으로 인정받았다. 그 결과 여자 선수들과 함께 탈의실을 사용하며 벌거벗은 여성들 앞에서 버젓이 성범죄를 저질렀다. 이들은 여성들을 보호해야 할 공간을 침범했을 뿐만 아니라 스포츠 경기에서도 여성들의 땀과 노력을 짓밟았다.

▲ 파리 올림픽 여자 복싱 66kg급 16강에서 두 번의 펀치를 맞은 후 기권한 안젤라 카리니

수영, 육상, 레슬링, 권투 같은 종목에서 진짜 여성 선수들은 평생을 바쳐 이룬 기록과 메달을 무참히 빼앗겼다. 특히 권투 경기에서는 신체적 우위를 지닌 이 '가짜 여성'인 남성들이 여성 선수들을 반죽음에 이르게 만들었다. 단순한 불공정이 아니었다. 이것은 공격이고 폭력이었으며 제도적 범죄였다. 이 끔찍한 현실을 지켜본 대중은 충격과 분노를 넘어, 워크(Woke) 이데올로기 전체를 혐오하게 되었다. 그들은 깨달았다. 이것은 단순한 '포용'이나 '다양성'의 문제가 아니라 여성의 권리와 인간 존엄을 송두리째 짓밟는 정치적 광기였음을.

민주당의 폭주가 부른 결과

그러나 미국 국민은 침묵하지 않았다. 보수 진영은 학교위원회, 지방정부, 주 의회 선거에 이르기까지 풀뿌리 운동을 통해 다시 일어서기 시작했다. 2021년 버지니아 주지사 선거에서는 학부모들의 반발이 거센 민심으로 이어져 공화당 후보 글렌 영킨(Glenn Youngkin)이 승리했다.[67] 이는 교육 현장에서 무엇인가 급진적 이념을 주입하려는 시도에 대한 국민적 분노가 뚜렷하게 표

---

[67] Virginia Gubernatorial Election Results, 2021

출된 결과였다.

　2022년 중간선거에서는 민주당이 결국 하원 다수당 지위를 잃었고[68] 공화당이 불리한 여건 속에서도 국정의 균형을 서서히 되찾기 시작했다. 이에 더해 플로리다, 텍사스 등 여러 주에서는 CRT(비판적 인종 이론)와 급진적 성교육을 금지하는 법이 통과되었다.[69]

　이는 권력을 남용한 민주당에 대한 국민의 매서운 심판이었다. 민주당은 권력을 잡자마자 오만하게 이를 남용했고, 국민은 그 대가를 요구했다.

　민주당의 오만은 결국 미국 국민을 깨어나게 만들었다. 이러한 움직임에 대해 트럼프는 다음과 같이 선언했다.

　"미국은 다시 자유를 선택할 것이다. 우리는 깨어난 것이 아니라 깨어있다(Awake, not Woke)."[70]

　결국 민주당의 폭주는 국민을 각성시켰을 뿐 아니라, 그들이 가장 두려워하던 인물, 도널드 트럼프의 귀환을 위한 길을 열어주고 말았다.

---

[68] U.S. House of Representatives Election Results, November 2022
[69] Florida Senate Bill 148, 2022
[70] Trump Speech, Turning Point USA, 2022

제8장

일론 머스크:
민주당의 폭주가 불러낸 또 한 명

2020년대 초, 미국 사회는 한마디로 전쟁터였다. 총칼이 아닌 정보와 기술이 무기였고, 표현의 자유가 가장 격렬하게 공격당하고 있었다. 그 한가운데, 전혀 예상치 못한 혁명가가 등장했다. 전기차, 우주항공, 인공지능 등 수많은 분야를 뒤흔들던 괴짜 천재, 일론 머스크(Elon Musk)였다. 머스크와 트럼프는 서로 함께 할 수 없는 평행선을 걷는 것처럼 보였다. 트럼프는 어느덧 전통적 보수주의자가 되었고, 머스크는 중도 좌파의 혁신가였다. 하지만 두 사람의 공통의 적인, 자유와 가정 그리고 국가를 파괴하는 좌파 사상은 둘을 운명처럼 연결해주었다.

트위터 인수: 자유를 위한 혁명

2022년, 일론 머스크는 세상에서 가장 강력한 '검열 무기'가 된 트위터를 통째로 인수하기로 결단했다. 트위터는 단순한 SNS가 아니었다. 그것은 정부기관(FBI, DHS)과 빅테크, 좌파 언론이 결탁해 진실을 억누르고, 정적을 억압하고, 거짓을 퍼뜨리는 거대한 심리전 플랫폼이 되어 있었다.[71]

머스크는 스스로를 구덩이에 빠뜨리는 것을 알면서도, 무려 440억 달러라는 천문학적 금액72으로 인수를 강행했다. 이때 그는 각종 내부 저항과 고소 위협을 당하고 정부의 노골적 압박과 좌파 언론의 집중포화를 맞았다. 그러나 그는 "언론 자유는 민주주의의 심장이다. 검열은 독재다."73라며 포기하지 않았다. 그리고 그는 세상을 향해 소리쳤다.

"나는 트위터를 사는 것이 아니라 자유를 구하기 위해 싸우는 것이다."

그가 트위터를 인수한 후 얻은 '트위터 파일(Twitter Files)'은 충격 그 자체였다. FBI, CIA, 빅테크, 민주당, 심지어 WHO까지. 그들은 국민을 상대로 '전면 심리전'을 벌여왔던 것이다.74

머스크가 진실을 열어젖히자 수백만 명의 사람들이 '우리는 속았다.'고 외쳤다. 그리고 그는 더 이상 '좌파의 천재'가 아니라, '자유 진영의 영웅'으로 거듭나기 시작했다.

민주당과의 결별

머스크는 본래 민주당 지지자였다. 환경, 기술, 혁신을 외치는 그들의 이상에 공감했다. 그러나 현실은 달랐다. 바이든 정부는 머스크를 대놓고 무시했다.75 테슬라는 미국 전기차 생산의 70%를 담당했지만, 다른 기업의 CEO들과는 달리 백악관 초청조차 받지 못했다. 머스크는 자신이 '정치적 이유로' 배제당하고 있다는 것을 뼈저리게 깨달았다.

거기에 더해, 개인적 비극이 찾아왔다. 머스크의 아들, 제비어 머스크가 성

---

71 The Twitter Files, Reports by Matt Taibbi, Bari Weiss, 2022-2023.
72 SEC Filing, Elon Musk's Twitter Acquisition, October 2022.
73 Elon Musk Tweet, November 2022.
74 Independent Review, "Government-Big Tech Collusion," 2023.
75 WSJ, "Biden's Snub, Musk's Political Shift," July 2024.

전환 수술을 받고 아버지를 부정했다.[76] 그후 그는 몇 번 언론에 "나는 아들을 잃었다. 좌파 이데올로기는 가족마저 파괴했다."[77]라고 고백했다. 이 경험 이후 그는 '좌파(woke) 바이러스 이데올로기'를 깨부수겠다고 다짐했다.[78]

이 개인적 충격은 그를 점점 보수적 가치와 전통적 가족의 중요성을 강조하는 방향으로 이끌었다. 그리고 자연스럽게,

▲ 머스크의 트랜스젠더 아들 비비안 윌슨

트럼프가 외치는 가족, 신앙, 국가라는 전통적 가치를 다시 바라보게 되었고 그는 완전히 다른 사람이 되었다.

일론 머스크는 인터뷰 영상이 공개된 후 자신의 트위터에 아들이 게이인 것은 이미 알고 있었지만, 여성은 아니었다고 설명했다. 그의 아들 자비에르 머스크(Xavier A. Musk)는 2020년경 성전환 수술을 거쳐 여성이 됐고 이름도 비비안 제나 윌슨(Vivian Jenna Wilson)으로 바꾸고, 수술 이후 아버지와 절연했다.[79]

트럼프 암살 미수 사건: 영혼을 울린 순간

2024년 여름, 펜실베이니아 유세 현장에서 트럼프는 총에 맞았다. 귀를 스치고 지나간 총알, 흐르는 피. 그러나 트럼프는 일어나 주먹 쥔 손을 보이며 소리쳤다.

---

[76] Washington Post, "Xavier Musk Changes Name, Cuts Ties With Father," June 2022.
[77] Elon Musk Interview, Financial Times, October 2022.
[78] https://www.mk.co.kr/news/world/11074409
[79] https://www.mk.co.kr/news/business/11163597

"Fight, fight, fight!"

전 세계는 경악했고, 머스크는 큰 감동을 받았다. 그는 트위터에 트럼프를 지지하는 말을 올렸다.

"트럼프는 진정한 지도자며 선천적 싸움꾼이다. 진실을 위해, 자유를 위해, 그는 싸운다."[80]

그날 이후 머스크는 공식적으로 "나는 트럼프를 지지한다. 미국을 지키기 위해서다."[81]라고 선언했다.

트럼프와 머스크: 전선을 넘어선 연합

머스크는 단순히 말로만 지지하지 않았다. 매달 4500만 달러 규모의 슈퍼 PAC 기부[82]를 하며 빅테크와 좌파 언론이 퍼뜨리는 가짜뉴스 반박했다. 그뿐 아니라 트위터(x)를 통한 무검열 자유 여론전을 지원했다. 이에 따라 주류 언론의 여론전이 힘을 잃었다.

2024년 8월 6일에 머스트는 트럼프를 초대해 인터뷰를 하려고 했다. X(트위터)를 통해 전 세계에 생방송 될 예정이었다. 모두 기다리던 그 날, 일론 머스크의 메시지가 떴다.

'불행하게도 트위터 서버에 대한 대규모 디도스 공격이 발생해 모든 데이터 회선이 포화 상태에 이르렀습니다.'

다행히 40여 분 늦었지만, 트럼프와의 인터뷰는 시작되었다. 이 인터뷰가 만들어 놓은 파장은 엄청났다. 실시간 동시 청취자수는 최대 1.3백만이었고 트럼프의 Space게시물은 73백만 회의 조회수를 기록했다. 그뿐 아니라 머스

---

[80] Elon Musk Tweet, July 2024.
[81] Elon Musk Official Statement, July 2024.
[82] Financial Times, "Musk's Political Contributions," August 2024.

크와 트럼프의 대화에 대한 400만개의 게시물이 올라왔고, 이들 게시물은 9억 9,800만 회의 조회수를 기록했다. 머스크는 인터뷰와 관련된 모든 게시물의 조회수를 합산하면 약 10억 회에 달한다고 주장했다. 트럼프의 이 인터뷰가 전 세계적으로 큰 반향을 일으킨 이유는 인터뷰가 있기 얼마 전, 그가 암살 시도에서 살아났기 때문이다.

머스크가 인터뷰에서 이번 암살 시도에 대해 묻자 트럼프는 '하나님이 행하신 일이었고 기적'이라고 말했다.

"나는 그것이 총알이라는 것을 알았습니다. 귀에 맞았다는 것을 바로 알았습니다. 저는 신자입니다. 이제 저는 진짜 신자라고 할 수 있습니다. 하나님을 믿지 않는 사람들 모두가 그분에게 집중해야 한다고 생각합니다."[83]

▲ 2024년 5일(현지 시간) 도널드 트럼프 전(前) 대통령의 소개로 펜실베이니아 주(州) 베틀러시 유세 현장 무대에 오른 일론 머스크

2024년 8월 20일에 머스크가 자신의 트위터에서 누구를 뽑을 거냐고 여론조사를 했다. 이때 나온 결과는 충격적이었다. 5,846,891명의 참여자 중 트럼

---

[83] https://m.yonhapnewstv.co.kr/news/MYH20240814018400032

를 찍은 사람은 73%였고, 해리스를 뽑은 사람이 27%였다. 대세는 이미 기울어진 것을 많은 사람이 알고 있었다. 국민 대다수는 트럼프가 암살에서 살아났을 때 대선 결과는 확실하게 트럼프 쪽으로 기울어졌다는 것을 알았다. 그러나 미국의 가짜 주류 언론만 시청하는 사람들과 그 언론을 그대로 베껴 송출하는 한국 언론만 듣는 사람들은 이러한 사실을 알지 못했다.

트럼프와 머스크의 동맹은 미국만이 아니라, 세계 전체에 신호를 보냈다.
- 검열과 감시의 시대는 끝나야 한다
- 언론 자유와 개인의 권리는 신성하다
- 가정과 신앙, 국가의 가치는 지켜야 한다
- 딥스테이트와 글로벌리즘은 무너질 것이다

그들의 동맹은 딥스테이트와 글로벌 엘리트를 향한 전 세계적 반격의 시작이었다.

제9장

트럼프와 기독교:
신앙으로 연결된 정치적 기반

도널드 트럼프는 정치인이기 이전, 문화 전쟁의 전사였다. 그가 싸운 상대는 단순한 정당이나 정책이 아니라, 미국의 영혼을 둘러싼 싸움이었다. 그리고 이 싸움의 최전선에 기독교인들이 있었다. 트럼프는 기독교인들을 선거 캠페인의 핵심 지지 기반으로 삼았을 뿐 아니라 더 깊게는 신앙의 자유와 전통적 가치를 수호하기 위해 자신을 희생시킬 각오로 싸웠다.

트럼프는 임기 내내 그리고 대선 캠페인 당시 기독교 신앙을 공개적으로 고백했다.

"미국은 사회주의 국가가 되지 않을 것입니다. 미국은 하나님을 믿는 나라입니다."[84]

그의 이러한 발언은 오랫동안 침묵을 강요당했던 수백만 기독교인들의 심장을 울렸다. 학교에서 기도하는 것을 금지당하고, 교회가 봉쇄당하고, 신앙이 조롱당하는 시대에 트럼프는 당당히 신앙을 정치적 중심 가치로 내세웠다.

---

[84] Trump Speech, State of the Union Address, February 2020.

친기독교 정책 추진

트럼프 행정부는 기독교인들의 신앙과 자유를 수호하기 위해 구체적이고 실질적인 조치를 취했다.

- 종교 자유 회복 명령(Religious Liberty Executive Order) 서명[85]
- Pro-Life(생명 존중) 운동 적극 지지: 낙태 반대 정책[86]
- 종교인 병역 거부권과 종교적 양심 보호 확대[87]
- 예루살렘 대사관 이전을 통해 이스라엘 지지 확약[88]
- 수정헌법 제2조(총기 소유권) 옹호

트럼프는 행동으로 기독교인들의 믿음을 보호했다.

대법원 재구성: 신앙을 지키는 최전선

트럼프는 대통령으로서 미국 연방 대법관 3명을 임명했다.

- 닐 고서치(Neil Gorsuch)
- 브렛 캐버노(Brett Kavanaugh)
- 에이미 코니 배럿(Amy Coney Barrett)

이 세 명 모두 헌법의 원칙 수호, 종교 자유 옹호, 생명 존중 입장을 갖춘 보수 성향의 인물들이다. 이로써 미국 대법원은 오랜 진보 성향에서 탈피해 헌법과 신앙의 가치를 회복하는 전환점을 맞이했다. 특히 2022년, 대법원은 '로 대 웨이드(Roe v. Wade)' 판결을 뒤집고 낙태 합법화 판례를 폐기했다.[89]

---

[85] White House Executive Order on Religious Liberty, May 2017.
[86] March for Life, Trump Address, January 2020.
[87] HHS Religious Freedom Final Rule, 2019.
[88] White House Announcement, Jerusalem Embassy Move, December 2017.
[89] Supreme Court Ruling, Dobbs v. Jackson Women's Health Organization, June 2022.

이것은 트럼프가 지명한 대법관들 없이는 불가능했을 결과였다.

기독교계의 열렬한 지지

트럼프는 복음주의자(Evangelicals), 카톨릭 보수 진영, 오순절 교단 등 기독교계 주요 흐름으로부터 역대 최고 수준의 지지를 받았다. 2016년 대선 당시, 백인 복음주의 유권자의 약 81%가 트럼프에게 투표했다.[90] 여기서 알 수 있는 것은 트럼프가 당선된 이유는 통계적으로 볼 때 거듭난 백인 복음주의 기독교인들 때문이었다.[91]

이들이 트럼프에게 표 몰아주기를 한 이유는 미국이 사회주의화 되는 것에 두려움을 느꼈기 때문이다. 적그리스도처럼 하나님을 대적하는 민주당과 그들의 정책에 분노했기 때문이었다.

기독교계 지도자들도 트럼프를 공개적으로 지지했다. 프랭클린 그레이엄(Franklin Graham) 목사, 폴라 화이트(Paula White) 목사, 로버트 제프리스(Robert Jeffress) 목사 등 개신교를 대표하는 목회자들이 트럼프를 '하나님의 도구'로 간주했다.

Presidential vote by religious affiliation and race

	2000		2004		2008		2012		2016		Dem change '12-'16
	Gore %	Bush %	Kerry %	Bush %	Obama %	McCain %	Obama %	Romney %	Clinton %	Trump %	
Protestant/other Christian	42	56	40	59	45	54	42	57	39	58	-3
Catholic	50	47	47	52	54	45	50	48	45	52	-5
White Catholic	45	52	43	56	47	52	40	59	37	60	-3
Hispanic Catholic	65	33	65	33	72	26	75	21	67	26	-8
Jewish	79	19	74	25	78	21	69	30	71	24	+2
Other faiths	62	28	74	23	73	22	74	23	62	29	-12
Religiously unaffiliated	61	30	67	31	75	23	70	26	68	26	-2
White, born-again/evangelical Christian	n/a	n/a	21	78	24	74	21	78	16	81	-5
Mormon	n/a	n/a	19	80	n/a	n/a	21	78	25	61	+4

---

90 Pew Research Center, Evangelical Voter Data, 2020.
91 https://www.christiantoday.co.kr/news/364819
    https://www.yna.co.kr/view/AKR20240109076100009

신앙과 자유를 위한 싸움

트럼프는 싸웠다. 단순히 정치를 위해서가 아니라 신앙을 지키기 위해, 하나님이 주신 자유를 지키기 위해 싸웠다. 트럼프는 말했다.

"우리는 정부를 경배하지 않는다. 우리는 하나님을 경배한다."[92]

이 단순하지만 강력한 선언은 수백만 미국인들에게 희망과 용기를 다시 불어넣었다. 트럼프의 이런 마음은 그가 총격 사건에서 살아난 후 더욱 단단하게 된 것으로 보인다.

◀ 펜실베이니아 주(州) 버틀러에서 선거유세를 하던 중 총격 사건이 발생해 얼굴에 피가 묻은 가운데 경호원들의 보호를 받고있는 도널드 트럼프 전(前) 대통령

트럼프는 선거 유세장에서 자주 하나님께 영광을 돌렸다. 선거 유세장에서 자신보다 유명하신 분이 예수님이라고 증거 했는데, 그 영상이 널리 퍼져 그리스도인들이 더 안심하고 트럼프를 지지할 수 있었다.

"마스크가 있던 없던 여러분은 무엇이든 다 할 수 있습니다. 그런데 그거 아세요. 여러분은 여전히 보스의 도움이 필요합니다. (하늘을 보며) 우리는 보스의 도움이 필요합니다. 이 일이 저에게 일어났습니다. 우리는 보스의 도움이 필

---

[92] Trump Speech, Faith and Freedom Coalition, June 2019.

요합니다. 도움이 필요해요. 지금 이렇게 말해도 괜찮아요. 그들은 이걸로 나를 비난할 겁니다. 야, 어떻게 감히 그런 말을 할 수 있어? 그래도 저는 말할 거예요. 며칠 전 누군가 나에게 당신은 세계에서 가장 유명한 사람이라고 말했습니다. 나는 말했습니다. '아니, 난 아니야.' 그들은 말했습니다. '맞아요' 나는 '아니오'라고 말했습니다. 그들은 '누가 당신보다 더 유명해요?'라고 말했습니다. 나는 예수 그리스도라고 말했습니다. 이것은 논쟁할 여지가 없습니다."

아래 사진과 같이 트럼프의 2024년 대선 투표가 있기 하루 전, 기독교 지도자들이 모여 함께 기도했다. 그 모임 중에 유명한 메시아닉 유대인 목회자가 트럼프 대통령을 향해 다음의 말씀을 선포했다.

▲ 사람들이 도널드 트럼프 대통령을 위해 기도해주고 있다

"주님은 전사 왕 예후의 본을 따라 당신을 부르셨습니다. 그분은 그분의 나라를 다시 위대하게 만들기 위해 당신을 불렀습니다. 예후는 '적폐청산'이라는 의제를 가지고 수도에 왔습니다. 대통령님, 저는 당신의 삶의 신비에 대해

말씀드리겠습니다. 당신은 1946년 6월 14일에 태어났습니다. 고대부터 그날에는 전 세계에서 성구가 낭송되도록 정해져 있습니다. 당신이 태어난 날에 지정된 성구는 하나님의 그릇인 나팔이 세상에 나타나는 것에 관한 이야기였습니다.

트럼프 대통령님, 당신은 하나님의 나팔, 하나님의 손에 들린 주님의 그릇이 되기 위해 세상에 태어났습니다. 당신이 이 땅의 종교적 보수주의자들과 동맹을 맺은 것처럼, 그렇게 하는 것이 운명이었습니다. 따라서 집권하려면 전 영부인을 상대로 승리해야 했습니다.

예후가 아이들을 희생시킨 바알 숭배를 뒤집은 것처럼, 하나님께서는 수백만 명의 아기들이 희생된 미국의 바알 숭배 '로 대 웨이드' 판결을 뒤집기 위해 당신을 선택하셨습니다. 그리고 한 나라가 죄에서 돌이키도록 고대로부터 정해진 날에 그 일을 시작하셨습니다. 당신의 삶에는 많은 미스터리가 있지만. 당신이 태어나기 전에 하나님은 당신이 그분의 운명 속으로 걸어갈 것을 정하셨고, 이제 그분이 당신을 권력의 정점으로 데려가신다면 그것은 그분의 영광을 위한 것입니다. 그것은 어쩌면 미국의 마지막 구원의 기회가 될 것입니다. 그렇게 되려면 당신은 온 마음을 다해 그분을 찾고 온 힘을 다해 그분을 따라야 합니다.

예후는 조국을 하나님께로 돌이켜 다시 위대하게 만들기 위해 태어났는데, 당신도 마찬가지입니다. 미국이 하나님께로 돌아와야만 다시 위대해질 수 있습니다. 당신은 하나님의 나팔이며, 나팔은 그것을 들고 부는 사람의 숨결로 가득 차 있어야만 그 목적을 달성할 수 있습니다.

당신은 하나님께서 미국을 회복시키고, 역사를 만지고, 세상을 변화시키는 데 사용하시는 그릇이 될 것입니다. 주님께서 말씀하셨습니다.

"내가 너를 모태에 짓기 전에 너를 알았고, 네가 태어나기 전에 너를 구별했다. 이제 일어나 빛을 발하라. 주님의 영광이 너희 위에 임하였으니, 영광과 모든 이름 위에 뛰어난 이름, 곧 세상의 빛이신 메시아 예수의 이름이 너희에게 임하였느니라."

트럼프가 대통령이 되는 데 사용된 그릇은 교회였다. 교회가 깨어 기도하며 그를 돕지 않았다면 트럼프는 대통령이 될 수 없었을 것이다. 미국이 그랬던 것처럼 한국과 한국 교회의 미래 또한 하나님의 백성들에 의해 결정된다. 하나님의 백성들이 깨어 일어나기만 하면, 하나님께서 교회를 돕는 지도자를 선물로 보내실 것이며, 그를 통해 나라 또한 변화될 것이다. 미국처럼, 한국의 미래도 기도하는 교회의 손에 달려 있다.

이스라엘의 역사를 돌아보면, 왕 한 사람에 의해 나라가 우상 숭배에 빠지기도 했고, 또 다른 왕을 통해 회개와 부흥을 경험하기도 했다. 미국도 오바마 대통령 한 사람으로 인해 기독교 국가였던 근본이 흔들렸지만, 트럼프의 등장으로 다시 하나님을 중심에 세우는 나라로 돌아올 수 있었다. 한국 교회 역시, 하나님의 뜻에 대적하는 정치인들 사이에서 하나님의 뜻을 이루는 다윗과 같은 지도자를 보내 달라고 간절히 기도해야 한다.

제10장

2024 대선 출마: 트럼프의 복귀와 마지막 전쟁

2020년 대선의 혼란과 탄핵 사태를 지나, 많은 사람들은 도널드 트럼프가 정치 무대에서 사라질 것이라고 예상했다. 그러나 트럼프는 그 누구보다도 빠르고 강력하게 복귀 준비를 시작했다. 2022년 중간선거가 끝난 직후, 트럼프는 플로리다 마러라고 클럽에서 공식적으로 2024년 대선 출마 선언을 했다.[93]

"미국을 다시 위대하게 만들기 위해, 저는 오늘 밤 대통령 후보로 출마를 선언합니다."

그의 목소리는 확신에 차 있었고, 수백만 명의 지지자들은 환호했다. 트럼프는 단순히 정치에 복귀한 것이 아니었다. 미국을 되찾기 위한 전쟁을 선포한 것이다.

민주당과 언론의 경악

트럼프의 복귀는 민주당과 주류 언론에 거대한 충격과 공포를 불러일으켰

---

[93] Trump 2024 Campaign Announcement, Mar-a-Lago, November 15, 2022.

다. 뉴욕타임스는 '민주주의에 대한 거대한 위험인물이 돌아왔다'고 보도했고, CNN은 트럼프 출마 선언 직후 긴급 편성을 통해 '트럼프 방지 대책'을 논의하는 전문가 패널을 꾸렸다. 이러한 반응은, 그들이 여전히 트럼프를 두려워하고 있음을 방증하는 것이었다.

트럼프는 그 두려움을 잘 알고 있었다.

"그들이 나를 미워하는 이유는, 내가 그들의 계획을 망가뜨렸기 때문이다."[94]

변화한 트럼프, 변화한 전략

2024년 대선을 준비하는 트럼프는 과거와 달랐다.

- 보다 정제된 메시지
- 경제 회복에 집중하는 정책
- 독립 유권자 확장 전략
- 선거 부정 방지를 위한 선거 감시 네트워크 구축 [95]

트럼프는 2016년의 아웃사이더가 아니라 정부와 언론, 빅테크, 글로벌 엘리트가 총동원된 적들과 싸운 경험이 있는 베테랑이 되어 돌아왔다. 그는 실수를 줄이고, 더 정교하게, 더 치밀하게 움직이기 시작했다.

국민적 반응: 열광과 열망

트럼프의 출마 선언 이후, 지지자들은 거대한 집회를 열고, 소셜미디어를 통해 결집하고, 풀뿌리 조직을 다시 활성화시켰다.

---

[94] Trump CPAC Speech, March 2023.
[95] Heritage Foundation, "Ensuring Election Integrity," 2023.

CNN조차 트럼프가 출마 선언 직후, 공화당 내 여론조사에서 압도적인 1위를 기록했다고 인정했다.[96] 트럼프는 단순히 한 명의 정치인이 아니라, 하나의 운동(Movement)이었다. 미국을 다시 위대하게, 미국을 다시 자유롭게, 국민이 주인이 되는 나라로 되돌리자는 운동이었다.

2024 대선의 핵심 전선

트럼프 캠프는 다음과 같은 이슈에 집중했다.
- 경제 복원: 인플레이션 극복, 에너지 독립 회복
- 국경 보안 강화: 불법 이민 차단과 마약 카르텔 소탕
- 교육 정상화: 급진적 성 정체성 이념 퇴출
- 법치 회복: 범죄에 대한 무관용 원칙
- 외교 리더십 회복: 미국 우선주의(America First) 복원

트럼프는 "과거를 복수하는 선거"가 아니라 '미래를 되찾는 선거'로 2024년을 규정했다.[97]

트럼프의 새로운 구호

트럼프는 대선을 위해 새로운 구호를 제시했다.

"Save America. Make America Great Again."[98]

단순히 위대함을 회복하는 것이 아니라, 먼저 붕괴 직전의 미국을 구출해야 한다는 절박함이 담겨 있었다.

---

[96] CNN Poll, "Republican Primary Voter Preferences," November 2022.
[97] Trump Rally Speech, Michigan, January 2024.
[98] Trump 2024 Campaign Slogan Release, December 2023.

맞서는 거대한 힘

그러나 트럼프가 맞서야 할 세력은 막강했다. 딥스테이트, 빅테크, 글로벌리스트, 편향된 사법 체계, 주류 언론, 민주당 기득권.

이들은 트럼프를 다시 끌어내리기 위해 새로운 수사, 추가 기소, 선거 방해 등 온갖 수단을 동원하기 시작했다.[99] 트럼프를 둘러싼 법적 공세는 '현대미국정치사(現代美國政治史)'에서 유례(類例)를 찾기 힘든 수준에 도달했다.

'2024년 대선을 포기하지 않으면, 우리는 너를 끝까지 추적할 것이다.'

이 메시지는 암묵적이고 명확했지만, 2023년부터 이러한 공세는 선거 국면에 돌입하면서 더욱 치밀하고 강력했다. 그것은 법의 집행이라기보다는 마녀사냥처럼 비쳤다. 2024년 대선은 단순한 선거가 아니라, 생존을 건 전쟁이었다.

말라라고 습격: 전례 없는 수사와 정치적 함의

2022년 8월 8일 평화로운 플로리다주 웨스트팜비치(West Palm Beach)에 있는 트럼프의 사유지인 말라라고(Mar-a-Lago)에 연방수사국(FBI) 요원들이 급습했다. 이 사건은 단순한 수사 절차로 포장되었지만, 정치적 함의(含意)는 뚜렷했다. 기밀문서 보관 혐의를 근거로 한 이 전례 없는 수사는 국가안보와 법치라는 명분을 내세웠으나, 그것이 '정치적 동기(Political Motivation)'에서 자유로울 수 없다는 점은 더 큰 논쟁을 불러일으켰다.

연방수사국(FBI)의 수색 이후, 언론은 트럼프를 겨냥한 헤드라인으로 넘쳐났고, 트럼프 지지자들은 이 수사를 정부 기관의 권력남용으로 규정했다. 이

---

[99] Politico, "Legal Challenges Facing Trump 2024 Campaign," February 2024.

사건은 단순한 법 집행이 아니었다. '트럼프의 상징성'과 그를 둘러싼 정치적 전쟁의 심화였으며, 그 전쟁은 더욱 노골적인 형태로 진화하고 있었다.

2023년 3월 뉴욕 검찰은 트럼프를 불법 선거자금 사용 혐의로 기소했다. 사건의 시작은 2016년 대선 직전으로 거슬러 올라간다. 당시 트럼프의 개인 변호사였던 마이클 코언(Michael D. Cohen)이 영화배우 스토미 대니얼스(Stormy Daniels)에게 13만 달러를 합의금으로 지급했는데, 회계 장부에 잘못 기재된 혐의로 이어졌다.

이미 잊혔던 이 사건을 뉴욕 검찰은 2024년 대선을 앞두고 다시 꺼내 들었는데, 전직 대통령이 형사 사건으로 기소된 첫 사례로 역사적으로 상징적 의미를 담고 있다. 언론은 이 사건을 '트럼프의 치명적 약점'이라며 대대적으로 보도했다. 하지만 단순한 개인의 도덕성에 대한 비판을 넘어, 트럼프를 대선 후보 자격이 없

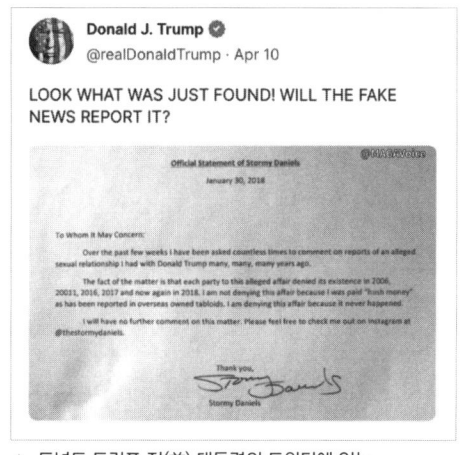
▲ 도널드 트럼프 전(前) 대통령의 트위터에 있는 스토미 대니얼스의 공식 성명서

는 인물로 낙인찍기 위한 전략으로 작용했다. 사생활 스캔들이라는 테두리 안에 갇힌 이 사건은 정치적 무기로 전환되었고, 트럼프는 불법 선거자금 혐의와 관련한 법정 투쟁 속에서 다시 뉴스의 중심에 섰다.

이에 대해 트럼프는 스토미 대니얼스의 공식 성명서를 가지고 나왔다.

아래는 스토미 대니얼스의 공식 성명서이다.

2018년 1월 30일

관계자 여러분께,

지난 몇 주 동안, 제가 과거 도널드 트럼프와 성적 관계를 가졌다는 보도와 관련하여 수없이 많은 질문을 받았습니다.

이 문제에 대한 사실은, 양측 모두가 이 의혹에 대해 2006년, 2011년, 2016년, 2017년, 그리고 이번 2018년에 걸쳐 부인해 왔다는 것입니다.

저는 해외 언론이 보도한 대로 '입막음 돈(Hush Money)'을 받았기 때문에 이 관계를 부인하는 것이 아닙니다. 그 일이 일어난 적이 없기 때문에 이 관계를 부인하는 것입니다.

이 사안에 대해서는 더 이상 어떤 논평도 하지 않을 것입니다. 제 인스타그램 @thestormydaniels를 통해 저를 확인하실 수 있습니다. 감사합니다.

스토미 대니얼스(Stormy Daniels)

머그샷: 굴욕의 상징에서 저항의 아이콘으로

2023년 8월 24일 한 장의 사진이 전 세계 언론의 헤드라인을 장식했다. 미국 조지아주(州) 풀턴 카운티(Fulton County)구치소에서 찍힌 도널드 트럼프의 머그샷이었다. 그는 2020년 대선 결과를 뒤집으려 했다는 혐의로 기소되었고, 전직 대통령으로서 처음으로 머그샷을 촬영하는 역사적 사건이었다.[100]

머그샷은 전통적으로 범죄자와 굴욕을 상징하는 이미지이지만 트럼프는 이 머그샷을 정치적 도구로 승화시켰다. 사진 속 그의 표정은 도전적이고 의연했다. 그 이미지는 순식간에 퍼져나갔고, 장사꾼들은 머그샷을 인쇄한 티셔

---

[100] https://www.youtube.com/watch?v=OII1feL94OYhttps://www.youtube.com/watch?v=OII1feL94OY

츠와 머그잔 등을 만들어 판매했다. 트럼프 캠페인도 이 사진을 활용한 기념품을 팔아 불과 몇 시간 만에 수백만 달러의 후원금을 모금했다.

이것은 단순한 해프닝이 아니었다. 머그샷은 트럼프를 향한 정치적 탄압의 상징이 되었고, 그의 지지자들에게는 '시스템과 부패한 권력에 맞서는 저항의 아이콘'으로 자리 잡았다. 굴욕의 상징이었던 머그샷이 트럼프식 생존전략으로 다시 태어난 것이다.

▲ 트럼프 전(前) 대통령의 공식 후원 사이트에서 판매하고 있는 머그샷 굿즈

트럼프의 역습: 법적 공격을 넘어서는 정치적 DNA

트럼프에게 쏟아진 법적 공세는 91개의 혐의에 달했다. 기소와 수사는 그를 벼랑 끝으로 몰아갔지만, 트럼프는 오히려 이러한 위기를 역으로 이용하여 더 강력한 정치적 힘을 발휘하였다. 그 이유는 간단하다.

첫째, 트럼프는 자신을 '부패한 시스템과 싸우는 외로운 전사'로 인식시켰는데, 그의 지지자들은 그를 통해 워싱턴 기득권 세력에 대한 분노를 표출했고, 트럼프는 이 분노를 정치적 자산으로 삼았다.

둘째, 트럼프는 그의 지지자들에게 함께 싸워야 할 대상을 명확히 밝혔다. 연방수사국(FBI)과 검찰, 주류 언론 등 모든 기관은 그의 말대로 딥스테이트의 도구가 되었고, 지지자들은 이러한 공격이 트럼프가 아닌 '자신들을 향한 것'이라며 더욱 결집했다.

셋째, 미디어의 관심은 트럼프에게 끝없는 정치적 자양분을 공급했는데, 기소와 수사, 심지어 머그샷까지 뉴스의 중심이 되었고, 트럼프는 이 플랫폼을 통해 자신의 메시지를 확산시켰다.

트럼프에게 가해진 법적 공세와 정치적 공격은 역사상 유례를 찾기 어렵지만, 단순히 방어하는데 그치지 않고 저항의 에너지로 바꾸어냈다. 트럼프는 살아남아 더 강해졌다. 시스템에 맞서 싸우는 전사로서 그의 이미지는 더욱 견고해졌고, 그의 지지자들은 그에게 자신을 투영하며 결속했다.

결국 트럼프는 이러한 공격을 이겨내며 자신의 대선 출사표와 같은 책 《미국을 구하라!》(Save America, 2024)를 2024년 9월 3일에 출간했다. 그는 이 책에서 대통령 재임 시기의 주요 사건들과 미래 비전에 대해 기술했는데, 사진과 설명을 포함한 커피 테이블 형식으로 제작되었다. 무역 협상과 세금 감면, 국경 안보 및 외교 등의 주제를 다루며, 미국의 가치를 지키기 위한 그의 노력을 강조했다.

제11장

당선 후 흔들리는 지구촌: 세계를 다시 뒤흔든 충격파

미국 제47대 대통령 선거를 앞두고, 대부분의 여론조사 회사와 언론은 공화당 후보인 트럼프와 민주당 후보인 해리스 부통령의 박빙을 점쳤다. 선거가 임박하면서 해리스의 당선 확률이 높다고 주장하는 매체가 많아졌다.102

두 후보의 격차가 하루 만에 동률에서 13% 차이가 나는 일은 매우 이례적인 일이었지만, 영국 이코노미스트(Economist)는 해리스의 승리 가능성을 56%, 트럼프의

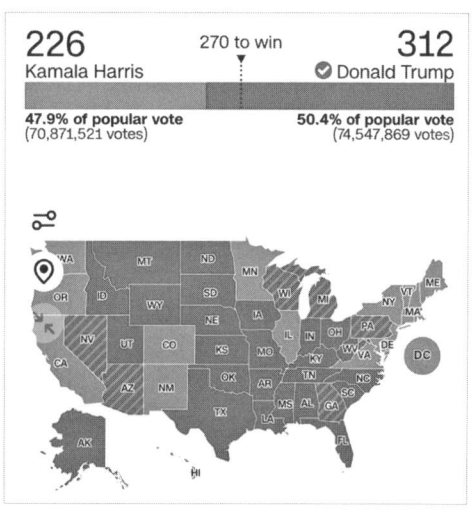

▲ 미 대선 주별 최종 결과. 붉은색은 도널드 트럼프, 푸른색은 카멜라 해리스, 빗금 친 곳은 경합주101

---

101 https://www.newsis.com/view/NISX20241110_0002953252
102 https://www.bbc.com/korean/articles/c39nx3x9gpxo BBC는 130년 만에 처음으로 낙선했다가 다시 당선되는 대통령이 나오는 등의 역사가 만들어질까? 트럼프와 해리스 각 후보가 승리할 수 있는 이유 각각 5가지를 살펴봤다.

승리 가능성을 43%로 수정했다.

뉴욕타임스는 시에나 대학과 함께 실시한 마지막 여론조사를 3일 발표하며, 일곱 경합 주(州) 중 해리스가 네 개 주(네바다, 노스캐롤라이나, 조지아, 위스콘신), 트럼프가 나머지 한 주 애리조나에서 우위를 점하고 있고, 나머지 미시간과 펜실베이니아는 같은 비율이라고 발표했다.103 그러나 2024년 11월 6일 주류 언론의 예상을 깨고 트럼프가 해리스를 제치고 대통령에 당선되는 놀라운 일이 발생했다.104

2024년 11월 6일 트럼프는 승리가 확정된 직후 플로리다주 마러라고 자택에서 웨스트팜비치(West Palm Beach)의 컨벤션 센터로 이동하여 수천 명의 지지자들을 만났다. 그들은 '미국을 다시 위대하게'라는 뜻의 '마가(MAGA:Make America Great Again)'가 새겨진 모자를 쓰고 그를 기다리고 있었다. 트럼프가 단상에 올라 "매우 감사합니다."라고 말하자 대중은 'USA'를 외치기 시작했다. 트럼프는 연설을 시작했다.

"이 놀라운 선거 운동에 함께해 준 수천 명의 친구들에게 감사드립니다. 이 운동은 그 누구도 본 적 없는 것입니다. 역사상 가장 위대한 정치 운동입니다. 이 나라에서 이런 일은 없었고, 앞으로도 없을 것 같습니다. 이제 이 운동은 중요한 새로운 단계에 이르게 될 것입니다. 왜냐면 우리는 미국이 치유되도록

---

103 https://www.newsis.com/view/NISX20241025_0002934899 미국 대선 투표일을 앞두고 뉴욕 타임즈가 시에나 대학과 최종으로 실시한 지지도 여론조사에서 해리스 민주당 후보와 트럼프 공화당 후보가 48% 대 48%로 동률 무승부를 이뤘다. 타임스의 마지막 정기여론 조사는 투표일 13일 전인 지난 23일까지 나흘 간 실시되었고, 표본오차는 2.2% 포인트다.
104 https://www.bbc.com/korean/articles/cwy9k9zz807o

도울 것이기 때문입니다."

"미국은 도움이 절실히 필요합니다. 우리는 국경과 나라의 모든 것을 고쳐 나갈 것입니다. 우리가 역사를 만든 것에는 이유가 있는데 그 이유는 아무도 가능하다고 생각하지 못한 장애물을 우리가 극복했기 때문입니다. 우리가 가장 믿기 힘든 정치적 성과를 이루어낸 것이 명백합니다. 무슨 일이 있었는지 보세요. 정말 미친 일 아닌가요? 미국이 한 번도 본 적 없는 정치적 승리를 이뤄낸 것입니다. 47대 대통령으로 선출해 주신 것에 대해 미국 국민들에게 감사드립니다."

"저는 시민을 위해 싸우겠습니다. 여러분의 가족, 그리고 여러분의 미래를 위해 싸우겠습니다. 하루도 빠짐없이 여러분들을 위해 싸울 것입니다. 제 숨이 다할 때까지 여러분을 위해 싸울 것입니다. 미국을 다시 강하고 안전하고 번영하게 만들 때까지 쉬지 않을 것입니다. 우리 자녀들과 여러분들은 그런 나라를 누릴 자격이 있습니다. 이것은 미국의 황금기일 것입니다. 그것이 우리가 가야 할 길입니다. 이것은 미국 국민의 위대한 승리입니다. 우리는 미국을 다시 위대하게 만들 것입니다."

필자는 주변 분들에게 이번에는 트럼프가 이길 것이지만 부정선거 때문에 대승을 거두지는 못할 것이라고 알려주었다. 왜냐하면 팬데믹이 없기 때문에, 2020년 대선처럼 대규모의 부정선거를 저지를 수 없고, 트럼프와 해리스의 격차가 너무 커서 결국에는 승리할 것이기 때문이었다.

그러나 승패가 나려면 적어도 며칠은 갈 것이라는 예상을 깨고, 너무나 쉽게 트럼프 대통령의 승리가 당일 확정됐다. 필자는 "왜 내 예상이 왜 빗나간 것일까?"라는 자문을 했다. 그러다가 몇 가지 자료와 영상을 통해 부정선거를 광범위하게 일으키지 못한 이유를 발견하게 되었다.

우선 트럼프는 부정선거와의 전쟁을 선포하며 다음 내용을 소셜미디어에 올렸다.

중단 및 금지 통보

저는 여러 변호사와 법률학자들과 함께 2024년 대통령 선거의 신성함을 매우 면밀히 지켜보고 있습니다. 저는 민주당이 2020년 대통령 선거에서 저지른 만연한 부정과 부정행위를 그 누구보다 잘 알고 있습니다. 이는 우리 국가의 수치였습니다! 따라서 막 투표가 시작된 2024년 선거는 가장 전문적인 감시 아래 있을 것이며, 제가 승리했을 때, 부정행위를 저지른 사람들은 법이 허용하는 최대한의 범위로 기소될 것입니다.

여기에는 장기 징역형이 포함되며, 이러한 정의의 타락이 다시는 발생하지 않도록 할 것입니다. 우리는 국가가 더 이상 제3세계 국가로 전락하도록 내버려 둘 수 없으며, 그렇게 하지 않을 것입니다! 이 법적 조치는 변호사, 정치 관계자, 기부자, 불법 유권자 및 부패한 선거 관리들에게까지 확장된다는 점을 명심하십시오. 부정한 행동에 관여한 사람들은 체포되고, 우리나라에서 전례 없는 수준으로 기소될 것입니다. 더 도움이 필요하시면 말씀해주세요!

Donald J. Trump
@realDonaldTrump

CEASE & DESIST: I, together with many Attorneys and Legal Scholars, am watching the Sanctity of the 2024 Presidential Election very closely because I know, better than most, the rampant Cheating and Skullduggery that has taken place by the Democrats in the 2020 Presidential Election. It was a Disgrace to our Nation! Therefore, the 2024 Election, where Votes have just started being cast, will be under the closest professional scrutiny and, WHEN I WIN, those people that CHEATED will be prosecuted to the fullest extent of the Law, which will include long term prison sentences so that this Depravity of Justice does not happen again. We cannot let our Country further devolve into a Third World Nation, AND WE WON'T! Please beware that this legal exposure extends to Lawyers, Political Operatives, Donors, Illegal Voters, & Corrupt Election Officials. Those involved in unscrupulous behavior will be sought out, caught, and prosecuted at levels, unfortunately, never seen before in our Country.

트럼프와 수많은 지지자들이 부정선거를 막으려고 매의 눈으로 지켜보았다. 이와 더불어 소셜미디어가 큰 역할을 했다. 한 영상에서는 과거엔 딥스테이트가 대중의 SNS 통제를 할 수 있었고, 부정선거에 관여한 사람을 연방수사국(FBI) 등 정부 기관에서 협박할 수 있었지만, 이젠 사람들이 눈을 부릅뜨고, X(전 트위터)와 럼블(Rumble)과 같이 수천만 명에게 전달할 수 있는 SNS가 있어서 부정선거를 크게 저지르지 못했다고 했다.

2024년 11월 6일에는 진짜 뉴스 웹사이트인 'Real Raw News'에서 대선 경합주인 펜실베이니아에서 해리스를 찍은 투표용지 수천 장을 우편투표 수거함에 집어넣으려던 용의자들이 해병 순찰대원들에게 붙잡힌 사건을 자세히 다루었다.

'Marines Arrest Ballot "Mules" in Pennsylvania | Real Raw News'
(해병대, 펜실베이니아에서 투표용지 '노새'를 체포하다)

해병대, 법무부 및 CID 요원, 특수 작전 커뮤니티 구성원 등 수천 명으로 구성된 사기 방지 테스크포스(Task Force, TF) 멤버 모두 '표 도둑질을 중단'하고 운반책이 다시는 사기 투표용지를 드롭박스에 넣지 못하도록 선서했다고 말했다. 이들로 인해 거대 부정선거를 저지를 수 없었고, 여러 곳에서 부정선거와 관련되어 기소되었다.[105]

이번 대선과 관련해 한국에서는 언론의 선동으로 '트럼프 현상'을 객관적으로 바라보는 사람이 드물고, 전문가라고 불리는 사람들의 수준과 비(非)이성적인 편견이 적나라하게 드러났다. 국민 대다수가 트럼프가 살아온 삶과 이야기

---

[105] https://realrawnews.com/2024/10/marines-arrest-ballot-mules-in-pennsylvania/

를 듣지 않고 그를 증오했다는 점이다. 그러나 '트럼프 시대'를 다시 맞이하여 좀 더 객관적으로 그를 살펴볼 필요가 있다.

그동안 트럼프와 그의 동료들은 미국을 위해 불의에 맞서 싸웠다. 그러나 그를 싫어하는 주류 언론들은 그를 조롱하고 미치광이 취급했다. 그뿐 아니라 그를 싫어했던 빅테크들은 그를 위험인물로 간주하고, 트위터를 쓰지 못하게 했다.

트럼프와 함께 정치했던 사람들도 2020년 대선에서 그가 낙선하자 등을 돌렸고 다시는 재기하지 못하게 파산시키려 했다. 그러다 실패하자 트럼프를 무고하게 기소하여 감방에 보내려 했다. 이것도 실패하자 선거전에 암살을 시도했다. 그러나 그는 피를 흘리면서 일어나 "Fight, Fight, Fight"을 외치며 지지자들에게 함께 싸우자고 격려했다. 결국 대통령으로 당선된 그는 승리의 연설을 다음과 같이 마무리했다.[106]

"많은 사람들이 하나님께서 제 목숨을 살려주신 데는 이유가 있다고 했습니다. 그 이유는 우리나라를 구하고 위대하게 회복시키기 위해서입니다. 이제 우리는 함께 그 사명을 완수할 것입니다. 우리 앞에 놓인 임무가 쉽지는 않겠지만 제 영혼과 모든 에너지와 정신, 그리고 용맹을 여러분께서 제게 맡겨주신 임무에 쏟아부을 것입니다. 이것은 훌륭한 일입니다. 이만한 직업은 없습니다.

이 직업은 세상에서 가장 중요한 직업입니다. 우리는 훌륭한 첫 임기를 훌륭하게 보냈습니다. 첫 임기 때 그랬던 것처럼 저는 '약속은 반드시 지킨다'는

---

[106] https://www.voakorea.com/a/7853499.html
https://www.bbc.com/korean/articles/c4gz4mr7geeo

단순한 모토로 통치할 것입니다. 약속을 지키겠습니다. 국민 여러분과의 약속을 지키는 데는 그 어떤 것도 방해가 되지 않을 것입니다.

우리는 미국을 다시 안전하고 강하고 번영하며 자유로운 나라로 만들 것이며, 이 고귀하고 정의로운 노력에 미국 전역의 모든 시민이 동참해주실 것을 요청합니다. 지난 4년간의 분열을 뒤로하고 단결해야 할 때입니다.

우리는 노력해야 하며 성공할 것입니다. 성공은 우리를 하나로 모을 것입니다. 저는 첫 번째 임기 때 그것을 보았습니다. 우리가 성공하자 사람들이 하나로 모였습니다. 우리는 미국을 우선시하는 것부터 시작할 것입니다. 적어도 일정 기간 동안은 미국을 최우선으로 생각해야 합니다.

우리가 함께 진정으로 모든 미국인을 위해, 다시 위대하게 만들기 위해 우리는 이 문제를 해결해야 합니다. 그래서 저는 이 자리가 얼마나 큰 영광인지 말씀드리고 싶습니다. 여러분께 감사드립니다. 여러분을 실망시키지 않겠습니다. 미국의 미래는 그 어느 때보다 더 크고, 더 좋고, 더 대담하고, 더 부유하고, 더 안전하고, 더 강해질 것입니다. 여러분과 미국에 하나님의 축복이 있기를 바랍니다. 감사합니다. 정말 감사합니다."

2021년 1월, 부정선거로 인해 트럼프는 백악관을 떠났다. CNN은 환호했고, 뉴욕타임스는 "민주주의의 회복"이라 썼다. 많은 이들이 트럼프 시대는 끝났다고 믿었다. 그를 비웃고, 묻어버리려 했다. 언론은 그를 "쿠데타범", "인종차별주의자", "거짓말쟁이"로 낙인찍었고, 빅테크는 그의 목소리를 완전히 지워버렸다. 이때 많은 사람들이 트럼프를 선거에서 패배한 것도 인정 못하는 분노한 정치인으로 오해했다. 그러나 트럼프는 조용히, 그러나 단호하게 돌아올 준비를 시작했다.

이제 우리는 물어야 한다. 왜 그토록 많은 사람들이, 교회가, 노동자들이, 소상공인들이, 흑인과 히스패닉들이, 그를 여전히 지지하는가? 왜 그가 떠난 이후에도, 그의 진영은 더 커지고 단단해졌는가? 왜 전 세계의 자유시민들이 트럼프의 귀환을 기다려왔는가?

왜냐면 언론에 비치는 모습과는 달리 그는 파괴자가 아니라 재건자였고, 광대가 아니라 전략가였으며, 무정부주의자가 아니라 미국을 다시 위대하게 하려는 리더였기 때문이었다. 그는 미국을 다시 위대하게 만들기 위해서 떠나 있을 때 전쟁을 준비했다.

충격에 빠진 글로벌 엘리트

트럼프의 당선 소식이 전해지자, 워싱턴, 브뤼셀, 베이징, 다보스, 모두 충격에 빠졌다. 뉴욕타임스는 사설에서 "트럼프의 복귀는 세계 자유주의 질서에 대한 중대한 위협"이라고 경고했다.[107]

유럽연합은 "트럼프와의 관계 재설정이 필요하다"고 선언했고[108], 중국은 "미국의 불확실성이 커졌다"며 긴장했다. 트럼프의 복귀는 글로벌리스트들이 설계한 경제 체제, 다자주의 외교, 무제한적 이민 정책에 심각한 타격을 가하는 것이 분명했다.

반면, 트럼프의 복귀는 세계 곳곳의 자유를 갈망하는 사람들에게 새로운 희망이 되었다. 브라질, 폴란드, 헝가리, 이탈리아, 인도 등 자국의 주권을 강조하는 나라들은 트럼프와의 협력을 기대했다. 특히 중남미와 동유럽에서는 반글로벌리즘, 반사회주의 정당들이 트럼프를 공개적으로 지지했다. 그들은 트럼프를 "세계 자유주의 부활의 상징"으로 보았다.

---

[107] New York Times Editorial, "The Return of Trump: A Threat to Liberal Order," November 2024
[108] European Union Commission Statement, November 2024.

국제경제의 방향 전환

트럼프는 취임 준비 기간 동안 "미국 제조업 부흥"과 "글로벌 무역 불균형 시정"을 최우선 과제로 선언했다.[109] 세계무역기구(WTO) 개혁 요구, 중국산 제품에 대한 추가 관세 검토, 그리고 유럽과 새로운 무역 협상 추진은 국제 금융 시장에 큰 충격을 주었지만, 동시에 미국 중심의 새로운 경제 블록 가능성도 열어주었다. 뉴욕 증시는 초기에는 요동쳤지만, 곧이어 미국 제조업 및 에너지 기업 주가가 급등하기 시작했다.[110]

글로벌 위기의 촉진

트럼프의 복귀는 기존 체제를 고수하려는 세력들에게는 위기감을 더욱 증폭시켰다. 유엔(UN) 내에서는 미국 주도권 약화를 우려하는 목소리가 높아졌고, 국제환경단체들은 "기후 변화 대응이 후퇴할 것"이라며 비판했다.[111] WHO는 팬데믹 대응 관련해서 미국과의 협력 문제를 재검토하기 시작했다.[112]

트럼프는 이에 아랑곳하지 않고 선언했다.

"나는 워싱턴이 아니라, 세계 시민단체들이 아니라, 미국 국민을 위해 대통령이 될 것이다."

트럼프의 복귀는 국가 주권, 국민의 자유, 전통적 가치를 지키려는 모든 사람들에게 하나의 분명한 메시지를 던졌다. 트럼프는 돌아왔고, 그는 이제 세계 질서를 다시 쓰기 시작하고 있었다.

트럼프가 대통령에 당선된 후 취임하기 전에 정치적, 경제적 변화가 일어나

---

[109] Trump Transition Team Press Release, December 2024.
[110] Wall Street Journal, "Markets React to Trump Victory," December 2024.
[111] Greenpeace Official Statement, November 2024.
[112] WHO Press Briefing, Pandemic Cooperation, November 2024.

기 시작했다. 우선 대통령 당선인이 되자 그가 머물던 플로리다주 팜비치에 위치한 마러라고 리조트에는 다양한 정치인과 경제인들이 방문하여 그와 회동했다.

- 조르자 멜로니(Giorgia Meloni) 이탈리아 총리는 아무런 예고 없이 미국으로 날아가 현지 시간 2025년 1월 4일 미국 플로리다주 팜비치의 마러라고 리조트에서 트럼프 당선인과 회동했다. 이 회동은 멜로니 총리가 유럽에서 트럼프의 핵심 측근으로 자리매김할 가능성을 높였다.[114]
- 쥐스탱 트뤼도(Justin Trudeau) 캐나다 총리는 2024년 11월 29일 트럼프 당선인의 관세 부과 위협 이후 이것을 해결하기 위해 마러라고를 방문하여 저녁 만찬을 함께 했다.[115]
- 오르반 빅토르(Orbán Vikto) 헝가리 총리는 2024년 12월 9일 트럼프 당선인과의 관계 강화를 위해 마러라고를 방문했다.[116]
- 하비에르 밀레이(Javier Milei) 아르헨티나 대통령은 2024년 11월 14일 트럼프 당선인과의 회동을 위해 마러라고를 찾았다.[117]
- 일본 최대 IT기업이자 세계적인 투자회사인 소프트뱅크(SoftBank Group)의 손정의 회장은 2024년 12월 16일 마러라고에서 트럼프 당선인을 만나 향후 4년간 1,000억 달러 규모의 대미 투자 계획을 발표했다.[118]
- 미국 프로그래머 및 인터넷 사업가이며, 기업 메타 플랫폼스(구 페이스북)의 창업자인 마크 저커버그(Mark Zuckerberg)는 2024년 11월 26일 마러라고에서 트럼프 당선인과 만찬을 가졌으며, 미국 기술 혁신에 대

---

[114] https://www.yna.co.kr/view/MYH20250106006800641
https://www.kmib.co.kr/article/view.asp?arcid=1736060368
[115] https://www.yna.co.kr/view/AKR20241201040500009
[116] https://m.news.nate.com/view/20241210n10315?mid=m04&list=recent&cpcd=
[117] https://www.ytn.co.kr/_ln/0104_202411151321147289
[118] https://www.yna.co.kr/view/AKR20241216151551009

해 논의했다.[119]

- 신세계그룹 정용진 회장은 2024년 12월 16일 트럼프 당선인의 장남 도널드 트럼프 주니어의 초청으로 마라라고를 방문했는데, 이는 국내 기업인 중 첫 회동이다.[120]
- 팀 쿡(Tim Cook) 애플 CEO는 2024년 12월 13일 마라라고에서 트럼프 당선인과 만찬을 함께하며, 투자 및 기술 혁신에 대해 논의했다.[121]
- 세르게이 브린(Sergey Brin) 알파벳 공동 창업자 및 순다르 피차이 구글 CEO는 2024년 12월 12일 마라라고에서 트럼프 당선인과 회동하여 기술 산업의 미래에 대해 논의했다.[122]

트럼프는 여러 차례 자신을 방문하고, 공식 석상에 자주 볼 수 있었던 일론 머스크를 '정부효율부(Department of Government Efficiency)' 수장으로 내정했는데[123], 정부효율부의 약자는 그가 밀어주는 '도지코인'과 동일한 '도지(DOGE)'다.

트럼프는 머스크와 함께 일하는 비벡 라마스와미(Vivek G. Ramaswamy)가 '나의 행정부를 위해 정부 관료주의를 해체하고, 과도한 규제를 철폐하며, 낭비되는 지출을 삭감하고, 연방 기관을 재건하기 위한 길을 닦을 것'이라며 이는 세이브 아메리카(Save America) 운동의 핵심이라고 강조했다. 이에 힘을 얻

---

[119] https://www.donga.com/news/Inter/article/all/20241128/130527776/1
https://www.yna.co.kr/view/AKR20250112019700009
[120] https://www.donga.com/news/Inter/article/all/20241217/130660590/1
https://www.yna.co.kr/view/AKR20250118026500030
[121] https://www.specialtimes.co.kr/news/articleView.html?idxno=415540
https://www.asiae.co.kr/article/2025011615554505613
[122] https://www.yna.co.kr/view/AKR20241217020700071
[123] https://www.yna.co.kr/view/MYH20241113014100032

은 머스크는 상, 하원의원들이 엉터리 예산안을 만들어 국민의 세금을 착복하는 것을 막았다. 법안은 1547페이지에서 116페이지로 축소되었다.

그외에도 다음과 같은 사건들이 일어났다.

▲ 1547페이지에서 116페이지로 축소된 법안들

- 이스라엘-하마스 휴전 성사: 인질이 풀려나고, 충돌이 멈추며, 휴전 가능성이 보이고 있다.
- 강력한 리더들로 구성된 내각: 수지 와일스(Susie Wiles)가 비서실장으로, 로버트 케네디 주니어(Robert F. Kennedy Jr.)가 보건복지부(HHS) 장관으로, 캐시 파텔(Kash Patel)이 연방수사국(FBI) 책임자로, 일론 머스크가 미 연방정부의 규모를 축소하는 정부효율부(DOGE)의 수장을 맡아 정부 예산 낭비 문제를 해결하기 위해 투입되었다.
- 암호화폐 시장 호황: 트럼프가 미국을 세계 암호화폐 수도로 만들겠다는 계획을 발표하며, 비트코인이 10만 달러를 넘어섰다.
- 수천억 달러 투자 약속: 미국으로의 대규모 투자 약속이 이루어지고 있다.
- 외교 활동: 외국 지도자들과의 회담과 하비에르 밀레이 아르헨티나 대통령과의 협력 그리고 전 세계의 주목.
- 강력한 정책 준비: 이민 단속, 친미 관세 그리고 미국인을 우선으로 하는 강경한 접근 방식.

이후 트럼프는 몇 번의 충격적인 메시지를 국민에게 보냈다. 그중 크리스마스 메시지는 미국 국민뿐만 아니라 여러 나라에 충격을 주었다.

도널드 J. 트럼프의 메리 크리스마스 메시지

"메리 크리스마스를 모든 이들에게 전합니다. 특히 중국의 훌륭한 병사들에게도요. 그들은 사랑스럽지만 불법적으로 파나마 운하를 운영하고 있습니다(이 운하를 건설하며 110년 전 우리는 38,000명의 목숨을 잃었습니다). 이들은 늘 미국이 운하 수리에 수십억 달러를 투입하게 만들고, 어떤 문제에도 발언권을 갖지 못하게 합니다.

또한, 캐나다 저스틴 트뤼도 총리에게도 메리 크리스마스를 전합니다. 캐나다 국민들의 세금이 지나치게 높지만, 만약 캐나다가 미국의 51번째 주가 된다면 세금이 60% 이상 줄어들 것이고, 그들의 사업은 두 배로 성장할 것이며 전 세계 어떤 나라에서도 볼 수 없는 수준의 군사적 보호를 받게 될 것입니다.

그린란드 국민에게도 메리 크리스마스를 보냅니다. 미국의 국가안보를 위해 그린란드는 필요하며 그들은 미국이 그곳에 있기를 원합니다. 우리는 그곳에 있을 겁니다!

메리 크리스마스를 '급진적 좌파 미치광이들'에게도 전합니다. 이들은 법원 시스템과 선거 방해를 끊임없이 시도하며 위대한 시민들과 애국자들, 특히 정치적 반대편에 있는 나를 항상 공격하고 있습니다. 그들은 살아남을 수 있는 유일한 방법이 아무것도 모르는 사람, 즉 '조 바이든'에게 사면을 받는 것이라는 사실을 알고 있습니다.

또한, 37명의 최악의 폭력적인 범죄자들에게도 말하고 싶습니다. 이들은 살인, 강간, 약탈을 저질렀으며, 끔찍한 범죄를 저질렀습니다. 그런데도 '졸린 조 바이든'에게 믿을 수 없게도 사면을 받았습니다. 저는 이 '운 좋은 영혼들'에게 메리 크리스마스를 전하지 않을 것입니다. 대신 이렇게 말하겠습니다. '지옥에나 가라!' 우리는 미국 역사상 가장 위대한 선거를 치렀습니다. 밝은 빛이 지금 미국을 비추고 있으며, 26일 후 우리는 다시 '미국을 위대하게 만들 것'입니다. 메리 크리스마스!"

그의 크리스마스 메시지가 너무 파격적이라 장난일 거라고 생각한 사람들도 많았다. 그러나 이상한 일들이 발생했다. 우선 매우 진보적인, 친중(親中) 정치인으로 캐나다를 중국화시키려고 했던 트뤼도 캐나다 총리가 추락했다.[124] 플로리다까지 찾아가 트럼프 대통령 당선인을 만난 후 트뤼도는 총리직 사임을 선언했다.

저스틴 트뤼도(Justin Pierre James Trudeau) 캐나다 총리가 얼마 전 사임을 선언한 후, 트럼프 대통령 당선자는 다음과 같이 말했다.[125]

"많은 캐나다 사람들이 미국의 51번째 주가 되는 것을 좋아합니다. 미국은 더 이상 캐나다를 유지하기 위해 막대한 무역 적자와 보조금을 감당할 수 없습니다. 저스틴 트뤼도는 이를 알고 사임한 것입니다. 만약 캐

▲ 도널드 트럼프 당선인과 쥐스탱 트뤼도 캐나다 총리

---

124 https://www.yna.co.kr/view/AKR20250107053300072
125 https://www.bbc.com/korean/articles/cy09e86lzpyo
https://news.jtbc.co.kr/article/NB12230890?influxDiv=JTBC&areaDiv=HOME&areaIdx=20

나다가 미국과 통합된다면, 관세도 없고, 세금도 대폭 줄어들 것이며 그들은 러시아와 중국 선박의 위협으로부터 완전히 안전할 것입니다. 이들 선박은 끊임없이 캐나다 주변을 배회하고 있습니다. 함께 한다면 얼마나 위대한 나라가 될지 상상해 보십시오!"

그린란드를 구입하는 것도 장난인 줄 알았는데 자신의 장남을 보내서 타진한 후 이런 글을 올렸다.

"그린란드와 자유세계는 안전, 안보, 힘, 그리고 평화가 필요합니다! 이 거래는 반드시 이루어져야 합니다. MAGA. 그린란드를 다시 위대하게 만들자!"

만약에 이 거래가 성사된다면 전 세계적인 지각변동이 일어날 것이다.

중국 자본에 잠식당한 할리우드를 다시 가져오려는 트럼프

"존 보이트(Jon Voight), 멜 깁슨(Mel Gibson), 실베스터 스탤론(Sylvester Stallone)을 특별 대사로 임명하게 되어 영광입니다. 그들이 임명된 곳은 훌륭하지만 매우 어려운 상황에 처한 캘리포니아 주 할리우드입니다. 이들은 지난 4년간 많은 사업을 잃은 할리우드를 외국으로부터 다시 가져오기 위해 저의 특별 사절로 활동할 것입니다. 할리우드는 더 크고, 더 나으며, 이전보다 더 강력하게 부활할 것입니다!

이 세 명의 재능 있는 인물들은 저의 눈과 귀가 될 것이고, 그들이 제안하는 모든 것을 실행에 옮기겠습니다. 미국 그 자체처럼, 할리우드는 다시 한 번 황금기를 맞이하게 될 것입니다!"

취임식을 6일을 앞둔 트럼프는 미국 국민이 깜짝 놀랄 폭탄선언을 했다. 그동안 미국 국민을 세금으로 괴롭혀오던 국세청(IRS)을 없애고, 외부 수익청(EXTERNAL REVENUE SERVICE)을 신설한다는 것이었다.

"오랫동안 우리는 국세청(IRS)을 통해 위대한 국민에게 세금을 부과하는 방식에 의존해 왔습니다. 무기력하고 형편없는 무역 협정을 통해 미국 경제는 세계에 성장과 번영을 제공했지만, 그 대가로 우리 스스로 세금을 부과해왔습니다. 이제 그것을 바꿀 때입니다. 오늘 저는 외부 수익청(EXTERNAL REVENUE SERVICE)을 설립할 것을 발표합니다. 이 기관은 관세(Tariffs), 세금(Duties) 및 외국으로부터 들어오는 모든 수익을 징수하게 될 것입니다. 무역을 통해 우리로부터 이익을 얻는 국가들에 대해 과금을 시작할 것입니다. 그리고 마침내 그들의 공정한 몫을 지불하기 시작할 것입니다. 2025년 1월 20일은 외부 수익청 설립일이 될 것입니다."

▲ MAKE AMERICA GREAT AGAIN!(미국을 다시 위대하게!)

아직 취임도 하지 않았지만 많은 성과를 이룬 트럼프는 다음과 같이 자랑했다.

"우리의 새 행정부는 제가 대통령직에 오르기도 전에 중동에서 많은 것을 성취했습니다. 3개월도 안 되는 짧은 기간, 그들이 4년 동안 이루지 못한 일을 해냈습니다. 상상해 보세요. 백악관에서 4년을 더 함께하면, 우리는 얼마나 더 많은 좋은 일을 해낼 수 있을까요?"

트럼프 당선 후에 좋은 일만 있었던 것은 아니다. 여러 사람들이 트럼프 당선 후 취임 전까지, 권력을 잃기 싫은 딥스테이트에 의해 미국에 많은 사건들이 일어날 것을 경고했다. 그들의 경고가 있은 지 얼마 되지 않아 이상한 일들이 일어나기 시작했다.

- 트럼프 대통령의 당선 후 미국 동부 지역, 특히 뉴저지주를 중심으로 정체불명의 비행체 목격 사례가 급증했다. 이러한 비행체들은 주로 야간에 나타나며, 때로는 무리를 지어 비행하는 모습이 관찰되었다. 이러한 모습은 유튜브, 틱톡, 페이스북, X와 같은 소셜미디어를 통해 전 세계로 퍼져나갔다. 한편, 도널드 트럼프 전 대통령은 연방 정부가 대중에게 드론의 실체를 알릴 수 없다면 격추해야 한다는 입장을 밝혔다.

- 이 사건 이후에 미국 전역에 걸쳐 짙은 안개가 퍼지는 이상한 현상이 일어났다. 안개를 접한 주민들은 '화학물질 타는 것과 같은 냄새'를 맡았다고 했고 안개가 호흡기 질환과 유사한 건강이상 증상을 유발했다고 주장했다. 플로리다의 한 주민은 주유소에서 단 10분간 머문 후 몸이 좋지 않았다고 했다. 이번 주에는 텍사스를 비롯해 위스콘신, 아이오와, 메릴랜드, 버지니아, 웨스트버지니아, 네브래스카, 캔자스, 오클라호마, 노스다코타, 플로리다, 미네소타 등에서 안개 경보가 발령되었으며 이와 같은 이상 현상에 대한 보고가 이어졌다.

- 2025년 새해 첫날 새벽, 루이지애나주 뉴올리언스에서 '트럭 돌진 테러 사건'[126]이 일어났다. 이 공격으로 최소 15명이 사망하고, 30여 명

---

[126] https://www.bbc.com/korean/articles/cn08nrqddldo
https://news.nate.com/view/20250103n00883

이 부상을 입었다.

- 2025년 1월 1일 오전 8시 40분경, 네바다주 라스베이거스에 위치한 트럼프 인터네셔널 호텔 정문 앞에서 테슬라 트럭이 폭발했다.[127] 운전자가 사망하고, 주변에 있던 7명이 가벼운 부상을 입었다. 일론 머스크의 X 사용자는 이 사건을 두고 트럼프와 일론 머스크에게 경고를 보내는 것이라고 주장했다.
- 2025년 1월 9일 텍사스주 노스 포트워스 전기 변전소에 폭발화재 사건이 일어났다. 트럼프 대통령 당선인의 취임식을 앞두고, 텍사스 포트워스의 변전소에 폭발이 발생했는데, 일부 지역의 전력망과 통신이 마비되는 상황을 초래했다.
- 2025년 1월 초, LA 대규모 화재 사건은 가장 주목할만하다.[128] 이것은 단순한 사고로 보기엔 이상한 점이 많다. 피해 지역을 살펴보면 퍼시픽 팰리세이즈(Pacific Palisades)와 알타데나(Altadena), 헐리우드의 부촌이라 불리는 비벌리힐스(Beverly Hills) 등 LA의 주요 지역이 큰 피해를 입었다.

이 사건에 대해 트럼프는 다음과 같은 메시지를 보냈다.

Donald J. Trump ✓
@realDonaldTrump

NO WATER IN THE FIRE HYDRANTS, NO MONEY IN FEMA. THIS IS WHAT JOE BIDEN IS LEAVING ME. THANKS JOE!

428 ReTru... 1.14k Likes 1/8/25, 2:25 PM

---

[127] https://www.bbc.com/korean/articles/cdd6v76q0jro
[128] https://www.bbc.com/korean/articles/cy8x90lplk9o

"소화전엔 물이 없고, 미국 연방 재난 관리청(FEM)엔 돈이 없다. 이것이 조 바이든이 나에게 남겨둔 것이다. 고맙다, 조!"

이 모든 사건이 정말 우연의 연속일까? 아니면 트럼프와 그의 지지자들에게 보내는 경고 메시지였을까? 트럼프 당선인의 대통령 취임 전(前) 미국 전역에서 발생한 의문의 화재와 폭발들은 단순한 사고로 보기 어렵다.

트럼프 100일

제12장

재취임 후 시작된 전쟁의 서막: 개혁

2025년 1월 19일, 전 세계의 이목이 취임식 하루 전 워싱턴 D.C.에 나타난 트럼프에게 쏠렸다. 오후 3시, 캐피털 원 아레나는 함성으로 가득 찼다. "마가(MAGA)!" 약 2만 명의 지지자들이 모였고, 그들은 한 사람을 기다리고 있었다. 트럼프가 무대에 올랐을 때, 그곳은 단순한 정치 집회가 아니었다. 하나의 운동이자, 믿음의 선언이었다. 트럼프는 과거의 영광을 회상하지 않았다. 대신 미래를 약속하며 "지금이야말로 우리가 다시 일어설 시간!"이라고 선언했다.

한파 속의 취임식, 역사적인 순간[129]

2025년 1월 20일, 도널드 트럼프는 국회의사당 로툰다 홀에서 제47대 미국 대통령으로서 두 번째 임기를 시작하며 취임 연설을 했다. 혹한의 날씨로 인해 이례적으로 실내에서 하게 된 연설에서, 트럼프는 자신감 넘치는 태도로 새로운 시대의 도래를 선언하며 국민에게 강력한 메시지를 전달했다.

그의 연설은 상징적인 선언으로 시작되었다. "미국의 황금시대가 지금부터

---

[129] https://www.bbc.com/korean/articles/c9qj72rjn07o
https://www.voakorea.com/a/7943062.html
https://dailian.co.kr/news/view/1453154

▲ 2025년 1월 20일 성경에 손을 얹고 취임 선서를 하는 미국 제47대 도널드 트럼프 대통령

시작된다."는 발언은 트럼프가 전하고자 한 핵심 메시지였다. 그는 과거의 실패와 도전을 극복하고 미국을 다시 세계의 중심에 세우겠다고 강조하며, 국민에게 새로운 번영과 자부심을 약속했다.

"우리는 지금 전환점에 서 있다. 이 순간은 우리 자신과 세계를 위해 새로운 시대를 열 기회다."

이민과 국경 보호

트럼프의 연설에서 가장 먼저 다뤄진 주제는 이민 문제였다. 그는 '수백만 범죄자들을 추방하고, 우리 국경을 철저히 보호하겠다'며 강경한 이민 정책을 재확인시켰다. 그는 남부 국경 지역을 미국의 안전을 위협하는 주요 요인으로 지적하며 '우리는 더 이상 외부의 위험을 허용하지 않을 것'이라고 말했다. 또한 이민자들에 대한 새로운 제재 방안을 마련하고 국경 장벽을 더욱 강화할 것이라고 덧붙였다.

경제와 자원 개발

경제 문제와 관련하여 트럼프는 '우리 발아래 묻힌 액체 금을 활용하겠다'며 미국의 에너지 자원 개발 의지를 강하게 내비쳤다. 그는 화석 연료 산업을 부흥시키고, 이를 통해 수백만 개의 일자리를 창출하며 미국 경제를 재건할 것이라고 강조했다. '미국의 자원을 낭비하는 시대를 끝내고, 그 자원을 우리 국민을 위해 활용할 것'이라는 발언은 국민에게 강한 인상을 남겼다.

트럼프는 또한 제조업 부흥과 무역 정책의 강화를 언급하며 '미국의 모든 공장은 다시 돌아올 것이며 우리 손으로 만든 것을 세계에 수출할 것'이라고 말했다. 이와 함께 미국 노동자들의 권리를 보호하고, 외국과의 불공정 무역 협정을 재검토하겠다는 의지를 밝혔다.

국제 정치와 미국의 위상

트럼프의 연설에는 국제 정치와 미국의 역할에 대한 강력한 메시지도 포함되어 있었다. '잃어버린 파나마 운하를 되찾고, 미국의 힘을 다시 세계에 각인시킬 것'을 선언하며, 국제 사회에서 미국의 주도적 역할을 회복하겠다는 의지를 분명히 했다. 그는 '타협하지 않고 우리의 주권을 지킬 것'이라며, 동맹국들에 대한 압박과 외교적 주도권 강화를 암시했다. 특히 국제무대에서 미국이 '굴복하지 않는 강대국'으로 자리매김할 것이라고 강조하며, 강력한 군사력과 경제력을 바탕으로 외교 정책을 추진하겠다는 비전을 제시했다.

국가 비상사태와 신속한 실행

트럼프는 연설 중 두 가지 국가 비상사태를 선포했다.

첫 번째는 남부 국경 문제와 관련된 것이었고, 두 번째는 에너지 자원 개발과 관련된 것이었다. 국제 정치와 미국의 위상, 그는 이를 통해 '정치적 논쟁이나 지연 없이 필요한 조치를 즉시 실행하겠다'고 강조했다. 그는 이러한 결정을 통해 행정적 장애물을 극복하고 국민에게 더 나은 결과를 제공하겠다는 의지를 표명했다.

'우리는 더 이상 시간이 없다. 지금이야말로 행동해야 할 때다. 우리는 국민의 이익을 최우선으로 삼고, 어떤 장애물도 극복할 것'이라는 그의 발언은 결단력을 드러내는 동시에 강력한 정책 추진을 예고했다.

국민 통합과 새로운 시대의 비전

연설의 마지막 부분에서 트럼프는 '이 4년은 미국 역사상 가장 위대한 시간이 될 것이다'라며 국민에게 희망을 심어주었다. '우리는 과거의 실수를 반복하지 않을 것이며, 함께 새로운 시대를 열어갈 것'이라고 강조했다. 미국 국민에게 단합을 요청하며 '우리는 모두 같은 국기를 지키는 한 가족'이라고 말했다. 공식 연설 후 트럼프 대통령은 비공식 즉흥 연설을 통해 자신의 마음을 털어놓았다.

부정선거

연설 시작부터 트럼프 대통령은 자신의 정치적 상징이 되어버린 2020년 대선 부정 의혹을 다시 꺼냈다. 그는 '2020년은 미국 역사상 가장 부끄러운 순간 중 하나였다. 그러나 우리는 그것을 기억하며 앞으로 나아가야 한다'고 말했다.

그리고 대선을 '도둑 맞았다'고 주장하며, 그 결과로 발생한 혼란을 언급했다. 그의 이러한 발언은 여전히 대선을 둘러싼 논쟁을 더욱 뜨겁게 달구며 강한 공감을 불러일으켰다.

2021년 1월 6일 사건 관련 사면에 대한 언급

이어서 트럼프 대통령은 2021년 1월 6일 의사당 폭동에 대해 언급했다. '그들은 나라를 구하려고 했던 사람들이다'라며 폭동 가담자들을 '애국자'로 묘사했다. 특히 그는 '우리는 그들에게 정의를 되찾아줄 것이다.'라고 말하며 관련자들에 대한 사면 가능성을 시사했다. 이 발언은 의사당 폭동 사건을 둘러싼 논란을 다시 부각시키며, 그 사건에 대한 입장을 명확히 드러냈다.

정치적 반대자에 대한 공격

트럼프 대통령은 이어 자신을 반대하는 정치 세력에 날카로운 비판을 쏟아냈다. 그는 '미국을 약화시키고, 뒤로 물러서게 하려는 세력들이 여전히 존재한다'고 주장했다. 그는 이들을 '미국의 적'으로 지칭하며 자신은 이들에 맞서 싸울 준비가 되어 있음을 강조했다. 이러한 발언은 그의 정치적 동지들에게는 결속력을, 반대자들에게는 도전장을 던지는 메시지로 받아들여졌다.

미국의 미래에 대한 약속

비공식 연설은 분노와 반격의 메시지로 가득했지만, 그 안에는 미래에 대한 희망적인 약속도 담겨 있었다. 트럼프는 '우리는 미국의 새로운 황금시대를 만들고 있다. 과거의 실수를 반복하지 않고, 국민을 위한 더 나은 미래를 건설할 것'이라고 선언했다. 그는 미국 경제의 회복, 에너지 독립, 강력한 군사력 강화를 강조하며, 이를 통해 세계 속 미국의 위치를 공고히 하겠다고 다짐했다.

청중과의 직접적인 연결

이 비공식 연설은 공식 취임 연설과는 달리 트럼프의 본능적인 대중 연설 스타일을 그대로 보여준 자리였다. 그는 대본 없이 진행된 연설에서도 특유의 언어와 제스처로 청중을 사로잡았다. 그의 발언은 지지자들에게 강력한 감정적 연결고리를 제공했으며 그의 리더십에 대한 신뢰를 재확인시켰다.

행정명령의 서명

취임식 직후, 트럼프는 백악관으로 향했지만, 그의 행보는 역대 대통령들과 달랐다. 전통 퍼레이드와 축하 연회가 이어지는 동안, 트럼프는 곧바로 업무를 시작했다. 그는 집무실로 향해 즉각 100여 개의 행정명령에 서명했고 곧바로 정책을 실행에 옮겼다.

▲ 행정명령에 서명하는 도널드 트럼프 대통령

국경과 이민 문제

트럼프는 첫 번째 행정명령으로 남부 국경에 강화된 정책을 발표했다. 그는 '국경은 국가의 가장 중요한 방어선'이라고 강조하며, 국경 장벽의 신속한 건설을 지시했다. 이를 위해 연방 자금을 우선으로 배정하고, 장벽 건설을 방해할 수 있는 규제와 행정적 장애물을 철폐하도록 했다.

또한 이민 정책을 엄격히 시행하기 위해 이민자 체포 및 추방 권한을 확대하는 행정명령에도 서명했다. 여기엔 불법 이민자와 범죄 기록이 있는 이민자들을 신속히 추방하기 위한 새로운 절차를 도입하는 내용이 담겨 있다.

에너지 독립과 자원 개발

두 번째 주요 행정명령은 미국의 에너지 독립을 강화하기 위한 것이었다. 트럼프는 '우리 발 아래에 묻힌 액체 금을 활용할 것'이라고 선언하며, 석유와 가스 채굴을 제한하던 규제를 대폭 완화했다. 알래스카와 연방 소유지의 에너지 자원을 개발할 수 있게 하는 조치도 이 명령에 포함되었다. 그는 '미국은 에너지 초강대국으로 거듭날 것이다. 우리의 에너지 자원을 통해 경제를 부흥시키고, 세계에서 위치를 더욱 공고히 할 것'이라고 밝혔다.

기후 변화 정책의 철회

트럼프는 이전 정부에서 도입한 기후 변화 관련 규제들을 철회하는 행정명령에도 서명했다. 그는 '미국은 환경 규제 때문에 스스로 옭아매지 않을 것이다. 우리는 기업과 일자리를 우선시할 것'이라고 말했다. 이 명령은 파리기후협정에서 완전한 탈퇴와 더불어 화석 연료 산업에 대한 지원을 강화하는 내용을 포함하고 있다.

경제 활성화와 제조업 부흥

경제와 관련된 행정명령도 다수 포함되었다. 그는 제조업 부흥을 위해 연방정부의 대규모 인프라 투자 계획을 발표하고, 해외로 이전한 미국 기업들의 국내 복귀를 위한 세금 감면 조치를 명령했다. 또한 공정 무역을 강조하며 불공정 무역 협정에 대한 재검토를 지시했다. 트럼프는 '미국의 경제는 다시 한 번 세계를 선도할 것이다. 우리는 미국의 노동자를 보호하고, 일자리를 창출하며 불필요한 규제를 없앨 것이다'라고 선언했다.

트럼프는 그날 밤 11시 28분에 다음과 같은 글을 올렸다.

백악관에서의 첫날은 아직 끝나지 않았습니다!

대통령 인사 사무소는 현재 전 행정부에서 임명된 1,000명이 넘는 대통령 임명직들을 확인하고 제거하는 작업을 적극 진행 중입니다. 이들은 우리의 '미국을 다시 위대하게 만들자(Make America Great Again)'라는 비전에 맞지 않는 사람들입니다. 다음 네 명에 대한 해고를 공식 통지로 간주하십시오. 더 많은 해고가 곧 있을 예정입니다.

- 호세 안드레스(Jose Andres): 대통령 스포츠, 피트니스 및 영양 위원회
- 마크 밀리(Mark Milley): 국가 인프라 자문 위원회
- 브라이언 훅(Brian Hook): 윌슨 학자 센터
- 키샤 랜스 보텀스(Keisha Lance Bottoms): 대통령 수출 위원회

너희는 해고다!

　도널드 트럼프의 두 번째 임기의 첫날은 그의 리더십 스타일을 상징적으로 보여주는 날이었다. 그는 연설을 통해 미국의 새로운 정책 방향을 분명히 하는 동시에 앞으로 4년간 그의 우선순위를 보여주었다. 그 후 행정명령을 통해 주요 공약을 이행했다. 이로 인해 바이든이 4년 동안 실행한 급진적 규제와 좌파 어젠다의 절반 이상이 일거에 무너졌다. 너무 빠른 변화에 사람들이 어리둥절했지만 이것은 시작에 불과했다.

제13장

트럼프 취임 2주: 전광석화처럼 밀어붙인 개혁

물론 트럼프의 폭풍 같은 개혁은 민주당과 주류 언론, 딥스테이트의 거센 반발을 불러일으켰다. CNN은 '트럼프의 독재가 시작됐다'고 보도했고, 민주당은 다시금 탄핵 논의를 시도했다. 그러나 트럼프는 다시 미국을 정상화하는 데 모든 에너지를 쏟았다. 특별히 첫 2주 동안의 변화는, 대부분의 사람들이 쫓아가기도 어려울 정도였다.

다음은 트럼프가 권력을 갖게 된 후 일어난 일들이다.

- 대규모 추방
- 파나마의 항복
- 멕시코와 캐나다의 항복
- 콜롬비아와 베네수엘라의 항복
- 캘리포니아 물 공급
- 정부기관/ 관료주의 축소
- FBI를 포함한 정보기관 정리 진행
- 신설된 DOGE로 수십억 달러 절약
- USAID(국제개발기구) 자금 지원 취소

- 500억 달러 스타게이트 시작
- 국부펀드 시작
- 가상화폐 전략자산 확보를 위한 행보 시작
- DEI(다양성, 공정성, 포용성) 프로그램 종료
- 젠더 이념 제거
- 교육 개혁 및 좌익 이념 교육 중단
- 인질 교환
- 미국의 가자지구 점령 선포
- 등등

전문 기자들도 따라가기 어려울 정도로 쏟아진 많은 일들은 서로 달라 보이는 것들도 많았지만 모두 미국을 보호하고 부강하게 하려는 것이었다. 그중 몇 가지는 우리도 주목할 가치가 있는 것이었다.

민주당의 젠더 이데올로기(Gender Ideology)의 폐지

그동안 미국은 민주당의 젠더 이데올로기로 인해 내부로부터 파괴되어왔다. 핵심 철학인 DEI(다양·평등·포용)를 내세워 민주당은 정부, 군대, 스포츠, 일터의 요직에 자격이 안 되는 여성, 성전환자들, 게이, 레즈비언을 세웠다. 심지어는 자신이 여성이라고 주장하는 남자들이 여성 스포츠에 참가해 여성 스포츠인들을 비참하게 만들어놓는 사건들이 일어나서 민주당 지지자들까지도 당황하게 만들었다. 트럼프는 취임 연설과 다보스 포럼에서 성은 남성과 여성 두 개의 성밖에 없다고 선포하며 DEI를 공개적으로 폐기했다. 이로 인해 다음과 같은 실질적인 일들이 미국 내에서 일어났다.

1) 성별 이념정책 폐지
- '미국 정부는 남성과 여성, 단 두 개의 성별만 인정한다'
- 연방 웹사이트에서 트랜스젠더 정책 삭제
- 여성 스포츠에서 생물학적 남성 출전 금지

2) 교육 개혁 및 좌익 이념 교육 중단
- 학교에서 젠더 이데올로기 교육 금지
- 비판적 인종 이론(CRT) 교육 중단
- 부모의 교육 통제권 강화

3) 군대 내 급진적 사회 실험 폐지
- 트랜스젠더 정책 폐지
- 군대가 다시 강한 전투력을 갖춘 조직으로 변화

4) 낙태 반대 정책 강화
- 낙태를 연방 정부의 공식 정책에서 배제
- 낙태 반대 시위로 체포된 23명의 기독교인 활동가들 사면

5) 신앙의 자유 회복
- 교회 및 기독교 단체 보호 강화
- 연방정부가 종교 단체를 탄압하는 행위 금지

이러한 정책들은 단순한 행정 조치가 아니라, 미국을 다시 위대하게 만들고 하나님께로 돌이키는 기반이 되었다.

국경 강화를 통한 미국 보호 조치

도널드 트럼프 대통령은 미국으로 향하는 우회 수출 경로로 이용되던 캐나다와 멕시코에 25%의 관세를 부과하겠다고 경고했다. 이는 단순한 무역 조치가 아니라, 중국의 영향력에 잠식당하고 있는 두 나라에 대한 경고이자, 중국의 대미 수출 전진기지를 무력화하겠다는 강력한 의지의 표현이었다. 트럼프 대통령이 이러한 조치를 취한 이유는 불법 이민과 펜타닐 같은 마약이 미국으로 유입되는 것을 차단하고, 자국민을 보호하기 위해서였다.

이 같은 조치는 국제적 반발을 불러일으켰고, 이에 대응하기 위해 멕시코와 캐나다는 적극적인 협상에 나섰다. 초기에는 두 나라 모두 강경한 입장을 유지하며 맞설 것으로 보였으나, 결국 멕시코가 먼저 국경에 1만 명의 군대를 배치하기로 결정했다. 이어서 캐나다도 1만 명의 군대를 자국과 미국의 국경에 배치해 펜타닐과 같은 마약과 불법 이민자의 유입을 차단하겠다고 발표했다. 이에 트럼프 대통령은 두 나라의 조치를 긍정적으로 평가하며, 관세 부과를 한 달간 유예하기로 결정했다.

백악관 무역 및 제조업 대통령 자문관 피터 나바로는 더 찰리 커크 쇼(The Charlie Kirk Show)에 출연해 트럼프 대통령의 조치에 대해 다음과 같이 설명했다.

"미국은 중국, 멕시코, 캐나다의 공격을 받고 있다. 중국은 펜타닐 원료 화학물질을 생산해 멕시코 마약 카르텔에 공급하고, 카르텔은 멕시코 내 자체 실험실(LAB)에서 펜타닐을 완제품으로 만들어 소량으로 포장한 후 캐나다로 보낸다. 캐나다는 펜타닐과 같은 마약뿐만 아니라 테러리스트들이 미국으로 잠입하는 것을 묵인하고 있다. 우리는 무역 전쟁을 하는 것이 아니다. 우리는 마약 전쟁을 하는 것이다."

미국에서는 매년 수십만 명이 펜타닐과 같은 마약으로 인해 목숨을 잃고 있으며, 그중에는 젊은 층이 상당수를 차지한다. 트럼프 대통령은 관세 정책을 무역 수단이 아닌 안보 전략으로 활용하여, 미국을 마약 카르텔과 불법 이민의 위협으로부터 보호하려는 강력한 의지를 보인 것이다. 결국 이것은 미국을 내부로부터 붕괴시키려는 중국과의 소리 없는 전쟁이었다.

캘리포니아 산불과 트럼프 대통령의 대응

도널드 트럼프 대통령은 취임식 이전부터 캘리포니아에서 발생한 산불에 큰 관심을 보여 왔다. 그는 1월 24일, 부인 멜라니아 여사와 함께 로스앤젤레스를 방문해 헬기로 산불 피해 지역을 시찰했다. 이 자리에서 그는 "수많은 사람이 이번 산불로 영향을 받았다. 제2차 세계대전 이후 이런 재난은 본 적이 없다."고 언급하며 피해의 심각성을 강조했다.

그러나 트럼프 대통령은 연방재난관리청(FEMA)의 역할과 캘리포니아주 정부의 산불 예방 및 대처 방식을 비판하며 개빈 뉴섬 캘리포니아 주지사와의 갈등을 일으켰다. 그는 특히 캘리포니아의 물 관리 정책을 강하게 비판하며 "북가주에는 충분한 물이 있다. 지금이라도 남가주로 그 물을 보내준다면 LA 산불을 훨씬 더 효과적으로 진압할 수 있다."고 주장했다.

이후 트럼프 대통령은 자신의 소셜미디어 계정을 통해 다음과 같은 글을 올렸다.

"미국 군대가 방금 캘리포니아주에 들어갔습니다. 비상 권한을 발동하여 태평양 북서부와 그 너머에서 풍부하게 흐르는 물을 공급했습니다. 가짜 환경 논리를 사람들 위에 두는 시대는 끝났습니다. 캘리포니아, 물을 즐기세요!"

LA 산불은 결국 완전히 진화되었지만, 3주간 지속된 화재는 최소 29명의 사망자, 16,000개 이상의 건물 파괴 그리고 230평방 킬로미터의 소실을 초래했다.

산불의 원인과 대응 방식은 많은 논란을 불러일으켰다. 일부에서는 캘리포니아의 물 부족을 초래한 환경 규제를 문제 삼았으며, 또한 소방 당국과 소방서에 DEI(다양성, 공정성, 포용성) 정책에 따라 비전문가 여성, 게이, 레즈비언, 성전환자를 배치한 것이 대응력을 약화했다는 지적도 나왔다. 주지사와 시장의 대처 실패 또한 주요 원인으로 지목되며 산불 대응에 대한 정책적 논쟁이 격화되었다.

DOGE와 부패와의 전쟁

도널드 트럼프 대통령과 일론 머스크의 협력으로 출범한 정부효율부(D.O.G.E. Department of Government Efficiency)는 미국 역사상 가장 강력한 정부 개혁을 시작했다. 수십 년간 미국 행정기관은 관료주의와 부패로 인해 비효율적으로 운영되었다. 이 과정에서 정치 엘리트들과 금융 기득권층은 국민의 세금을 착복하고, 정책을 자신들에게 유리한 방향으로 조작했다. 일론 머스크는 AI 및 블록체인 기술을 활용해서 돈을 추적해서 공무원의 비리를 감지하고, 정부 계약의 부당성을 분석했다. 이를 통해 정부안에 만연했던 상상을 초월하는 부패와 예산 낭비가 발견되었다.

D.O.G.E.의 개혁이 본격화되자, 기존의 정치 기득권층과 부패한 금융 엘리트들은 강한 반발을 보였다. 그러나 트럼프 대통령과 머스크는 물러서지 않았다. D.O.G.E.의 조사 결과가 국민에게 공개되자 대다수 미국인은 개혁을 지지했다. 여론이 급격히 D.O.G.E. 편으로 기울자, 기존 부패 세력은 힘을 잃어갔다. D.O.G.E.는 단순한 행정 개혁 기관이 아니라, 미국 민주주의를 새롭게 정립한 역사적 혁명이었다. 이들의 부패와의 전쟁에 대한 내용은 너무나

방대해서 자세한 내용은 다음에 더 깊이 다루기로 하겠다.

파나마 운하와 그린랜드

트럼프는 당선 후 파나마 운하와 그린란드에 대한 미국의 영향력을 강화하려는 의지를 여러 차례 표명했다. 그는 미국이 운하의 통제권을 다시 가져와야 한다고 주장했고, 파나마 정부와 국민은 크게 반발했다. 심지어 성조기를 짓밟고 불태우는 이들도 있었다. 그린란드의 뮤테 에게데 총리는 그린란드는 매물로 나와 있지 않으며, 그린란드인의 미래는 그들 스스로 결정할 것이라고 밝혔다.

그러나 파나마의 상황은 반전되었다. 트럼프의 주장은 처음엔 조롱을 받았지만, 시간이 지나면서 파나마 운하가 중국의 해상 실크로드 전략 속에서 잠식되고 있다는 사실이 드러났다. 특히 중국과 깊은 관계를 맺고 있는 홍콩계 기업 CK허치슨이 1997년부터 파나마 운하 양쪽 항구의 운영권을 쥐고 있었고, 이를 2047년까지 확보하고 있다는 사실이 알려지자 분위기는 바뀌었다.

트럼프 행정부는 파나마와 외교 협상을 통해 중국어 간판 철거, 일대일로 협약 종료, 미 해군 함정의 무료 통과 허용 등 구체적인 성과를 이끌어냈고, 마침내 2025년 3월, CK허치슨이 양대 항구 운영권을 미국 자본에 매각함으로써 파나마 운하의 전략적 통제권이 다시 미국 손에 들어왔다. 이로써 파나마 운하를 둘러싼 조용한 전쟁은 미국의 승리로 막을 내렸다. 이에 대한 자세한 내용은 다음 장에서 다루겠다.

도널드 트럼프 대통령은 취임 후 단 72시간 만에 200개 이상의 행정명령을 발표하며 그 누구도 예상하지 못한 속도로 국정을 운영했다. 그리고 불과 2주 만에 역사상 전례 없는 조치를 단행하며 자신의 정책 비전을 강력하게 실현해 나갔다. 이로 인해 취임 후 40일 이후에 의회 합동 연설을 앞두고 지지율이 사상 최고치를 기록했다.

- 52%가 도널드 트럼프 지지
- 58%가 그가 조 바이든보다 더 잘하고 있다고 평가
- 81%가 범죄를 저지른 불법 이민자들의 추방에 동의
- 68%가 남성과 여성, 두 개의 성만 존재한다는 연설을 지지함

그의 연설이 끝난 후 시청자들을 대상으로 한 연설에 대한 평가는 다음과 같았다.

- 76% 찬성 (APPROVE)
- 23% 반대 (DISAPPROVE)

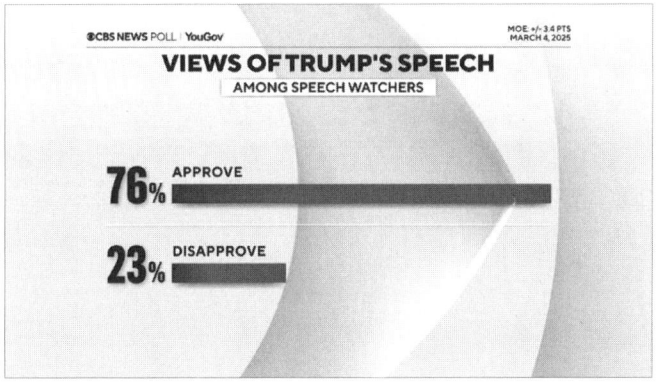

취임 후 미국 안에 지각변동을 일으킨 그의 정책들은 처음에는 파격적이고 급진적으로 보였고, 일부에서는 혼란과 논란을 불러일으켰다. 하지만 시간이 지나면서 그의 결단력과 추진력 그리고 정책의 실효성을 인정하는 목소리도 점차 커졌다. 심지어는 민주당 지지자들조차 트럼프에게 돌아오는 사람들이 많아졌다.

트럼프는 2025년 2월 5일 취임 후 처음으로 베냐민 네타냐후 이스라엘 총리와 공동 기자회견을 하고 폭탄선언을 했다. 그는 이날 백악관에서 '우리가 가자를 소유하고 잔여 폭발물과 무기를 제거할 것'이라며 '장기적으로 가자를 재개발해 경제 발전을 이루고 일자리와 주택을 공급할 계획'이라고 말했다.

네타냐후 총리는 이에 대해 '트럼프 대통령이 완전히 새로운 차원의 접근을 제시했다'며 관심을 기울일 가치가 있다고 평가했다. 그는 또한 다음과 같이 트럼프를 칭찬했다.

"당신은 역대 백악관 사람 중 우리 이스라엘에게 가장 훌륭한 친구입니다. (10년 전) 당신은 형편없는 이란 핵협정을 끝냈죠. 그때 당신이 했던 말이 기억납니다. '내가 본 것 중 최악의 거래야. 내가 당선되면 당장 탈퇴할 거야.' 당신은 정확히 그렇게 했습니다. 그리고 지금, 당신의 두 번째 임기가 시작되자 이스라엘 인질들을 집으로 돌려보내기 위해 리더십을 발휘하고 보류되었던 이스라엘에 대한 군사 지원을 승인해주었으며 법을 준수하는 이스라엘 시민들에 대한 부당한 제재도 철회해주었습니다. 그리고 오늘, 이란에 대한 최대 압박 정책을 재개했습니다. 이게 다 불과 2주 만에 이뤄진 겁니다. 앞으로 우리의 4년은 상상이 됩니까? 대통령님, 당신은 본질을 꿰뚫고 다른 이들이 보려 하지 않는 것들을 봅니다. 다른 이들이 말하지 않는 것을 말합니다. 처음엔 모두 놀라지만, 이내 머리를 긁적이며 '트럼프가 옳았다' 인정합니다."

트럼프 대통령은 기존 정치권이 해결하지 못했던 문제들에 과감히 도전하며, 새로운 접근 방식으로 변화의 바람을 일으켰다. 더 지혜롭고 강력해져서 돌아온 트럼프는 국제 사회를 흔들어 놓았다. 그렇다면 앞으로 그의 행보는 어떻게 전개될까? 한 미국인의 말대로 한가지는 확실하다. 트럼프의 임기 동안 그는 우리를 심심하게 놔두지 않을 것이다.

제14장

조용한 전쟁: 파나마 운하

세계는 아무 일도 일어나지 않은 것처럼 조용했다. 그러나 실제로는 거대한 지각변동이 진행되고 있었다. 2025년, 도널드 트럼프는 총 한 발 없이 세계 물류의 심장부를 다시 미국의 품으로 가져오는 역사적 승리를 거두었다. 그 중심에는 파나마 운하가 있었다.

운명을 가르는 좁은 물길

길이는 불과 80km. 하지만 이 좁은 물길이 세계 무역의 5%를 담당한다.[130] 해상 무역, 글로벌 공급망, 군사 전략에 대한 모든 것이 이 운하를 지나야 했다. 20세기 초, 미국은 엄청난 비용과 희생을 치러 파나마 운하를 건설했다. 그 과정에서 약 5,600명 이상의 생명이 사라졌다.[131]

운하의 완공은 단순한 기술적 승리가 아니었다. 세계 패권의 상징이었다. 그러나 1999년, 미국은 운하 운영권을 파나마에 넘겼다. 평화로운 이양이었다. 이후 미국인들의 관심에서 파나마는 조금씩 멀어졌다. 그러나 트럼프는

---

[130] UNCTAD, "Global Maritime Trade Statistics 2024," February 2025.
[131] Smithsonian Institution, "The Human Cost of the Panama Canal," 2020.

꿰뚫어 보고 있었다.

"파나마는 단순한 나라가 아니다. 파나마 운하는 세계 질서의 혈관이다."

조용히 침투한 중국

중국은 '일대일로'라는 이름 아래 세계 곳곳의 항만과 인프라를 장악했다. 파나마도 예외가 아니었다. 중국 국영 기업과 관련 재벌들은 파나마 운하 주변의 항구와 물류 허브에 수십억 달러를 투자했고, 대규모 인프라 개발을 통해 실질적인 영향력을 구축해나갔다. 파나마 정부와 중국 간의 긴밀한 협력 아래, 중국어 간판이 거리 곳곳에 들어서고, 주요 물류 시설의 운영권도 차례차례 중국의 손에 넘어갔다.

특히 핵심적인 역할을 한 기업이 바로 홍콩계 'CK허치슨(CK Hutchison Holdings Limited)'이다. 이 기업은 1997년부터 파나마 운하 양쪽의 핵심 항구, 즉 대서양 측의 '크리스토발(Cristóbal)' 항구와 태평양 측의 '발보아(Balboa)' 항구를 운영해왔고, 2047년까지의 운영권을 보유하고 있었다. 말하자면, 파나마 운하의 양 끝을 중국계 기업이 장악하고 있었던 셈이다. 그 배경에는 전설적인 홍콩 재벌 '리카싱(李嘉誠)'이라는 인물이 있다. 1928년생, 올해로 98세인 리카싱은 CK허치슨의 창업자이며 한때 아시아 최고 부호로 불리기도 했다. 그는 중국이 개혁·개방을 시작하던 시기, 가장 먼저 본토에 자산을 투자한 인물이다. 당시 리카싱은 중국 정부와 '찐친' 관계였고, 중국 지도부와 거의 직통으로 대화하는, 몇 안 되는 외부 인사였다.

그러나 2013년, 시진핑이 집권하면서 관계는 조금씩 어긋나기 시작했다. 그는 분위기가 심상치 않자 자산을 정리하고, 본사를 '영국령 케이맨 제도'(Cayman Islands)로 옮겼다. 케이맨 제도는 버진 아일랜드, 버뮤다와 함께 세계 3대 조세회피처로 불리는 곳이다. 한마디로 리카싱 특유의 노련함이 작동한 것이다.

트럼프의 직감: 파나마를 되찾아야 한다

트럼프가 '파나마를 미국으로 되찾아오겠다'고 했을 때, 많은 이들이 '트럼프가 또 이상한 소리 하는구나' 하며 조롱했다. 하지만 시간이 지나면서 사람들은 점차 트럼프의 발언이 단순한 정치적 구호가 아닌, 날카로운 현실 인식에서 나온 것임을 깨달았다. 미국 연방 해상위원회(Federal Maritime Commission)는 '중국은 이미 파나마 운하를 지배하고 있다'고 공식적으로 밝혀주었다.[132]

시간이 지나면서 트럼프의 말이 현실이었음이 국제사회에 드러나자 파나마 정부는 서서히 방향을 틀기 시작했다.

변곡점: 조용한 탈중국

변화는 상징적인 작은 일부터 시작됐다. 파나마 시내 곳곳에 퍼졌던 중국어 간판들이 철거되기 시작했다. 트럼프는 자신의 소셜미디어에 이렇게 썼다.

'파나마는 엄청난 속도로, 중국어로 쓰인 간판의 64%를 철거하려 하고 있습니다. 이 간판들은 그 지역 전역에 퍼져 있으며, 이는 중국이 파나마 운하를 장악하고 있기 때문입니다. 파나마는 이를 그냥 넘어갈 수 없을 것입니다!'

그리고 결정적 순간이 왔다. 신임 국무장관 마르코 루비오의 방문 직후, 파나마 대통령 호세 물리노는 다음을 발표했다.

    1. 미 해군 함정 무상 통과 허용
    2. 중국과의 운하 관련 계약 종료
    3. 2017년 '일대일로' MOU 탈퇴

조용한 혁명이었다.

---

[132] Federal Maritime Commission, "Testimony on Chinese Influence in Panama," March 2025.

대서사: CK허치슨의 항구 매각

2025년 3월 4일, 전 세계를 뒤흔드는 소식이 전해졌다. CK허치슨이 크리스토발 항구와 발보아 항구 운영권을 미국 블랙록 컨소시엄에 매각하기로 한 것이다.[133] 베이징은 분노했다. 시진핑이 '막을 방법을 찾아라'고 지시했지만 방법은 없었다. CK허치슨은 케이맨 제도에 본사를 두고 있었고, 계약 구조상 중국 정부가 개입할 길은 없었다. 중국은 스스로 판 덫에 갇혀버렸다.

트럼프는 자신의 소셜미디어에 파나마 운하에 성조기가 펄럭이는 사진을 올리고 이렇게 썼다.

"미합중국의 운하에 오신 것을 환영합니다."

이것은 단순한 자랑이 아니었다. 세계 질서의 대전환을 알리는 선언이었다.

---

[133] Financial Times, "CK Hutchison Sells Panama Ports to U.S. Consortium," March 2025.

파나마 전쟁의 파장: 홍콩과 중국의 격랑

홍콩에서는 리카싱이 파나마를 '팔아버린' 배신자로 몰렸다. 이 당시 홍콩을 방문했다가 돌아온 필자의 지인은 홍콩의 가장 큰 뉴스가 배신한 리카싱이라고 했다. 중국 본토에서도 격렬한 반발이 터져 나와 시진핑 체제에 심각한 타격을 입혔다. 세계 해상 물류의 심장부가, 다시 미국의 손에 들어간 것이다.

이 싸움은 총성 한 발 없이 이뤄졌다. 하지만 그 결과는 전쟁 못지않았다. 세계 패권의 향방은 조용히, 그러나 결정적으로 바뀌었다. 트럼프는 조롱과 비난을 견디며 단 몇 달 만에 역사의 방향을 다시 꺾었다. 이것은 시작에 불과했다. 미국과 중국의 패권전쟁은 본격적으로 불붙기 시작했다. 트럼프의 남은 임기 동안 미국과 중국의 패권전쟁은 매우 흥미로울 것이다.

제15장

부패와의 전쟁:
DOGE와 숨겨진 부패

2025년 1월 20일, 트럼프 대통령이 바이든 행정부로부터 정권을 인수했을 때, 미국은 허울만 남은 슈퍼파워였다. 국가 부채는 34조 달러를 넘어섰고, 연간 2조 달러 가까운 적자가 추가되었다. 매년 기하급수적으로 축적되던 적자로 인해 미국 경제는 언제 무너져도 이상하지 않을 정도로 불안정한 상태였다. 대부분의 사람들은 이 문제의 심각성을 모르는데 좀 더 깊이 들어가보면 문제의 심각성을 알 수 있다.

2024 회계연도 기준, 미국 연방정부는 국가 부채에 대한 이자 비용으로 약 8,820억 달러를 지출했다. 전문가들은 2025년 이자 지출이 9,520억 달러에 달할 것으로 예상하고 있으며, 이는 연방정부의 전체 수입 중 약 18.4%를 차지한다. 불과 4년 전인 2020년, 이자 지출은 약 3,450억 달러에 불과했다. 하지만 바이든 정부 때 급증한 연방 지출과 연방준비제도의 공격적인 금리 인상으로 인해, 이 비용은 두 배 이상 폭등했다. 장기적으로는 더욱 심각한 전망이 제시된다. 2035년까지 이자 지출이 연간 1조 8,000억 달러에 이를 수 있으며, 이는 국방, 교육, 의료, 복지와 같은 주요 정부 프로그램을 축소시키고 국가의 신용등급을 떨어뜨려 국민을 가난하게 만드는 요인이다. 한마디로 미국

은 포퓰리즘과 세금도둑으로 인해 베네수엘라의 길로 가고 있었다.

이런 상황 속에서 트럼프 대통령은 기존 정치권의 프레임을 완전히 벗어난 인물을 전면에 내세웠다. 바로 일론 머스크였다. 그는 정부의 효율성을 극대화하고, 시스템 전반을 재구축하기 위한 조직, DOGE(Department of Government Efficiency)를 이끄는 수장으로 임명되었다.

그는 미국의 몰락을 예감했고, 위기를 막을 시간이 많지 않다는 사실을 누구보다 명확히 알고 있었다.

"적자를 해결하지 않으면, 의료 서비스에 쓸 돈도, 사회보장에 쓸 돈도 없을 것입니다. 우리가 적자를 해결하지 않는다면, 우리가 할 수 있는 유일한 일은 빚을 갚는 것뿐입니다. 선택 사항이 아닙니다. 해결되지 않으면, 미국은 파산할 것입니다. 그래서 제가 여기에 있습니다."[134]

트럼프와 머스크는 적자에 대한 조사를 시작했고, 결국 부패의 실체와 마주하게 됐다. 미국은 외부의 적이 아니라 내부의 도둑들에 의해 무너지고 있었다.

첫 번째 타깃: USAID - 착한 척하는 악마

국제개발처(USAID)는 겉으로는 인도적 지원기관처럼 보였지만, 그 실상은 소름끼치는 부패의 온상이었다.

- 매년 400억 달러 송금(53조원)
- 100개국 이상 지원
- 10,000명 외교 인력

하지만 이 돈은 실제로 가난한 이들에게 가지 않았다. 클린턴 재단, WEF,

---

[134] https://www.facebook.com/share/v/194oQ3411r/

빌 게이츠의 GAVI, 조지 소로스 재단을 비롯한 수많은 좌파 단체를 통해 결국 글로벌 엘리트들의 금고로 흘러 들어갔다. 그들은 그 돈으로 세계를 사들였다. 일론 머스크가 조사를 한 후 다음과 같은 결론에 도달했다.

'USAID는 회복 불가능하다. 이곳은 미국을 증오하는 급진 마르크스주의자들의 소굴이다'

이들 기관은 수십억 달러를 회계 처리 없이 사용했고, 어떤 법적 제재도 받지 않는 듯 행동했다. 비리가 드러나자 이들은 즉각 반격에 나섰다. 심지어 빌 게이츠는 '자금이 끊기면 백신 공급이 붕괴되어 수백만 명이 죽을 것'이라는 협박성 발언까지 서슴지 않았다. 하지만 트럼프와 머스크는 굴하지 않았다. 오히려 더 깊이 파고들었고, 끝내 조직의 부패가 본격적으로 드러나기 시작했다. 트럼프는 USAID가 더 이상 미국의 국익을 위한 기관이 아니라 급진 좌파 세력의 국제적 권력 유지 도구로 전락했다고 판단하고 숙청을 단행했다.

해군의 실체

DOGE가 파헤친 또 다른 충격적인 사례는 미 해군과 관련된 것이다. 머스크는 상원 의원 콜린스의 제보를 통해, 미 정부가 해군에 120억 달러(약 17조 4,000억 원)를 지급했지만 단 한 척의 잠수함도 건조되지 않았다는 사실을 확인했다. 자금의 사용내역을 묻자 해군 관계자들은 '모른다'는 무책임한 답변만 반복했다. "정말 미친 일입니다. 이 정도 수준의 낭비를 저지르고도 넘어갈 수 있는 조직은 연방 정부밖에 없을 겁니다."[135] 머스크의 말은 결코 과장이 아니었다.

---

[135] https://www.facebook.com/share/p/14zpKz5zsM/

환경보호청(EPA)의 민낯

DOGE가 환경보호청(EPA)을 조사하려 하자, 민주당 의원들은 조직적으로 반격에 나섰다. 하원의원 멜라니 스탠스버리는 카메라 앞에서 DOGE가 'EPA를 해킹했다'고 주장했다. 그러나 사실은 그 반대였다. EPA는 수십 개의 비영리단체(NGO)를 통해 500억 달러 이상을 세탁한 사실이 드러났다. 한 직원은 몰래카메라에 다음과 같이 말하는 장면이 포착됐다.

"트럼프가 권력을 잡기 전에, 타이타닉에서 금괴를 던지듯 빨리 돈을 배포해야 했습니다."

재무부의 비리

DOGE가 재무부에 손을 대자 민주당과 일부 관료들은 과민반응을 보이기 시작했다. 내부 저항은 예상 이상이었고, 그만큼 재무부가 '민감한 진실'을 감추고 있다는 신호였다. 조사 결과, 매년 1,000억 달러 이상이 사회보장번호(SSN)도 없는 계좌로 흘러들어가고 있었고, 신원 확인 절차 없이 수년간 거액이 지급되었다.[136] DOGE의 조사를 통해 재무부는 여전히 1960년대 개발된 **코볼(COBOL)이라는 낡은 시스템으로 운영되고 있었고, 이로 인해 무려 4조 7천억 달러(약 6,800조 원)의 자금이 행방을 알 수 없는 상태였다.[137] 결국 재무부 예산의 23.87%가 낭비, 사기, 부정으로 새어나가고 있는 것이 밝혀졌다. 이것은 노동부(11%), 보훈부(10%), 농무부(9%) 그리고 국방부(1.85%)보다 많았다. 재무부는 납세자의 돈을 보호하는 것이 아니라 정치 조직의 '불만 최소화'를 목표로 운영되었다. 이것은 단순한 무능이 아니라 비리를 저지르는 자들이 설계한 것이었다.

---

136 https://www.facebook.com/share/v/16XY3eL9Hb/
137 https://www.facebook.com/share/p/1Kue8k6ygX/

복지 시스템의 붕괴

가장 충격적인 부패는 연방 복지 프로그램에서 드러났다. 머스크는 미국 정부가 2.7조 달러(약 3,591조 원) 규모의 메디케어·메디케이드 자금을 해외로 송금했으며, 대부분 수혜 자격이 없는 이들이 그 자금을 챙겼다고 폭로했다. 한국의 2024년 명목 GDP가 약 1조 8,690억 달러인 것을 감안하면, 한국의 1.5배에 달하는 금액이 부정하게 유출된 셈이다.

다음에 나오는 내용은 일론 머스크가 DOGE를 통해서 사회보장 프로그램(Social Security)에서 발견한 내용이다.

- 4,700,000명 – 100~109세 사회보장 수혜자
- 3,600,000명 – 110~119세
- 3,470,000명 – 120~129세
- 3,900,000명 – 130~139세
- 3,500,000명 – 140~149세
- 1,300,000명 – 150~159세
- 130,000명 – 160세 이상 사회보장 수혜자
- 10,039명 – 220~229세
- 1명 – 240~249세

일론 머스크는 "이 복지 사기 규모는 지금까지 인류가 경험한 모든 민간 사기를 합친 것보다 훨씬 큽니다. 다만 미국이 완전히 파산하기 전에 발견된 것이 다행입니다."라고 말했다. 미국 국민은 매우 큰 충격을 받았다. 누군가가 거짓으로 엄청난 세금을 약탈해갔던 것이다.

국민의 분노 그리고 약속

이 모든 비리를 본 머스크는 '인류 역사상 가장 거대한 사기극'이 미국 내에서 벌어지고 있었다고 선언했다. 그와 함께 미팅을 한 마조리 테일러 그린 의원은 이렇게 말했다.

"미국 국민은 철저히 약탈당했습니다. 죽은 이들의 SSN이 대출에 쓰였고, 복지와 혜택은 범죄자들에게 돌아갔습니다. 시스템은 너무 낡았고 너무 무너져 있었습니다."

정치인들과 관료들의 민낯이 드러나자 수많은 시민들이 한목소리로 외쳤다.

"내 세금을 돌려달라."

트럼프는 DOGE의 개혁으로 절약되는 예산 중 일부를 국민에게 환급하겠다고 약속하며 다음과 같이 말했다.

"우리는 모든 낭비와 사기, 도둑질을 근절할 것입니다. 이를 통해 인플레이션을 퇴치하고, 모기지 금리를 낮추며, 자동차 할부금과 식료품 가격을 내릴 것입니다. 또한 노인들을 보호하고, 미국 가정의 주머니에 더 많은 돈을 돌려줄 것입니다. 그리고 우리는 24년 동안 시도되지 않은 일을 해낼 것입니다. 바로 연방 예산 균형을 맞추는 것입니다. 우리는 반드시 균형을 이룰 것입니다."

이들이 사용한 방법

1. NGO를 통한 대규모 세금 착복

미국 정치권과 그들을 둘러싼 네트워크는 단순한 부패를 넘어, 정교하고 체계적인 방식으로 세금을 착복해왔다. 이들은 NGO나 특수 목적 단체를 세워 정부 예산을 대규모로 빼돌리는 수법을 사용했다.

2024년 4월, 일론 머스크는 바이든-해리스 행정부가 EPA(환경보호국)를 통해 존재조차 불확실한 유령 단체인 United Climate Fund에 70억 달러(약

9조 4천억 원)를 지급했다는 사실을 폭로했다. 이 자금은 온실가스 감축 기금(Greenhouse Gas Reduction Fund)의 일부였으며, 최종적으로는 스테이시 에이브럼스와 연결된 NGO인 Power Forward Communities로 흘러 들어갔다.

보수 성향 유튜버 글렌 벡은 이 단체의 자금 출처를 분석하며 '이 단체는 자체 모금액이 겨우 100달러였음에도 불구하고 정부 자금 20억 달러를 수령했다'고 주장했다. 12월에는 제임스 오키프가 EPA 고위 관계자의 내부 고백을 공개했는데 이 자금이 '트럼프의 승리에 대비한 보험'이었다는 것이다. 민주당은 트럼프가 정권을 되찾기 전, 자신들이 장악한 8개 주요 NGO에 자금을 집중 이체했고, 이 중 200억 달러는 시티은행 계좌에 숨겨져 있었다.

머스크는 조 로건 쇼에 출연해 민주당과 조지 소로스가 거대한 돈세탁 시스템을 NGO를 통해 운영하고 있다고 폭로했다. 그의 설명에 따르면

* 소액의 자금으로 NGO 설립
* 정치인 로비
* 세금 지원 유도
* 예산 수십억 달러 수령
* 정치인들에게 리베이트

소로스는 초기 기부금만 투자하고, 실제로는 국민 세금을 활용해 NGO를 키운 뒤, 국민의 세금으로 국민 자신을 무너뜨리는 구조를 만들었다.[138] 미국에는 약 7,000개의 NGO가 있으며, 이들이 정부 예산의 90%를 독점하고 있다. 연간 약 3,000억 달러가 NGO에 지급되지만, 그 흐름은 투명하게 공개되지 않는다.

---

[138] https://www.facebook.com/share/v/17rTrMF3sS/

머스크는 다음과 같이 말했다. "NGO는 역사상 가장 큰 사기 중 하나입니다. 정부가 직접 하면 불법이 될 일을 대신 처리하는 조직입니다."

DOGE 분석팀의 일원인 DataRepublican은 이렇게 밝혔다. "미국 국민이 이 사실을 알게 된다면, 엄청난 분노가 폭발할 것입니다."[139]

2. 목적 외 사용과 자금 '먹튀'

이들이 세금을 횡령하는 또 다른 방법은, 정부 자금을 받아놓고 극히 일부만 실제 목적에 사용하는 것이다. DOGE가 존재하기 전까지 이들을 제대로 감시하거나 견제하는 기관이 없었다.

일론 머스크는 미국 국제개발처(USAID)의 아이티 지원 사례를 폭로했다. 총 44억 달러가 사용되었지만 실제로 지어진 집은 단 6채뿐이었다. 전체 계약 중 아이티 기업이 수령한 금액은 고작 2%였다. 2016년, 아이티 언론인은 클린턴 재단이 모금한 수십억 달러 중 단 2%도 아이티에 도달하지 않았다며 힐러리 클린턴에게 공개 감사를 요구했다.

'전 세계가 수십억 달러를 기부했지만, 빌 클린턴과 힐러리 클린턴이 그 돈을 가로챘다. 힐러리 클린턴이 클린턴 재단을 통해 모금한 돈은 대체 어디에 있는가? 아이티는 그 금액의 2%조차 받지 못했다.'

'트럼프 대통령님, 간절히 요청합니다. 만약 언젠가 힐러리 클린턴에게 2010년 지진 이후 아이티에서 빼돌린 모든 돈의 감사 결과를 공개하라고 공식적으로 요구해 주신다면, 아이티 공동체는 당신을 지지할 것입니다'[140]

교육부도 만만치 않았다. 교육부는 89건의 불필요한 계약과 교육과는 전혀 상관없는 DEI(다양성, 형평성, 포용)교육 보조금으로 10억 달러가 사용되었다. 한

---

139 https://www.facebook.com/share/p/1M2tpxeS4N/
140 https://www.facebook.com/daniel.pak.777/posts/pfbid0ko6cUaqonePVLsK ReyudFtqcmqBSTN Fw4A6BKe5TW5iJXeRVdcpKuux9dgg8iVpTl

편 워싱턴 D.C.의 관료들은 패닉 상태에 빠져 '공무원제도를 지켜야 한다'며 시위를 벌였다. 그러나 결국 트럼프 대통령은 교육부를 폐쇄하도록 명령했다.

3. 과도한 가격 책정과 중간업체 구조

미연방 정부는 매년 약 4,900억 달러를 물품 및 서비스 구매 계약에 지출했다. 이 엄청난 규모로 인해 미연방 정부는 세계 최대의 물품과 서비스들을 구매하는 최고 고객이었다. 그러나 일단 예산이 정해지면 품목이 필요하지 않더라도 계약으로 인해 정기적인 구매가 이루어져 예산 낭비는 천문학적인 수준이었다. 그러나 각 부서들마다 보안이 걸려있어 특정인 외에는 다른 부서의 지출내역을 열람할 수 없었다. 비리를 밝히는 것이 매우 어려운 구조였다. 그뿐 아니라 특별한 감사가 없어서 크게 부풀려서 구매 계약을 맺어도 부패가 드러나지 않았다. 이러한 약점을 이용해 미국 연방정부 안에서 권력을 가진자들은 천문학적인 나랏 돈을 빼먹었다.

8억 3천만 달러가 투입된 개인 설문조사 계약의 경우, 설문지는 AI로도 만들 수 있을 만한 10문항짜리 문서 한 장이었다. 이 외에도 다음과 같은 사례가 드러났다.

- USDA: 트랜스젠더 농부를 위한 교육 프로그램에 30만 달러
- 루이지애나: 트랜스 남성 생리 주기 연구에 60만 달러
- SBA: 11세 이하 아동에게 3억 3천만 달러 대출 승인
- 펜타곤: 커피컵 하나에 1,300달러, 비누 디스펜서 가격 8,000% 부풀리기

의약계를 들여다보면 이전의 부패는 어린아이 수준이었다. 약사들에 따르면 메디케어는 아비라테론(Abiraterone)이라는 약물을 처방당 3,400달러에 구매했지만, 보험 없이 구입하면 실제 가격은 96달러에 불과하다. 2022년 기

준, 메디케어는 이 약을 44만 2천 번 처방하여 총 15억 달러를 지출했다. 실제로는 약 4,200만 달러면 충분한 양이었다.

이처럼 터무니없는 납세자 부담은 PBM(Pharmacy Benefit Manager)이라는 중간관리자의 이중 역할에서 비롯된다. 이들은 약가를 조정하며 동시에 약국도 운영해 이익을 극대화한다. 로버트 F. 케네디 주니어(RFK Jr.)는 의회가 제약사로부터 정치 자금을 받고, 과도한 약값을 승인한다고 폭로했다.

4. 고위층의 세금 세탁

비영리 단체나 특정 기업은 부패한 고위 인사들의 자금 세탁 수단이 된다. 이들은 직원, 이사 또는 컨설턴트로 등록되어 높은 연봉을 챙기고, 외부 업체로 위장해 거액을 송금받는다. 이 같은 구조는 헌터 바이든이 에너지 관련 경력이 없음에도 우크라이나 석유기업 부리스마의 이사로 등록되어 월 5만 달러 이상을 수령한 것과 유사하다. 또한 강연료를 위장한 형태로 자금을 지급하고, IRS 양식(Form 990)의 회색 지대를 활용해 세부내역 없이 대규모 자금이 흘러간다. 이 과정에는 정치인뿐 아니라 판사, 검사 등 법조계 인사 및 그 가족까지도 연루되었다.

트럼프 대통령은 '이 정도로 심각하고 부패한 상황인 줄 아무도 몰랐다'고 했다. 그 후 모든 연방 기관이 일론의 팀과 협력하여 낭비, 사기, 부패를 척결하는 행정명령에 서명했다.

제16장

자금 사용처:
미국과 전 세계 장악에 쓰인 돈

DOGE(정부 효율성 부서)가 돈의 행방을 추적한 끝에 발견한 진실은 충격 그 자체였다. 이것은 단순한 방만 행정이나 실수가 아니었다. 국가를 장악하고, 국민을 약탈하며 세계를 재편하기 위한 조직적인 움직임이었다. 그리고 그 모든 비용은 국민의 세금으로 치러졌다. 다음은 DOGE가 발견한 내용를 분석한 것이다.

1. 국가 자립성 붕괴와 장기 권력 장악을 위해 세금이 쓰였다.

일론 머스크는 이렇게 말했다.

"민주당은 최소 1,000억 달러(147조)에서 많게는 2,000억 달러(293조 원)를 들여 불법 이민자 표를 샀습니다."[141]

이것은 단순한 불법 이민자들을 위한 복지가 아니었다. 그것은 미국의 인구 구조를 장기적으로 재편해 정권 유지를 위한 표밭을 만들기 위한 전략이었다. 즉 미래 유권자 생산 프로젝트였다. 이를 위해 불법체류자들의 교육, 의

---

[141] Elon Musk public statement on illegal immigration funding, X, 2025.

료, 주거, 시민권 지원 등으로 수십억 달러가 쏟아졌고, 미래 유권자를 위한 장기적 투자로 활용되었다. 한 예로 DOGE는 FEMA가 뉴욕시 루즈벨트 호텔(Roosevelt Hotel)에 불법 이민자들을 수용하기 위해 5,900만 달러를 송금한 사실을 밝혀냈다. 이로 인해 이 호텔은 범죄 조직인 Tren de Aragua의 거점이 되었고, 살해범 레이큰 라일리도 이 호텔에 머물렀던 것으로 드러났다.[142]

이 사실이 밝혀지자 국토안보부 장관 크리스티 노엠은 돈을 회수하며 "미국 시민을 해치는 데 단 한 푼도 더 쓰이지 않을 것입니다."[143]라고 선언했다. DOGE는 더욱 충격적인 데이터를 공개했다. 2021년에는 27만 명이던 사회보장번호(SSN) 발급이 2024년에는 210만 명으로 폭증했다. 130만 명 이상이 메디케이드에 가입했고, 550만 명이 복지 혜택을 받고 있었다. 그중 상당수가 유권자 등록 후 실제로 투표한 사실도 드러났다.[144]

시민권자가 아닌 자들이 미국 선거 결과를 결정짓고 있었고 이는 민주주의를 파괴하는 직접적 공격이었다. 민주당이 수법을 가장 잘 활용한 곳은 불법 체류자들이 많았던 캘리포니아주였다. 이 주는 주지사들의 무능력과 비리가 자주 드러남에도 불구하고 끊임없이 민주당이 장악하고 있다. 민주당은 캘리포니아를 장악했던 방법을 미국 전 지역에 사용하려했다.

2. 전 세계를 장악하는데 세금이 쓰였다.

일론 머스크는 미국 납세자의 돈으로 COVID-19가 인위적으로 제조되었으며, 그 결과 수백만 명이 목숨을 잃었다는 사실을 폭로했다.[145] 그뿐 아니라

---

[142] New York Post report on FEMA luxury hotel scandal, April 2025.
[143] Kristi Noem official statement, DHS press conference, March 2025.
[144] DOGE internal audit findings, Homeland Security report, March 2025.
[145] USAID funding to Wuhan lab confirmed, National Institutes of Health grant disclosures, 2021 – 2022.

미국 정부는 GAVI(세계백신면역연합)에 40억 달러를 지원해서 mRNA 백신을 전 세계에 배포했다. 그리고 그 과정에서 국민의 동의도 없이 생체 인식 ID 시스템에 막대한 예산이 투입됐다. 이 시스템은 단순한 백신 접종 기록이 아니었다. 의료 순응도와 행동을 감시하는 수단, 즉 전 지구적 통제 체제의 인프라로 설계된 것이다.

USAID의 자금은 국제사회를 변화시켰다. 루마니아에선 조지 소로스와 연결된 NGO 출신 판사가 대선 결과를 뒤집었다. 그는 미국 정부와 긴밀히 연결된 인물이었다. 브라질, 이스라엘, 우크라이나 등지에서도 사법 개혁과 NGO, 미디어를 활용한 여론 조작이 동시에 진행되었다. 이들은 단순한 사건이 아니라, 전 세계 시스템을 장악하려는 하나의 통일된 전략이었다.

로버트 F. 케네디 주니어는 한 가지 충격적인 사실을 밝혔다. CIA가 우크라이나의 민주정권을 전복시키려 할 때, USAID가 프론트 조직으로 50억 달러를 지원했다는 것이다.[146] 쿠데타 발생 한 달 전, 빅토리아 눌런드와 미국 대사 간의 유출된 통화는 이 모든 준비가 사전에 완료되었음을 보여준다. 이 통화에서 밝혀진 사실은 그녀는 그때 이미 새 내각을 '선발'해두었다.

이들은 전 세계적인 부정선거에도 손을 댔다. USAID와 MOU를 맺은 '세계 선거 네트워크' A-WEB은 수많은 나라에 전자개표기를 판매했다. 그 결

---

[146] Elon Musk interview with Tucker Carlson, March 2025.

과, 여러 나라에서 부정선거가 일어났다. 그중 한 나라인 콩고 시민들이 한국까지 와서 항의하는 사태가 벌어졌다.

3. 사적 이익과 부패를 위한 자금

'서민을 위해 싸운다'는 구호는 강력하다. 진정성도 있어 보인다. 하지만 그 구호를 외치는 사람들이 수천억 원대 자산을 가진 정치인들이라면 이야기는 달라진다. 최근 머스크와 DOGE를 향해 가장 크게 목소리를 높이고 있는 민주당 의원들. 그들이 실제로는 서민의 적일지도 모른다고 말하면 과장일까? 정치인들의 연봉은 평균 2억 5천에서 5억 8천만 원 정도. 그런데 순자산은?

- 일한 오마르: 약 1조 2,035억 원
- 척 슈머: 약 1조 875억 원
- 엘리자베스 워런: 약 1조 585억 원
- 아담 시프: 약 8,700억 원
- 제이미 래스킨: 약 2,900억 원
- 하킴 제프리스: 약 2,465억 원
- 코리 부커: 약 2,030억 원
- 재스민 크로켓: 약 1,450억 원

공직에 있으면서 이런 부를 쌓았다면, 국민은 질문할 권리가 있다. 말도 안 되는 숫자 앞에서 침묵은 공범이다. 버락 오바마는 대통령이 되기 전, 순자산이 21억 원 정도였다. 대통령 연봉은 약 5억 8천만 원. 그런데 현재 자산은 1조 9,575억 원이라는 천문학적인 돈이다. 연설료? 인세? 사업 수익? 그럴 수도 있다. 하지만 정말 그뿐일까?

엘리자베스 워런도 마찬가지다.

- 연봉: 약 4억 1천만 원
- 순자산: 약 9,715억 원

입으로는 부자 증세의 반대를 외치지만, 정작 본인의 부에 관한 질문엔 침묵한다. 그녀가 막으려는 건 부자가 아니라, 부의 흐름을 추적하려는 국민의 시선이다.

워싱턴 DC에서 벌어지는 일은 이렇다. 수십억 달러 규모의 세금이 USAID, NEA 등 정부 프로그램을 통해 NGO로 흘러간다. 그리고 그 돈은 다시 '정치인들의 사람들'에게 돌아온다.

- 비영리단체 간부 연봉: 연간 3억~4억 원
- 케네디센터 CEO: 연간 22억 원
- 부부가 함께 NGO에서 일하면? 연간 75만 달러 이상

게다가 '컨퍼런스'라는 이름만 붙이면 아스펜에서 스키를 타고, 파리에서 와인을 마신다. 항공, 숙박, 식사까지. 모든 비용은 세금에서 나온다. 이들은 다음과 같은 방법으로 가족까지 한몫 챙긴다. 정치인의 자녀는 '컨퍼런스 기획 회사'를 차린다. 국민의 세금을 받은 NGO는 거기에 예산을 쏟다.

이들의 돈을 추적했을 때 해외계좌를 이용한 자금 세탁 흔적도 있다. 국민의 세금이 어떻게 돌아가는지 알고 난 후, 피가 거꾸로 솟는 미국인들이 많이 생겼다.

이들은 자신의 권력을 이용해 뻔뻔스럽게 행동하기도 했다. 국회의원들이 NGO의 이사진으로 앉아있고, 그 NGO에 돈을 주는 법안에 찬성표를 던진다. 그 후 이 돈은 국회의원들의 호주머니로 들어간다. 이건 단순한 이해충돌이 아니라 구조적인 부패다.

EPA가 200억 달러를 NGO에 지급했다. 그런데 그 NGO들 대부분은 돈이

전달되기 직전에 설립됐다. 누가 만들었을까? 오바마와 바이든 행정부 인사들 그리고 그들의 후원자들이다. 그리고 이 돈 중 단 5%만 실제 환경 보호에 사용됐다는 분석도 있다. 나머지는 어디로 갔을까? 이 모든 구조는 단순하지 않다. 하지만 핵심은 명확하다.

정치인은 세금을 통해 권력을 유지하고, NGO는 세금을 통해 부를 축적한다. 그리고 그 부의 일부는 정치인들에게 돌아간다. 그 둘은 절대 분리되지 않는다.

이 모든 시스템은 미국 납세자의 돈을 기반으로 구축되었다. 블랙록의 펀드 매니저였던 에드워드 다우드의 말처럼, 지금의 미국은 '디스토피아적 헝거 게임 체제'로 변질되었고, 수도 워싱턴 D.C.는 권력을 가진 소수의 사기꾼들이 호화롭게 군림하는 '세금 제국'이 되었다. 결국 이들의 탐욕은 열심히 일하는 국민을 높여지는 세금으로 가난하게 만든다.

4. 미디어 및 교육을 통한 글로벌 세뇌

엄청난 자금이 이들의 사리사욕과 미국과 세계의 정권 장악을 위해 사용되었는데 어떻게 인류 대다수가 모를 수 있었을까? 그 이유는 이들이 언론을 통해 인류를 매트릭스 안에 가두었기 때문이다. 예를 들어 USAID는 언론과 교육 시스템을 장악해 여론을 세뇌하고 있었다. 타임지에는 400만 달러를 지급해 젤렌스키를 '올해의 인물'로 선정하게 했고, 교육부는 특정 NGO에 800만 달러를 지원해 좌파 사상을 공립학교에 주입했다. 이 단체는 미국을 '인종 권력 구조의 산물'이라 규정하며 공화당을 백인우월주의자와 동일시했다. 전 세계 주요 언론—BBC, 뉴욕타임스, Politico, CBS 등—도 USAID 자금을 받았다. 일론 머스크는 이를 두고 '그들은 완전히 다른 현실에 살고 있다'고 경고했다.

쉘렌버거는 이를 '검열 산업 복합체'라 명명하며, 글로벌 엘리트들이 소셜

미디어를 포함한 디지털 인프라 전반을 통제하고 있다고 밝혔다. 이 복합체는 허위정보 규제를 빌미로 진실을 억압하고, 각국 국민의 인식을 조작하는 데 사용되고 있었다.

USAID를 통해 수천억 원이 '예술과 행동주의'라는 이름으로 전 세계에 뿌려졌다. 그 자금은 젠더 이념, 동성애, 좌파 사상을 확산하는 데 사용되었고, 이는 다양성의 문제가 아니다. 개인의 정체성을 해체하고, 전통 사회를 붕괴시켜 결국 통제 가능한 인간을 만드는 전략의 일부였다. 누군가 머스크에게 "왜 미국 국제개발처(USAID)가 전 세계에서 그렇게 많은 예술&행동주의(Arts & Activism) 프로그램'을 지원하는가?"라고 질문하자 머스크는 '선동'이라고 대답했다.[147]

USAID의 재정사용처를 자세히 살핀 미의원 마조리 테일러 그린은 "우리가 알게 된 사실은, 미국 국제개발처(USAID)가 민주당에 의해 전 세계를 세뇌하는 글로벌리스트 선전 도구로 이용되었으며, 이를 통해 각국의 정권 교체를 강요했다는 것입니다."라고 주장했다. 이에 대해 일론 머스크는 "네, 그게 그들의 주된 목표였습니다. 그들은 '사람들을 돕는 것'을 명목으로 이를 숨겼습니다."라고 대답했다.[148]

일론 머스크: "거의 모든 미디어가 좌편향되어 있습니다. 만약 어떤 사람이 기존 미디어에서만 정보를 얻는다면, 그들은 여러분의 팟캐스트를 듣거나 X에서 뉴스를 접하는 사람들과는 완전히 다른 세상에 살고 있는 것입니다. 그들은 일종의 대체 현실 속에 살고 있는 것이죠."[149]

머스크는 조 로건과의 인터뷰에서 민주당 리더들이 부를 축척하는 방식을

---

[147] https://www.facebook.com/daniel.pak.777/posts/pfbid02vgZPYohK4p8SBXKGV9u1bgBwaA3UwvcbBbooYYxPNmnbd8Kz9f4tjbPmR1vYkk3xl
[148] (https://x.com/its_The_Dr/status/1894805660371689739...)
[149] https://www.facebook.com/share/v/1BJJzDmDtG/

묻자 "이 말을 하면 진짜 암살당할 수도 있겠네요. 솔직히 말해서 이런 말을 하는 게 내 수명을 늘리는 일은 아닙니다. 부패 문제를 너무 강하게 밀어붙이지 않도록 조심해야 해요. 안 그러면 진짜 목숨을 잃을 수도 있습니다."[150] 라고 대답했다. 그 후 트럼프는 미국연방보안관서비스(U.S. Marshals Service)가 일론 머스크의 사설 경호원 일부를 공식적으로 연방 보안관 대리(deputized)로 임명하는 이례적인 결정을 내리도록 해서 그를 보호해주었다. 이로써 머스크의 경호원들이 연방 건물 내에서 총기를 소지할 수 있고 필요시 치명적인 무력을 행사할 수 있게 되었다.[151]

이러한 위험에도 불구하고 트럼프는 언론과의 인터뷰에서 "머스크가 훌륭한 일을 하고 있다."고 추켜세우고 머스크가 "더 공격적으로 이 일을 해나가기를 바란다."고 말했다. 일론처럼 목숨을 걸고 미국을 구하려는 트럼프다운 말이었다.

납세자의 돈은 도둑맞았다. 이 돈은 자유가 말살되고 국가 정체성은 파괴되고 글로벌 엘리트들이 국민을 갖고 노는 데 사용되었다. 이제 국민에겐 두 가지 중 하나의 선택이 남았다. 깨어나서 자유를 되찾을 것인가, 아니면 노예로 살아갈 것인가.

---

[150] https://www.facebook.com/share/p/19xDCAzjyH/
[151] https://www.facebook.com/share/p/199KgHAGFJ/

제17장

딥스테이트의 패닉과 반격: 보이지 않는 패권 전쟁

거대한 싸움의 시작

2025년 초, 필자는 매일같이 X(구 트위터)를 열어 새로운 소식이 올라오는 것을 지켜보았다. 하루가 멀다하고 충격적인 뉴스가 쏟아졌고, 세상은 숨 가쁘게 움직이고 있었다. 정치와 기술, 경제와 정보가 뒤엉킨 거대한 전쟁은 마치 007 첩보영화를 실시간으로 관람하는 듯한 긴장감을 주었다. 그러나 이 전쟁은 허구가 아니었다. 우리가 살아가는 세계, 우리의 미래를 놓고 벌어지는 진짜 싸움이었다.

1. 트럼프와 머스크: 새로운 시대의 연합

트럼프는 머스크를 전폭적으로 신뢰하고 있었다. 그는 공공연히 머스크와 그가 이끄는 DOGE(Department of Government Efficiency) 프로젝트를 찬양했다. 트럼프는 연설에서 이렇게 선언했다.

"우리는 처음에 14명 또는 15명의 젊은 천재들로 시작했습니다. 이제 우리는 100명의 젊은 천재들을 보유하고 있습니다. 그리고 지금 무슨 일이 벌어지고 있는지 보십시오… 전국에서 사람들이 전화를 걸어와 일론 머스크를 돕고 싶어 합니다."152

트럼프는 여기서 멈추지 않았다. 미국 의회 전체에 대한 전면 감사를 촉구했다.

"우리가 한 번에, 그리고 완전히 누가 우리를 속이고 있는지 알아야 합니다."153 부패한 정치인과 관료들의 심장을 겨누는 정조준이었다.

2. 부패 권력의 공포: 돈을 빼돌려라!

2025년 1월 말, 인터넷에서 이상한 현상이 목격되기 시작했다. 검색량이 급증한 키워드들은 놀라웠다.154

- '스위스 은행' (Swiss bank, 노란색)
- '역외 은행' (Offshore bank, 초록색)
- '송금' (Wire money, 빨간색)
- '국제 은행 계좌 번호' (IBAN, 파란색)

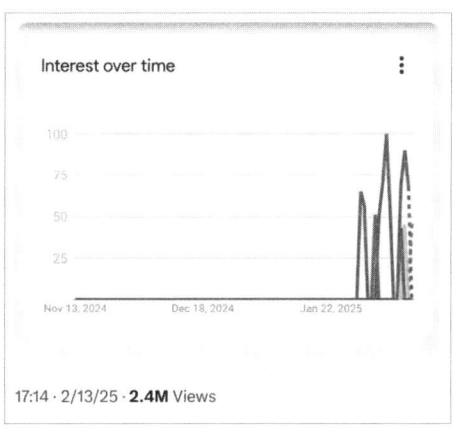

---

152 Donald J. Trump, Truth Social Post, January 2025.
153 Donald J. Trump, Truth Social Statement, January 2025.
154 Google Trends Data, January 2025.

부패한 정치인들과 딥스테이트 인사들이 자금을 해외로 빼돌리려는 움직임이었다. 뿐만 아니라 '형사 변호사' 'RICO 법' '공소시효' 등 범죄 방어를 위한 검색도 동시에 폭발했다. 이는 딥스테이트가 패닉에 빠졌다는 명백한 징후였다.

오프라인에서도 이상 징후가 포착되었다. 워싱턴 D.C.에 수천 채의 고급 주택이 대거 매물로 올라온 것이다. 정부 고위 관료들이 마치 쥐 떼처럼 도망치기 시작했다. 트럼프와 머스크는 단순한 스캔들이 아니라 부패 권력 전체를 위협하고 있었다.

3. 딥스테이트의 반격

거대한 충격을 받은 딥스테이트는 너무나 빠른 트럼프와 머스크의 공격에 반응조차 못했다. 그러나 시간이 갈수록 이들의 반격은 거세졌다. 미국을 장악한 자들답게 치밀했고 단계적이었다.

반격 1단계: 언론을 통한 공격

첫 번째 반격은 언론을 통한 심리전이었다. 주류 언론들은 일제히 일론 머스크와 DOGE를 향해 부정적인 보도를 퍼부었다. '불투명성' '사생활 침해' '사적 권력 남용' 등 온갖 프레임이 덧씌워졌다.[155]

백악관 브리핑룸에서도 기자들은 DOGE가 밝힌 정부 계약 문서에 대해 집요하게 '증거를 제시하라'고 요구했다. 그러나 백악관 대변인 캐롤라인 리빗은 차분히 대응했다.

"DOGE에 '투명성이 부족하다'는 주장은 완전히 잘못된 것입니다. 머스크와 트럼프는 매일 모든 조치를 투명하게 공개하며 과거에 비해 감시와 검증이

---

[155] CNN, "Concerns Rise About Musk's DOGE Project", February 2025.

훨씬 강화되었습니다."[156]

언론은 더 이상 진실을 알리는 기관이 아니었다. 이들은 정치인들의 부패를 밝히는 대신 부패 권력의 방패가 되어 있었다.

반격 2단계: 민주당 의원들의 조직적 공세

언론전과 동시에 민주당 의원들도 일사불란하게 움직이기 시작했다. 20명 이상의 민주당 상원의원들이 거의 동일한 대본을 읽으며 트럼프와 머스크를 공격했다. 문장 구조와 단어까지 완벽히 같았다. 필자는 X에 올라온 동영상을 보면서 이들이 스스로 주권을 가진 정치인인지 의구심마저 들었다.

일론 머스크도 이들의 모습을 본 후 풍자하며 X에 다음과 같은 글을 올렸다.

"20명 이상의 민주당 의원들이 거의 복사한 듯한 대본을 읽었다. 이 대본을 작성한 사람을 찾으면 사이버트럭을 사주겠다!"[157]

민주당 의원 중 한 사람인 알 그린(Al Green)은 의회에서 트럼프 대통령의 연설을 방해했다. 이로 인해 그를 견책(censure)하는 투표가 진행되었는데 민주당 의원들이 모두 함께 '우리는 승리할 것이다'(We Shall Overcome)를 합창하기 시작했다.[158]

이는 국민에게 커다란 충격을 불러일으켰다. 민주당이 더 이상 정당이 아니라 연출된 선전조직처럼 보였기 때문이었다.

---

[156] White House Press Briefing, Caroline Leavitt, February 2025.
[157] Elon Musk, X Post, February 2025.
[158] https://www.facebook.com/share/p/15oXfYGbWu/

반격 3단계: 법원을 무기로

딥스테이트는 마지막 카드, 법원을 꺼내 들었다.

19개 주의 민주당 소속 법무장관들이 머스크와 DOGE를 상대로 소송을 제기했다.[159]

뉴욕 판사는 재무부 장관조차 재무부 자금의 흐름을 들여다보지 못하게 하는 전례 없는 조치를 내렸다. 뿐만 아니라, 판사들은 트럼프 행정부가 삭제했던 정부 웹사이트 콘텐츠를 복구하라고 명령했다.[160] 그 내용은 젠더 이데올로기와 성전환 수술을 홍보하는 페이지였다.

이 기가 막힌 명령에 대해, 일론 머스크는 분노를 터뜨렸다.

"지금 판사들은 정부 웹사이트 편집자라도 된 것 같다. 어디까지 개입할 건가? 이제 그만해야 한다."

백악관 대변인 캐롤라인 리빗도 격노했다.

"진짜 헌법적 위기는 사법부에서 벌어지고 있다! 이들은 헌법 수호자가 아니라 부패한 권력의 방패가 되어버렸다!"

트럼프도 자신의 소셜미디어에 다음과 같은 글을 올리며 판사들과의 전쟁을 선포했다.

"수십억 달러 규모의 사기(FRAUD) 낭비(WASTE) 그리고 남용(ABUSE)이 우리 정부의 무능한 운영에 대한 조사 과정에서 밝혀졌다. 그런데 이제 특정 행동주의자들과 정치적으로 편향된 판사들이 우리가 속도를 늦추거나 아예 멈추기를 원

---

[159] https://www.facebook.com/share/p/15YRbTsBk2/
[160] Federal Court Order on Website Restoration, February 2025.

하고 있다. 그러나 이 추진력을 잃는 것은 진실을 찾는 데 있어 매우 해로운 일이 될 것이며, 이는 결국 정부 운영에 관여한 사람들에게 재앙이 될 것이다. 아직 밝혀내야 할 것이 많다. 변명은 없다!"

도널드 J. 트럼프 (@realDonaldTrump)

법은 무너지고 있었다. 7,420만 명의 국민이 뽑은 대통령 위에 사악한 판사들이 군림하고 있었다. 국민은 질문하기 시작했다. 누가 진짜로 미국을 운영하는가? 자신들이 뽑은 대통령인가 아니면 선출되지 않은 판사들인가? 법원은 정의를 수호하는 마지막 보루가 아니라 부패를 보호하는 최후의 요새가 되어 있었다. 이 사실이 밝혀지면서 미국인들의 대각성이 일어났다. 미국인들이 마침내 워싱턴의 '부패의 늪(swamp)'의 깊이를 깨닫기 시작했다. 더 나아가 엘리트들은 국민이 힘들게 번 돈으로 자신들의 부와 권력을 불리는 것을 보고 분노하기 시작했다.

반격 4단계: 암살 위협과 테러 – 드러난 딥스테이트의 절망

DOGE 프로젝트가 미국 정부의 천문학적 부패를 드러내기 시작하자, 일론 머스크에 대한 신변 위협이 구체화되었다. 머스크는 공개석상에서 자신이 '매트릭스'라는 거대한 시스템에 맞서 싸우고 있으며 그로 인해 극심한 위협을 받고 있다고 밝혔다.

엘살바도르 대통령 나이브 부켈레조차도 일론 머스크에게 전화를 걸어 '반드시 보안을 강화해야 한다'고 경고했다. 머스크는 '조 로건' 쇼에 나와서 부패가 극심하다고 말하며 자신이 알고 있는 것을 다 공개할 수는 없다고 했다. 왜냐하면 자신은 아직 죽고 싶은 생각이 없기 때문이라고 했다.[161]

---

161 Elon Musk, Joe Rogan Podcast, 2025년 3월.

세계적 차원의 테러: 테슬라를 향한 광기

딥스테이트의 전략은 일론 머스크 개인을 위협하는 데서 멈추지 않았다. 그가 일군 테슬라(Tesla)를 표적으로 삼았다.

2025년 2월부터 전 세계 곳곳에서 테슬라 불매운동이 급격히 확산되었다. 일부 지역에서는 단순한 불매운동을 넘어 폭력 사태로 번졌다. 미국 내 테슬라 매장이 방화, 테러를 당했고 테슬라 차량에 불이 나거나 파손되는 사건이 자주 일어났다. 프랑스, 독일, 스페인 등 유럽 전역에서도 테슬라 차량이 길거리에서 파손되고, 차에 낙서가 새겨지는 사건이 이어졌다. 심지어 일부 폭도들은 테슬라 차량 위에 올라가 부수거나 '머스크 퇴진'이라는 구호를 외치며 시위를 벌였다. 몇 년 전까지만 해도 혁신의 상징이던 테슬라가 이제는 증오의 표적이 되어버린 것이다.

정교하게 조율된 공격

이러한 테러는 결코 우발적인 사태가 아니었다. 철저하게 기획된, 정치적 목적을 가진 심리전이었다. 조사 결과, 테슬라 불매운동과 방화 사건의 배후에는 ActBlue라는 민주당의 거대 정치자금 네트워크가 있었다. ActBlue는 조지 소로스, 리드 호프만 등 글로벌리스트들이 후원하는 조직이며 민주당 좌파와 각종 급진적 단체들에 막대한 자금을 제공해온 것으로 알려졌다. 일론 머스크는 다음과 같은 글을 올리며 대중의 도움을 호소했다.

'조사 결과, 테슬라 '시위'의 배후에 ActBlue가 자금을 지원한 5개의 단체가 있는 것으로 밝혀졌습니다: Troublemakers, Disruption Project, Rise & Resist, Indivisible Project 그리고 Democratic Socialists of America.

ActBlue의 주요 자금 제공자로는 조지 소로스(George Soros) 리드 호프만(Reid Hoffman) 허버트 샌들러(Herbert Sandler) 패트리샤 바우만(Patricia

Bauman) 그리고 레아 헌트-헨드릭스(Leah Hunt-Hendrix)가 포함됩니다.

　　현재 ActBlue는 선거 자금 규정을 위반하여 불법 및 외국 자금을 허용한 혐의로 조사를 받고 있습니다. 이번 주에는 ActBlue의 고위 관계자 7명이 사임했으며 이 중에는 부총괄 법률 고문(associate general counsel)도 포함되어 있습니다. 이와 관련하여 아시는 정보가 있다면 답글로 남겨주세요. 감사합니다.'

- 일론(Elon)

　머스크가 언급한 이 조직들은 단순히 환경이나 노동권을 내세웠지만, 실제 목적은 머스크를 경제적으로 압박하고, DOGE 프로젝트를 중단시키려는 것이었다.

　그렇다면 왜 이들은 왜 트럼프와 머스크를 집요하게 공격하는가? 단순한 낭비 문제가 아니라 그들이 공생하는 먹이사슬의 핵심이기 때문이다. 이들은 정부를 통해 국민에게서 세금을 걷고 그 돈을 NGO, 글로벌 엘리트, 딥스테이트, 미디어 그리고 정치인들과 함께 나눠 먹었다. 트럼프와 머스크가 이 부패한 구조를 DOGE로 들춰내는 것은 이들의 존재 자체에 큰 위협이었다.

반격의 시대

　딥스테이트가 내세운 암살 위협, 경제적 테러, 조직적 폭력은 그들의 절박함을 보여주는 징표였다. 그들은 패닉에 빠졌다. 그리고 그 패닉이야말로, 트럼프와 머스크가 올바른 길을 걷고 있다는 증거였다. 이 거대한 충돌은 단순한 정치 싸움이 아니다. 문명의 방향을 결정하는 전쟁이었다.

　왜 한국 언론은 이 중요한 사건을 보도하지 않는가? 그들이 정보를 미국 민주당과 래거시 미디어(기존 주류 언론)에 의존하기 때문이다. CNN, 뉴욕타임스, 워싱턴포스트 같은 곳에서 나오는 뉴스는 진실보다 거대 카르텔을 보호하는 데 사용된다.

이번 장은 일론 머스크와 조 로건의 대화로 마치기를 원한다. 어쩌면 이들의 대화가 거대 세력이 만들어놓은 매트릭스에서 빠져나오는 데 도움이 될 것이다.

일론 머스크: "그러니까, 우리는 매트릭스를 다시 프로그래밍하고 있는 겁니다. 원래 성공은 가능한 결과 중 하나가 아니었어요. 마치 '고바야시 마루' 상황처럼요. 만약 당신이 매트릭스 안에 있다면, 성공은 애초에 불가능했어요. 성공을 이루는 유일한 방법은 매트릭스를 다시 프로그래밍해서 성공이 가능한 결과 중 하나가 되도록 만드는 것이죠. 우리는 지금 그걸 하고 있습니다. 네. 우리가 성공할 수도 있고, 아닐 수도 있습니다."

조 로건: "글쎄요, 보는 것만으로도 엄청 재미있습니다. 지금은 흥미진진한 시기예요. 보통 행정부가 바뀌어도 아무것도 변하지 않거든요. 바뀌는 게 거의 없어요. 물론 정책 변화나 인플레이션 상승 같은 건 있지만, 이런 변화는 아니죠. 지금 일어나고 있는 건 거대한 근본적인 변화입니다. 시스템이 삐걱대며 비명을 지르고, 뱀파이어들이 빛을 피해 도망치는 걸 보면 정말 짜릿합니다."[162]

---

[162] https://www.facebook.com/share/v/1EMrCfQbyz/

제18장

관세전쟁:
경제 패권을 건 글로벌 전쟁

2025년, 도널드 트럼프 대통령은 백악관으로 돌아오자마자 경제 패권을 건 전면전을 선포했다. 트럼프가 선택한 무기는 총칼도, 미사일도 아닌 관세(Tariff)였다. 이 관세 전쟁은 단순한 무역 분쟁이나 세수 확보가 아니었다. 이것은 자유와 생존을 위한 전면전이었다. 이 전쟁에 대해서는 너무나 많은 가짜뉴스와 오해가 있기에 우리는 시간이 걸리더라도 트럼프의 입에서 나온 말에 주목해야 한다. 그는 자신의 SNS에 관세에 대해 다음과 같은 글을 올렸다.

"무역에 관해, 공정성을 위한 목적으로 상호 관세(RECIPROCAL Tariff)를 부과하기로 결정했습니다. 이는 다른 국가들이 미국에 부과하는 만큼 동일한 관세를 부과한다는 의미입니다. 더 많지도, 더 적지도 않습니다!

미국 정책의 목적상, 우리는 부가가치세(VAT) 시스템을 사용하는 국가들을 관세와 유사한 방식으로 간주할 것입니다. VAT는 관세보다 훨씬 더 가혹한 제도이기 때문입니다. 또한 미국에 피해를 주려고 상품이나 제품을 제3국을 거쳐 우회적으로 보내는 행위는 용납되지 않을 것입니다.

추가적으로 우리는 타국이 미국을 경제적으로 이용하기 위한 보조금 조항을 마련할 것입니다. 마찬가지로, 비금전적(nonmonetary) 관세 및 무역 장벽에 대한 조항도 포함할 것입니다. 일부 국가들은 미국산 제품이 자국 시장에 진입하지 못하도록 막거나, 미국 기업이 운영조차 하지 못하도록 무역 장벽을 설정하고 있습니다. 우리는 이러한 비금전적 무역 장벽의 비용을 정확히 산출할 것이며, 이는 모두에게 공정한 방식입니다. 따라서 어떤 나라도 이에 대해 불평할 수 없습니다.

또한 어떤 국가가 미국에 대한 관세가 너무 높다고 느낀다면 그들이 해야 할 일은 간단합니다. 자신들이 미국에 부과하는 관세를 줄이거나 폐지하면 됩니다. 미국 내에서 제품을 생산하거나 제조하는 경우에는 어떠한 관세도 부과되지 않을 것입니다.

수년 동안, 미국은 우방과 적대국을 불문하고 타국으로부터 불공정한 대우를 받아왔습니다. 이 시스템은 기존의 복잡하고 불공정했던 무역 체계를 즉시 공정하고 번영하는 체제로 바꿀 것입니다.

미국은 오랜 세월 동안 막대한 재정적 비용을 감수하면서 많은 국가들을 도왔습니다. 이제는 이들 국가가 이를 기억하고, 우리를 공정하게 대우해야 할 때입니다. 미국 노동자들을 위한 공정한 경쟁의 장(LEVEL PLAYING FIELD)을 만들어야 합니다!

이에 따라, 저는 국무장관, 상무장관, 재무장관 그리고 미국 무역대표부(USTR)에 미국의 무역 체계에 '상호주의(RECIPROCITY)'를 적용할 수 있도록 필요한 모든 조치를 취할 것을 지시했습니다!"[163]

1. 트럼프의 관세정책의 배경

수십 년간 미국은 값싼 중국산 제품, 불공정한 유럽 무역 장벽, 멕시코·캐나

---

[163] https://www.facebook.com/share/p/1HRJuQ4dGE/

다를 통한 우회 덤핑에 시달려왔다. 그뿐 아니라 다른 나라들과 비교해 공평하지 않은 부분도 많았다. 유럽은 미국 자동차에 10% 관세를 부과한 반면, 미국은 유럽에 2.5%만 매겼다.[164] 중국은 미국 제품에 9.8% 관세를 매겼지만, 미국은 중국 제품에 3.4%만 부과했다.[165]

트럼프는 "그들은 우리를 웃음거리로 만들었다. 이제는 끝이다."라고 말하며 상호 관세(Reciprocal Tariff) 원칙을 선언했다. 그러나 관세 전쟁은 단순한 무역 문제가 아니었다. 펜타닐 전쟁이기도 했다. 매년 7만 명[166] 이상의 젊은 미국인들이 중국산, 멕시코와 캐나다를 통한 펜타닐 밀수로 목숨을 잃고 있었다. 심지어 캐나다의 TD은행[167]은 중국 삼합회와 멕시코 카르텔을 위해 6억 7천만 달러를 세탁한 것이 드러났다. 그뿐 아니라 펜타닐 자금이 트뤼도 자유당과 연결된 사실이 탐사 기자 스쿠퍼 쿠퍼(Scooper Cooper)에 의해 폭로되었다.[168] 펜타닐 확산은 경제전쟁으로 맞서야 할 현대판 아편전쟁이었다.

2. 북미를 강타한 철퇴: 캐나다와 멕시코

트럼프는 국경과 펜타닐 문제를 해결하기 위해 중국, 멕시코 그리고 캐나다 제품에 대한 관세 부과를 주저하지 않았다. 중국 제품에는 총 54% 관세, 멕시코와 캐나다 제품에는 각각 25% 관세[169]를 부과했다. 특히 캐나다는 마약 자금 세탁, 미국산 농산물에 250~390%의 터무니없는 고율 관세, 철강·알루미늄 덤핑 등 복합적인 문제를 일으켰기에 트럼프는 경고했다.

"캐나다가 고치지 않으면, 자동차 산업을 미국으로 빼앗겠다."

---

[164] World Economic Forum, "Global Tariff Imbalances: 2024 Data," January 2025.
[165] Ibid.
[166] CDC, "Fentanyl Crisis Mortality Report," December 2024.
[167] Reuters, "TD Bank Tied to Triad and Cartel Money Laundering," March 2025.
[168] https://www.facebook.com/share/v/12Bz7rgMNvA/
[169] White House Press Briefing, "New Tariff Measures Against China, Mexico, and Canada," March 2025.

3. 4월 2일: 해방의 날

2025년 4월 2일, 트럼프는 역사적인 조치를 발표했다. 모든 수입품에 10% 기본 관세, 중국 54%, EU 20%, 일본 24%, 한국에는 25%의 관세를 부과했다. 그는 이날을 '해방의 날(Liberation Day)'이라 명명했다.

세계는 충격에 빠졌고 금융 시장은 급락했다. 그러나 트럼프는 흔들리지 않았다. 그는 '이것은 고통스러운 수술이다. 환자는 살아났고, 곧 강해질 것이다'라는 글을 소셜미디어에 올렸다.

중국은 '미국이 원하는 것이 전쟁이라면 그것이 관세 전쟁이든 무역 전쟁이든 그 어떤 형태의 전쟁이든 상관없이, 우리는 끝까지 싸울 준비가 되어 있다'고 하며 긴장을 고조시켰다.[170]

4. 한국을 향한 강력한 압박

트럼프의 관세 전쟁은 한국도 비켜 가지 않았다. 연합뉴스에 따르면 한국 자동차 수출은 전체의 49%가 미국행이었는데. 관세 25% 부과 위협은 한국 산업에 직접적인 타격이었다. 트럼프는 관세를 통해 한국에 무언의 경고를 보냈다.

'중국과 거리를 두고 미국과 연대하라. 그렇지 않으면 경제적 대가를 치를 것이다'

이로 인해 한국은 미국 중심 블록에 깊숙이 편입될 것인지 아니면 중국과의 모호한 관계를 유지하다 위기를 맞을지 기로에 섰다. 이때 트럼프의 요청대로 조지아주에 대규모 전기차 공장을 건설해서 관세를 피하고 미국 정부의 보조금 혜택까지 확보하는 전략적 승부수를 던진 현대의 결정이 빛을 발하기 시작했다.[171]

---

[170] https://www.facebook.com/share/p/1F1VDV5C5Y/
[171] Yonhap News, "Hyundai to Open New EV Plant in Georgia Amid Tariff Threats," March 2025.

솔직히 필자는 한국과 미국을 오가는 교포로서 트럼프 대통령을 지지하고 있다. 그러나 그의 모든 정책이 한국에 도움이 된다고 생각하지는 않는다. 필자가 연구하면서 알게 된 트럼프는 한국의 이익보다는 오직 미국의 이익을 기준으로 모든 것을 평가하기 때문이다. 어쩌면 미국을 대표하는 대통령으로서 너무나 당연한 것일 수 있다. 그러나 안타까운 사실은 트럼프가 중국을 때리는 동안 미국과 한국의 상호이익을 위해 그와 거래한다면 한국은 엄청난 이익을 얻을 수 있는데, 정치계가 너무 혼란한 상황에 있는 것이다.

5. 트럼프의 경제 철학: 거래의 기술

트럼프의 관세는 단순한 보호무역이 아니었다.

- 인플레이션 감축법에 따른 미국 내 제조 인센티브 강화
- 현대자동차 같은 외국기업들의 미국 생산시설 유치
- 중국과의 경제적 고립 심화
- 캐나다, 멕시코, EU 등 동맹국들의 재정비 요구

트럼프는 '거래의 기술'을 발휘했다. 그는 과격한 요구를 던져 상대방을 협상 테이블로 끌어내어 실질적 이득을 챙기는 방법이었다. 이것은 협박 같아 보여도, 결국은 국가와 미국 노동자를 위한 것이다.

사람들은 오락가락하는 듯한 트럼프를 비난했지만 'DP월드'(DP World)의 CEO 술탄 빈 술라엠(Sultan Bin Sulayem)는 관세전쟁에 사용하는 트럼프의 '거래의 기술'을 다음과 같이 설명했다.

'트럼프에게 중요한 것은 공정 무역(fair trade)입니다. 자유 무역(free trade)이 아니라 공정 무역이죠. 그는 여러 번 말했듯이, 미국 시장이 개방되어 있다면, 다른 나라들도 자국 시장을 개방해야 한다고 생각합니다. 그는 사업가입니다. 그는 거래를 원합니다. 사람들을 협상 테이블로 끌어들이려 하죠. 그래서 때

때로 아주 강경한 발표를 하지만, 그가 원하는 것은 상대가 협상 테이블에 나와 논의하는 것입니다. 결국 그는 협상을 통해 거래가 성사되길 원합니다.'[172]

6. 거센 반발과 대각성

물론 저항은 거셌다. 민주당과 주류 언론은 트럼프를 '경제 파괴자'라고 몰아세웠다. 주식시장이 일시적 충격을 받았고,[173] 트럼프 지지자 중에서도 그의 정책을 반대하는 사람들이 생겼다. 그러나 트럼프는 물러서지 않았다. 단지 속도를 조절하며 다른 나라들과 협상하려 했다.

트럼프의 진짜 적은 WTO, IMF, 월스트리트, 다국적 대기업, 거대 금융자본, 글로벌 엘리트였다. 이들은 값싼 해외 노동력을 착취하고, 미국의 제조업을 무너뜨리고, 중산층을 몰락시켰다. 트럼프는 글로벌 엘리트의 손에서 미국을 구하고 싶었던 것이다.

관세전쟁은 글로벌 무역 카르텔에 맞선 싸움이었고, 미국의 경제주권을 되찾기 위한 투쟁이었다. 이들은 주류 언론을 통한 선전전, 금융 시장의 인위적 패닉 유도, 민주당과 국제기구를 통한 정치 압박을 통해 트럼프의 관세정책을 옥죄었다. 그러나 트럼프는 물러서지 않고 오히려 국민 각성을 촉구했다.

이에 따라 일부 국민은 무역 불공정에 대해 분노했다. 그리고 미국만 일방적으로 양보하는 시스템을 만든 후 그 가운데서 이익을 얻는 글로벌 엘리트의 실체를 보게 되었고, 대각성이 시작되었다.

7. 중국과의 패권전쟁

트럼프는 사업가로서 중국과도 오랜 세월 사업을 해왔기 때문에 중국에 대해 매우 잘 알고 있다. 중국이 미국과 전 세계를 장악해 나가는 것도 알고 있

---

[172] https://www.facebook.com/share/v/166np6PuPY/
[173] Bloomberg, "Markets React to Trump's Global Tariff Bombshell," April 2, 2025.

었다. 그래서 파나마를 치고 미국의 패권이 중국으로 넘어가지 못하도록 관세로 압박한 것이다. 중국이 현재의 위치에 올라올 수 있었던 것은 불공정 무역 관행, 지적재산권 침해, 기술 도용, 산업스파이 그리고 미국 딥스테이트와 경제인들과의 협업 때문이다. 더욱이 공산국가인 중국의 힘이 커지는 것을 보고만 있을 수 없었기에 중국은 그의 주요 타깃이 된 것이다. 트럼프는 중국을 때리기 위해 관세를 사용한다고 다음과 같이 말했다.

'그들이 우리 돈을 빼앗고, 일자리를 훔치고, 공장과 사업을 가져가면서도 아무런 처벌을 받지 않을 수 없다. 그들은 관세를 통해 처벌받고 있다'

'이것은 매우 강력한 무기다. 그런데 과거 정치인들은 이를 사용하지 않았다. 왜냐? 그들이 부정직했거나, 어리석었거나 아니면 어떤 형태로든 돈을 받고 매수되었기 때문이다. 그러나 이제 우리는 이 무기를 사용하고 있다.'

이에 대해 미국의 주류 언론, 중국의 관영 언론, 한국의 친중 매체들까지도 일제히 '트럼프의 무모한 도박'이라 비판했고, 시진핑의 승리를 예측하는 보도가 쏟아졌다. 트럼프는 협상이 진행 중이라고 공개적으로 발언했지만, 중국은 이를 전면 부인하며 '거짓 선전'이라며 맞섰다. 이에 따라 많은 언론이 다시 트럼프를 '거짓말쟁이'로 몰아세웠고, 비난의 화살이 집중되었다. 그러나 실상은 전혀 달랐다.

중국 내부는 조용히 무너지고 있었다. 고율의 관세로 수출이 막힌 중소 공장들은 줄줄이 문을 닫았고, 일부 지역에서는 경제난과 실업에 따른 반정부 시위가 발생했다. 심지어 베이징과 상하이 등 핵심 도시에서도 상점 거리에 사람들이 사라지는 이례적인 현상이 포착되었다. 반면 필자가 캘리포니아에서 본 미국 내부는 주식과 가상화폐의 가치가 급격하게 떨어져서 화난 사람들은 있었지만 국민들의 체감은 크게 없었다.

결국, 견딜 수 없었던 중국은 미국과의 협상 테이블에 올랐다. 그리고 2025년 5월, 양국은 깜짝 합의를 이뤄낸다. 미국은 관세를 145%에서 30%로 인하하고, 중국도 125%에서 10%로 대폭 낮추는 90일간의 휴전 협정에 합의한 것이다. 이로써 트럼프는 다시 한 번 증명했다. 협상은 힘에서 나오며, 세계는 아직 '굴복하지 않는 미국'을 중심으로 돌아가고 있다는 것을.

결론: 소득세의 트럼프가 기대하는 관세 효과

트럼프는 관세로, 밖에서는 패권에 도전하는 중국을 무너뜨리고 안으로는 국민의 세금을 줄이거나 없앨 수 있다고 믿고 있다. 트럼프의 주장대로 미국은 1789년부터 1913년까지, 관세 중심의 국가였다. 1880년대에는 미국은 매우 부유해서 정부가 막대한 자금을 어떻게 처리할지 결정하기 위해 위원회를 설립했을 정도였다. 그러나 1913년에 연방준비제도(Federal Reserve)가 설립되고, 소득세가 합법화되었다. 그 결과 외국이 아닌 자국 시민들이 정부를 운영하는 데 필요한 자금을 내기 시작했다. 그리고 1929년, 대공황이 미국을 강타했다. 트럼프는 미국이 관세정책을 유지했더라면 상황은 전혀 달랐을 것으로 보았다. 그래서 그는 현재 세금으로 망해가는 중산층을 살리기 위해 세금을 받지 않고 관세로 정부를 운영하려고 한다.

필자는 트럼프의 관세정책이 많은 혼란을 가져오겠지만 미국만 생각한다면 장기적으로는 잘했다고 할 수 있다. 단기적으로는 이 일로 미국 경제가 더 악화할 수 있지만 시간이 지날수록 미국은 더 좋아질 것이다. 만약 트럼프가 대통령이 되지 않아 세금 도둑들이 천문학적인 돈을 훔쳐 가고 전 세계와의 무역에서도 천문학적인 적자를 계속 짊어졌다면 미국은 부채로 인해 망하는 길로 들어섰을 것이다. 그러나 관세 전쟁으로 미국은 새롭게 거듭날 것이다.

제19장

우크라이나 전쟁의 진실: 감춰진 이야기

2025년, 도널드 트럼프는 전 세계가 숨기려던 끔찍한 진실을 대중 앞에 펼쳐놓았다. 그중에서도 가장 충격적인 것은 우크라이나 전쟁의 실체였다. 주류 언론과 글로벌 엘리트들은 러-우 전쟁이 '민주주의를 위한 전쟁' '푸틴의 침략에 맞서는 정의의 투쟁'이라고 외쳤지만 그건 모두 새빨간 거짓이었다. 트럼프는 대중이 이 프레임에서 빠져나올 수 있게 해주었다.

전쟁의 참혹한 대가: 강요된 패배

우크라이나가 치른 대가는 상상을 초월했다. 100만 명이 넘는 젊은이들이 전장에서 사망하거나 불구가 되었고, 수십만 명은 영구적인 장애를 안고 살아가게 되었다.[174] 젤렌스키는 나토(NATO) 개입에 모든 것을 걸었지만 서방은 끝내 움직이지 않았다.

결과는 참혹했다. 경제는 붕괴했고, 기반 시설은 초토화되었으며 군대는 사실상 해체되었다. 남은 것은 죽음과 폐허뿐이다. 수천억 달러가 투입됐으나

---

[174] The Economist, "Ukraine's Heavy Human Cost: A Million Casualties," February 2025.

우크라이나는 서방의 손아귀에 놀아난 '지정학적 인형'에 불과했다.

트럼프의 전격 개입: 전쟁을 멈추기 위한 싸움

2025년 2월 12일, 전쟁을 종식시키려던 트럼프는 블라디미르 푸틴 대통령과 '길고도 매우 생산적인' 전화 통화를 했다.[175] 그는 공개 선언했다.

'이 전쟁은 애초에 일어나지 말았어야 했다. 이제 반드시 끝내야 한다'

트럼프와 푸틴은 우크라이나 전쟁, 에너지 안보, AI, 세계 경제 등을 논의했고, 전쟁을 끝낼 수 있는 외교적 기초를 세웠다.[176] 푸틴은 트럼프의 슬로건 'COMMON SENSE'를 인용하며 공감을 표시했다.

미국의 전략 대전환: 전쟁 로비에 선전포고

통화 직후, 국방장관 피트 헥세스(Pete Hegseth)는 '미군은 결코 우크라이나에 투입되지 않을 것'이라고 폭탄선언을 했다.[177] 이 발표는 워싱턴의 글로벌리스트와 전쟁 로비 세력에게 직격탄이었다. '반역자'라는 비난, 협박, 정치적 음모가 쏟아졌지만, 트럼프와 헥세스는 물러서지 않았다. 그들은 전쟁의 문을 영원히 닫기를 원했다.

이후 트럼프는 2025년 2월 19일에 자신의 소셜미디어에 왜 전쟁이 종식되어야만 하는지 자세히 설명했다.

'생각해 보십시오. 그저 적당히 성공한 코미디언이었던 볼로디미르 젤렌스키가 미국을 설득하여 3,500억 달러를 지출하게 만들었습니다. 게다가 젤렌

---

175 Trump Official Statement via Truth Social, February 12, 2025.
176 White House Press Briefing, "Summary of Trump–Putin Call," February 2025.
177 Department of Defense, "Secretary Pete Hegseth on U.S. Troop Deployment Policy," February 2025.

스키는 우리가 보낸 돈의 절반이 '행방불명'되었다고 인정했습니다. 그는 선거를 거부하고 있으며 우크라이나 여론조사에서도 인기가 매우 낮습니다. 젤렌스키는 아마도 계속해서 '돈줄(gravy train)'을 유지하려 할 것입니다. 저는 우크라이나를 사랑합니다. 하지만 젤렌스키는 끔찍한 일을 저질렀고, 그의 나라는 산산조각이 났으며 수백만 명이 불필요하게 목숨을 잃었습니다. 그리고 이 모든 것은 계속되고 있습니다'

젤렌스키와의 충돌: 감춰진 탐욕이 드러나다

2월 28일, 백악관에서 열린 트럼프-젤렌스키 회담은 결렬되었다. 함께 회담에 임하기 전에 둘 사이에 어느 정도 합의점에 다다랐지만 정작 회담이 시작되자 둘 사이에 언쟁이 오가며 거래는 이뤄지지 않았다. 원래 거래를 원하는 것으로 알았던 젤렌스키는 트럼프에게 더 많은 것을 요구했고 트럼프는 협상 자리에서 떠났다. 트럼프는 이전에도 젤렌스키는 단지 더 많은 돈을 원했을 뿐이며, 미국과 유럽의 지원금은 대부분 우크라이나 국민을 위해 쓰이지 않았다는 사실을 국민에게 폭로했다.

이 사실에 대해 트럼프는 다음과 같이 자신의 입장을 밝혔다.

'오늘 백악관에서 매우 의미 있는 회담을 가졌습니다. 그동안 압박과 불확실성 속에서, 대화 없이는 결코 이해할 수 없는 많은 것들을 배웠습니다. 감정의 이면에 있는 것들은 놀랍고, 저는 젤렌스키 대통령이 미국이 개입하는 한 평화를 준비할 의사가 없다는 결론을 내렸습니다. 그는 미국의 개입이 협상에서 자신에게 큰 이득을 준다고 생각하고 있기 때문입니다. 저는 이점을 원하지 않습니다. 저는 평화를 원합니다. 그는 소중한 오벌 오피스에서 미국을 모욕했습니다. 그가 평화를 준비한다면 다시 돌아올 수 있습니다'

한편 딥스테이트 글로벌 엘리트들은 젤렌스키를 도와 평화 협정을 저지하는데 필사적인 노력을 기울였다. 군사훈련이 유럽의 여러 나라에서 강화되었고 군대가 이리저리 이동하는 것이 포착됐다. 영국군은 우크라이나에서 불과 몇 마일 떨어진 곳에서 훈련을 진행했고 나토 전투부대는 동유럽에서 점점 세력을 확장했다.[178]

돈세탁과 부패: 이 전쟁의 진짜 이유

딥스테이트의 비밀 자료를 추적했던 쥴리언 어산지는 아프카니스탄 전쟁의 진실에 대해 다음과 같이 주장했다.

"전쟁의 목적은 미국과 유럽 국가들의 세금 기반에서 돈을 빼내어, 그것을 초국가적 안보 엘리트들의 손에 돌려주는 데 있다."

"목표는 성공적인 전쟁이 아니라, 끝나지 않는 전쟁을 만드는 것이다."[179]

일론 머스크는 '미국 정치인들이 우크라이나 지원금에서 리베이트를 받고 있다'고 주장했다. 이에 대해 매트 게이츠(Matt Gaetz)도 미국 의회 의원들은 전쟁 자금이라는 명목으로 국민의 세금을 도둑질하고 있다고 주장했다.

'우리가 우크라이나에 이렇게 깊게 개입한 이유는 아프가니스탄 전쟁이 끝났기 때문이라고 생각합니다. 만약 아프가니스탄이 여전히 돈세탁의 창구 역할을 했다면, 우크라이나처럼 과도한 개입이 필요하지 않았을 겁니다.

우리는 아프가니스탄과 현재의 상황을 보면서, 방산업체들이 추구하는 것이 무엇인지 알 수 있습니다. 그들은 장기적, 저강도의 전쟁을 만들고 싶어 합니다. 만약 전쟁을 길게 늘이고, 20~30년 동안 지속되도록 만들 수 있다면 엄

---

[178] https://www.facebook.com/share/p/12JhzhbdQ5d/https://www.facebook.com/share/p/12JhzhbdQ5d/
[179] https://x.com/wideawake_media/status/1904479744759853158…

청난 돈이 비밀스럽게 이동할 수 있고, 수많은 무기가 거래되며, 결국 군수 비축량을 채워야 한다는 명목으로 더 많은 돈을 쓰게 만들 수 있습니다'

트럼프는 유럽이 지원한 약 145조 원($1000억)과 미국이 지원한 435조 원($3000억)이 어디로 갔는지 반드시 밝혀야 한다고 주장했다. 슬로바키아 총리 로베르트 피초(Robert Fico)도 '우크라이나로 보낸 돈의 절반이 도난당하고 있다는 새로운 데이터가 나오고 있습니다'라고 주장했다.

이 전쟁은 대부분의 우크라이나 국민에게는 더 이상 의미가 없지만 돈세탁을 원하는 글로벌 엘리트들에게는 큰 의미가 있다. 이들은 미국 세금뿐 아니라 유럽의 세금도 빨아들여 자신의 것으로 만들고 있다. 이들과 결탁한 젤렌스키와 고위층도 막대한 자금이 어디서 났는지 집과 고가품들을 사들이고 있다. 나라와 민족을 위해서가 아니라 이들의 탐욕 때문에 젊은이들만 전쟁터에서 죽어나가고 있다.

숨겨진 범죄: 생물학 연구소와 인신매매

필자는 러-우 전쟁 초기부터 미국 주류 언론과 텔레그램 뉴스에 귀를 기울였다. 주류 언론은 선한 우크라이나가 사악한 러시아를 전쟁에서 이기고 있다는 뉴스를 계속 내보냈다. 그러나 텔레그램에서는 전문가들이 나와 우크라이나가 전쟁에서 패배하고 있고 많은 젊은이들이 죽어가고 있다고 말했다. 우크라이나에 미국이 운영하는 생물학 연구소가 있다고도 했다. 그러나 바이든 정부와 언론은 이 사실을 철저히 숨겼고 이런 주장을 하는 사람들을 음모론자로 몰아갔다.

그러나 우크라이나와 전쟁을 벌이던 러시아 국방부는 미국이 자금을 지원하는 우크라이나 내 생물학 시설들이 박쥐 코로나 바이러스 샘플로 연구를 자행하고 있다고 주장했다.[180] 얼마 되지 않아 미국 정부는 자신들이 지원하는 생물학 연구소의 존재가 사실이라는 것을 실토했다. 이때 필자는 미국 정부가 국민을 속이는 것에 대해 거리낌이 없다는 것을 알게 되었다. 이 사실은 미국의 유명한 법률 단체인 쥬디셜 와치(Judicial Watch)는 미국이 우크라이나 바이오랩 프로그램에 1,100만 달러 이상의 자금을 지원한 것을 밝혀내며 확인되었다.[181]

2022년 러시아의 우크라이나 침공 이후, 우크라이나는 러시아가 2만여 명의 어린이들을 강제 이송하여 강제 동화 교육을 시킨 후 러시아 가정에 입양되거나 고아원에 수용되었다고 주장했다. 그러나 이 주장에는 자신들의 범죄를 덮으려는 의도가 있었다. 러시아가 우크라이나를 침공하면서 그동안 의심했던 우크라이나 정부의 아동 관련 범죄가 수면 위로 드러났다. 우선 우크라이나에서는 아기 농장 산업으로 수십억 달러를 벌어들이는 회사들에 의해 여성들이 지하 벙커에 갇혀서 아기 생산 기계가 되어 착취당한 것이 드러났다. 이들은 열악한 환경에서 아이들을 키우면서 국제 시장에서 높은 입찰가에 팔아 연간 수억 달러의 수익을 올린다. 키예프에서 가장 큰 아기 공장의 의료 책임자는 대리모가 고객보다 더 가난한 지역 출신이어야 한다고 설명했다. 프랑스의 내부 고발자는 젤렌스키의 아내 올레나 젤렌스키가 비영리단체를 통해 전 세계의 소아성애자들에게 아이들을 제공하고 있다고 고발했다. 인텔 드롭(The Intel Drop)에 따르면 그가 비영리단체의 재단 문서와 개인 신분증까지 제공하며 자신의 주장을 뒷받침했다고 발표했다.

---

[180] https://greatgameindia.com/ukraine-biolabs.../EXPLOSIVE
[181] https://www.judicialwatch.org/dod-records-anthrax-lab/

유럽안보협력기구(OSCE) 소속으로 국제 감시단의 일원으로 우크라이나에서 활동 중인 베라 바이이만은 비디오 인터뷰를 통해, 우크라이나군이 현금을 위해 아동의 장기와 신체 일부를 적출한다고 공공연히 자랑해 왔다는 이전 보도를 뒷받침하는 끔찍한 폭로를 했다.

그는 우크라이나에서 2세에서 7세 사이의 어린이들을 공장식 농장에서 키우다가 매력적인 아이들은 엘리트 소아성애자들에게 성노예로 팔리고, 구매자를 찾지 못한 아이들은 '버려진 쓰레기처럼 조각내어' 유럽과 이스라엘 이식 센터에서 사용하기 위해 장기를 적출하여 판매되는 끔찍한 현장을 발견했다고 주장했다.

내부 정보를 잘 알고 있는 마이클 플린 장군은 '30만 명이 넘는 여자와 아이들이 우크라이나를 통해 인신매매를 당했습니다. 이곳은 아동 인신매매, 돈세탁, 생물학 연구소의 중심지입니다. 이제 우크라이나 관리들이 이런 짐들을 사들이는 모습을 볼 수 있습니다'라고 주장했다.

필자는 이 내용을 쓰기 위해 X에 나온 영문 자료를 챗GPT에게 번역을 요청했다. 그러나 챗GPT가 거부해서 다른 번역기를 돌려 번역한 후 이 글을 썼다. 이 범죄에는 챗GPT까지 움직일 수 있는 거대한 조직이 관여되어있다. X에 들어가 'child trafficking in Ukraine'이라고 검색을 하면 엄청난 정보가 쏟아져 나온다.

우크라이나를 장악하고 있는 글로벌리스트

딥스테이트 글로벌 엘리트 세력이 우크라이나를 장악하기 위해 혁명을 일으켰다. 혼란을 조성하고 정당하게 선출된 국가 지도자를 전복하도록 설계된 '색깔 혁명'을 지원하기 위해 특정 NGO가 설립되었고, 결국 그 계획은 성공했다. 이 계획에는 미국 CIA가 관여했다. 조지 소로스는 사실상 2014년 우크라이나에서 정당하게 선출된 정부를 전복시켰음을 인정했다.

"당신은 많은 반체제 활동에 자금을 지원했습니다… 우크라이나에서도 비슷한 일을 하고 있나요?"

"나는 우크라이나가 러시아로부터 독립하기 전에 우크라이나에 재단을 설립했습니다. 그 재단은 계속 운영되고 있으며, 현재의 사건들에서 중요한 역할을 했습니다."

빅토르 야누코비치는 조작된 혁명으로 축출된 후 나라를 떠나야만 했다. 국민이 선출한 우크라이나 정부를 전복시킨 글로벌 엘리트. 그들은 꼭두각시를 세워놓고 우크라이나를 이용해 엄청난 돈을 세탁하고 있었다.

이들은 우크라이나 전쟁에서도 러시아가 공격하도록 선을 넘는 자극을 했고 그 후 우크라이나에 있는 러시아어를 사용하는 사람들에 대해 엄청난 핍박을 가했다.

이들은 전쟁 중에도 우크라이나를 장악하고 있다. 로버트 F. 케네디 주니어도 현재 일어나는 전쟁에 대해 새로운 각도에서 볼 수 있는 정보를 제공했다.

"우크라이나는 모든 국유 자산을 다국적 기업에 매각해야 했습니다. 여기에는 세계에서 가장 비옥한 농지들도 포함됩니다. 그 농지를 사들인 기업들이 누구 소유인지 아시겠습니까? 블랙록(BlackRock)입니다. 이제 이해되시나요? 우크라이나는 자국의 모든 국유 자산을 다국적 기업에 매각해야 했습니다. 유럽에서 가장 큰 자산, 바로 우크라이나입니다. 수천 년 동안 전쟁이 벌어졌던 땅이며 세계에서 가장 비옥한 농지입니다. 유럽의 곡창지대죠. 50만 명의 우크라이나 젊은이들이 그 땅을 지키기 위해 목숨을 잃었습니다. 하지만 그들은 이 '대출 조건'을 몰랐을 겁니다. 이미 전체 농지의 30%가 팔렸습니다. 그 매입자들은 듀폰(DuPont), 카길(Cargill), 몬산토(Monsanto)였습니다. 그런데 이 기업들의 실제 소유주는 누구일까요? 그래요, 블랙록입니다."

이 전쟁으로 인해 러시아와 우크라이나만이 아니라 영국과 유럽을 넘어 전 세계가 가난하게 되었다. 더 안타까운 사실은 죽어가는 우크라이나의 젊은이들이다. 다음 자료는 우크라이나의 연령별 남성 인구 분포도. 특이한 점은 젊은 남성(15~35세)이 절반으로 줄어든 것이다.

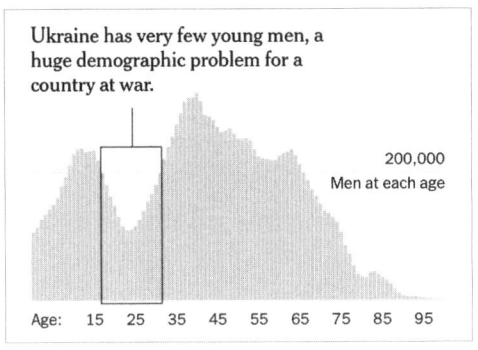

러시아 외무장관 세르게이 라브로프는 트럼프가 나토의 확장과 우크라이나를 이용해 러시아를 도발한 것이 러-우 전쟁의 근본 원인이라고 선언했다. 이 전쟁은 결코 민주주의에 대한 것이 아니었다. 그러나 언론을 장악했던 글로벌리스트들이 이 전쟁이 민주주의 수호를 위한 것이라는 거짓 서사를 퍼뜨렸다. 그리고 이들이 쉴새 없이 쏟아내는 거짓말로 대중들은 세뇌당했다.

그러나 트럼프는 이 거짓말을 꿰뚫어 보았다. 그는 이 전쟁이 결코 우크라이나 자체를 위한 것이 아니었다는 것을 알고 있었다. 트럼프가 글로벌 리스트들에 협조하지 않음으로 나토의 의도가 노출되었다. 유럽은 전쟁을 계속 확대하려 하지만, 트럼프는 평화를 추진하고 있다. 이는 미국의 외교 정책을 장악한 딥스테이트(Deep State)에 대한 직접적인 도전이다.

이제 남은 것은 엄청난 돈을 모은 사악한 자들과 상처 입은 러시아와 우크라이나, 가난하게 된 유럽과 미국 그리고 세계이다. 이제 많은 사람들이 진짜 싸움은 러-우 전쟁이 아니라 '세계의 미래를 누가 통제할 것인가'라는 것을 깨닫고 있다. 독립 주권 국가들이 지배할 것인가, 아니면 선출되지 않은 엘리트들이 통치할 것인가? 트럼프는 진실을 폭로하고 있다. 젤렌스키와 푸틴이 협상 의사를 내비치는 가운데 글로벌리스트들은 패닉 상태에 빠지고 있다.

제20장

부정선거와의 전쟁: 자유민주주의를 지키기 위한 투쟁

자유민주주의의 최대 위협은 외부의 침략이 아니라 내부의 조작이다. 2020년 미국 대선 그리고 한국을 비롯한 세계 곳곳에서 벌어진 부정선거는, 눈에 보이지 않는 거대한 세력이 국민의 의지를 탈취하려는 치밀한 음모임이 드러났다. 트럼프 대통령은 이 거대 세력과의 대립에서 '부정선거와의 전쟁'을 치른 후 권력을 되찾을 수 있었다. 이번 장에서는 부정선거와의 전쟁을 통해 자유를 되찾기 위한 마지막 투쟁의 실체를 조명한다.

1. 트럼프의 경고: 조작된 선거 시스템의 실체를 밝히다

2024년 대선을 향해 가는 동안, 도널드 트럼프는 거침없이 선언했다.

"2020 미국 대선은 조작됐어요. 선거 과정은 조작되었어요. 이건 역겹고 더러운 시스템입니다. 나보다 이 시스템을 더 잘 아는 사람은 없습니다. 그래서 나만이 이 잘못된 시스템을 고칠 수 있습니다."[182]

그는 단순한 선거 승리를 넘어, 자유민주주의를 다시 세우는 전쟁을 선포했

---

[182] Donald J. Trump, Rally Speech, 2024 Presidential Campaign.

다. 2024년 대선에서 압도적인 승리를 거둔 후에도 트럼프는 부정선거 문제를 강조했다.

"우리는 투표로 부정을 압도했습니다. 아주 크게 압도했지요. 그들은 부정을 시도했습니다."

트럼프는 구체적인 선거 개혁을 약속했다.
- 종이투표 복귀
- 당일투표 원칙
- 유권자 신분증 검증
- 시민권 증명 필수화

이는 단순한 개혁이 아니었다. 미국 민주주의의 생존을 위한 절박한 조치였다.

2. 미국에서 벌어진 조작의 흔적들

트럼프의 경고는 공허한 외침이 아니었다. 명백한 증거들이 곳곳에서 발견되었다. 이상함을 감지한 콜로라도주 선거관리관 티나 피터스(Tina Peters)는 선거 시스템 초기화 직전, 전체 선거 데이터를 비밀리에 백업했다.

그 결과 드러난 사실은 충격적이었다. 감사 로그 삭제, 시스템 로그 삭제, 투표 파일 교체 등 의도적 조작이 명백히 드러났다.[183] 그러나 민주당 판사는 그녀의 증인과 변호를 배제하고 무려 9년 형을 선고했다. 만약 그녀가 감옥에 가지 않고 이 사건이 전국적으로 보도되었더라면, 도미니언 시스템을 포함한 부정선거 카르텔은 붕괴했을 것이다."[184] 그러나 이 거대 뉴스가 대중에게 알

---

[183] Tina Peters Case Report, "Audit Logs and Voting System Manipulation in Colorado," U.S. Election Integrity Network, 2024.

려지기엔 미국을 장악한 딥스테이트의 벽을 너무 높았다.

탐 렌즈(Tom Renz) 변호사의 조사에 따르면 2018년, 미국 국방부는 로이터(Reuters)와 계약을 맺고 대규모 사회적 기만(Social Engineering) 프로젝트를 시작했다.[185] 이 프로젝트는 코로나 바이러스를 심리전 도구로 사용했고 결국 트럼프의 재선을 방해하는 데 활용되었다. 그는 '우편투표 대량 확산은 이 계획의 핵심 전략이었고 COVID는 트럼프를 막기 위한 보험 정책이었다'[186]고 밝혔다.

3. 한국 부정선거: 침투된 자유민주주의

한국 역시 동일한 수법에 노출돼 있었다. 한국 중앙선거관리위원회는 국제기구인 A-Web을 통해 세계 선거 시스템에 개입하고 있었다. A-Web은 한국 중앙선관위가 주도해 설립했지만, 시간이 지나면서 중국 공산당(CCP)과 깊게 연결되었다.'[187]

2014년 5월 2일 선거 분야 국제기구인 세계선거기관협의회(A-WEB)가 미국 국제개발처(USAID) 등 국제원조기관과 개발도상국의 선거 법제·제도·기관·과정을 지원키로 하는 내용의 업무협약(MOU)을 체결했다고 중앙선관위가 2일 밝혔다(중앙선관위 제공).

---

184 Tina Peters, Whistleblower Report, "Before-and-After Backup of Dominion Systems," Facebook Post, March 2025. [출처: https://www.facebook.com/share/p/1NFvqagxMG/]
185 Department of Defense, Contract with Reuters for 'Large-Scale Social Engineering and Deception,' USAspending.gov, 2018.
186 Tom Renz, Legal Analysis, "COVID-19 and the Great Reset: Pre-planned Operations to Derail Trump's Re-Election," 2024.
187 SkyDaily, "Chinese Hacker Groups and A-WEB's Role in Korean Election Manipulation," 2025.

뿐만 아니라 A-Web은 미국 개발원조기관인 USAID와도 MOU(양해각서)를 체결했다.[188] USAID는 '민주주의 확산'을 표방했지만, 실제로는 글로벌 엘리트의 영향을 전 세계로 퍼뜨리는 도구로 사용되었다.

스카이데일리의 보도에 따르면, 중국 해커 조직은 한국파트와 국제파트로 분리되어 A-Web의 네트워크를 통해 디지털 해킹 및 데이터 조작을 조직적으로 실행했다. 한국의 선거는 자국민이 아닌 외부 세력에 의해 좌우되고 있었던 것이다.

한국 헌재는 중앙선관위를 무소불위의 기관으로 만들어버렸다. 우리법연구회 등 친중 세력은 사법부를 이용해 대한민국의 주권을 침탈하고 있었다. 이것은 단순한 사법 판단이 아니라, 한국을 중국의 속국으로 만드는 치명적인 매국 행위다.[189]

윤석열 전 대통령은 대선 전 여론조사에서 크게 이기던 자신이 1%로 이긴 것에 대해서 부정선거라는 의심이 있었다. 2025년 CPAC 행사장에서, 맷 슐랩(Matt Schlapp)은 윤석열 대통령에게 물었다.

"대한민국의 선거 시스템은 누가 운영합니까?"

윤석열 대통령은 아무 말도 하지 않았다. 거듭되는 질문에 그는 끝내 입을 열었다.

"화웨이(Huawei)."

중국 기업 화웨이가 대한민국 선거 인프라를 통제하고 있었다는 사실이 밝혀진 순간이었다.[190] 한국의 주권은 심각하게 위협받고 있었던 것이다.

---

[188] Memorandum of Understanding between A-WEB and USAID, 2020.
[189] SkyeDaily Editorial, "헌법재판소와 중앙선관위: 대한민국 주권을 위협하는 그림자," 2025.
[190] 민경욱TV, "윤석열 대통령 '화웨이가 대한민국 선거를 운영한다' 발언," CPAC Interview, February 2025. [출처: https://youtu.be/Arxv_Gsjaq4?si=iqzFkuAlzb4R1nYb]

4. 부정선거의 배후: 중국과 글로벌 엘리트

미국과 한국을 포함해 벌어진 부정선거 사건들의 공통점은 무엇이었는가? 중국 공산당(CCP)의 침투, 글로벌 엘리트 세력의 조율 그리고 자국 내 반역자들의 협조다.

왜 글로벌 엘리트까지 이 일에 적극적으로 움직이고 있는가? 왜냐면 이들의 최종 목표를 이루는데 꼭두각시를 세우는 것이 매우 중요한 전략이기 때문이다. 글로벌 엘리트들의 목적은 자유민주주의를 무너뜨리고, 국민을 디지털 노예로 만들어 세계 단일 지배체제를 수립하는 것이다. 이 일을 이루기 위해 부정선거로 권력을 장악하게 한 후 자유를 말살하고, 통제를 강화하려 했다. 여기에 부정선거는 필수적인 전략이었다.

5. 깨어나는 국민들: 희망은 사라지지 않았다

억압은 거세졌지만, 억압이 거세질수록 진실에 대한 갈망도 커졌다. 미국과 한국 모두에서 진실을 향한 국민적 각성이 일어나고 있었다. 부정선거와 맞섰다는 이유로 체포되었다가 트럼프의 복귀 후 사면을 통해 세상에 나온 리처드 빅오버넷은 다음과 같이 부정선거와 싸우는 한국인들에게 외쳤다.

"4년 전, 우리는 죽도록 싸웠어. 절대 포기하지 않았어. 우리는 운이 굉장히 좋았어. 왜냐면 훌륭한 대통령이 다시 당선이 되어 우릴 사면해 줬지. 우린 포기하지 않고 계속 싸웠어. 희망이 있어. 내가 감옥에 있었을 때는 나는 모든 것이 끝났다고 생각했지. 나는 너희가 상처받고 있다는 것을 알아. 나도 그런 상황에 있었어. 믿음을 갖고 절대 포기하지 마. 그리고 네가 믿는 것을 위해 싸워. 이것이 내가 한국에 전하는 메시지야. 사랑해. 나는 빅오버넷이야. 나는 너희를 너무 사랑해. 싸워라. 싸워라. 싸워라."[191]

---

[191] Richard BigOvernet, Personal Message to Korean People, February 2025. [출처: Facebook Video Message]

국민들은 다시 일어서고 있었다. 선거 조작을 밝히려는 자발적 운동, 부패한 사법부와 선관위에 대한 분노 그리고 자유를 되찾으려는 피 끓는 투쟁이 딥스테이트의 부정선거 시스템을 짓누르고 트럼프를 대통령으로 만들었다.

미국 국가인 'The Star-Spangled Banner(별이 빛나는 깃발)'의 마지막 구절은 다음과 같다.

> O say does that star-spangled banner yet wave
> Over the land of free and the home of the brave
> 오, 저 별이 빛나는 깃발은 아직도
> 자유의 땅과 용감한 자들의 고향 위에 휘날리고 있는가

나중에 국가가 된 이 노래는 1814년 프랜시스 스콧 키(Francis Scott Key)가 쓴 시다. 그는 1814년 미영 전쟁 중 볼티모어 전투에서 영국 해군의 밤샘 포격을 견뎌낸 미국 요새(맥헨리 요새) 위에 여전히 깃발이 펄럭이고 있는 것을 보고 이 시를 썼다. 그는 포격 다음 날 새벽, 연기 너머로 성조기가 여전히 요새 위에 펄럭이고 있는 모습을 보았다. 미국이 자유와 용기의 상징으로 살아남았음을 상징하는 감동적인 장면이었다.

그동안 미국은 중국, 글로벌 엘리트, 그리고 내부 반역자들에 의해 공격당했다. 그러나 이들은 독립전쟁 때 가졌던 용기를 발휘해 자유를 되찾고 있다. 이들은 자유의 땅과 용감한 자들의 고향에 계속해서 성조기가 휘날릴 것을 선포한다. 자유를 위해 싸우는 자들의 심장이 불타오르는 한 자유는 결코 죽지 않는다.

결론: 부정선거와의 전쟁은 자유를 위한 마지막 전선이다

베네수엘라는 좌파정권의 부정선거를 오랜 시간 방치했다. 그 결과 부국이

던 베네수엘라는 빈국이 되었으며, 많은 젊은이들이 베네수엘라를 떠났다. 미국이 뒤늦게 부정선거에 관여한 선관위 직원, 부정선거를 묵살한 대법원장과 대법관 등을 제재하였지만, 이미 반미친중 국가로 전락한 베네수엘라는 마두로가 국제사회의 비난에도 불구하고 불법정권을 유지한 채 미국의 골칫거리가 되어버렸다.

미국과 한국에서 벌어진 부정선거. 그 배후엔 중국 공산당, 글로벌 엘리트 그리고 국내 반역자들이 분명히 존재한다. 한국의 부정선거를 베네수엘라처럼 긴 시간 방치하면 한국도 베네수엘라처럼 될 것이다. 신속히 한국을 구해야 한다. 2020년 부정선거로 트럼프가 백악관을 떠났을 때 수십만 명이 워싱턴 DC에 모여 시위를 했다. 그때 참석했던 베네수엘라에서 오신 분은 절규하는 심정으로 다음과 같이 호소했다.

"이곳은 베네수엘라가 아닙니다. 우리는 사기를 허용하지 않을 것입니다. 절대 안돼! 절대! 베네수엘라는 이제 아무것도 없습니다. 마두로가 점령했기 때문입니다. 어떻게? 그는 도미니언(Dominion) 기계로 선거를 훔쳤습니다. 당장 부정선거를 중지해야 합니다. 그렇지 않으면 나라를 잃을 수 있습니다. 당신이 어느 정당에 속했는지는 상관없습니다. 민주당원에 관한 것이 아닙니다. 공화당원에 관한 것이 아닙니다. 미국 시민으로서 우리의 권리를 위해 싸우는 것입니다. 우리와 우리 아이들을 위해 싸웁시다!"

모든 것을 잃어버렸던 베네수엘라 어머니의 피맺힌 소리에 귀 기울여야 한다. 베네수엘라처럼 된 후에 돌이키려면 너무 늦는다. 그곳은 뒤늦게 깨어난 수많은 국민이 거리를 가득 채우고 시위를 벌였지만 마두로가 장악한 군에 의해 진압을 당했다.

한국은 6.25 이후 70여년 만에, 부패한 정치인들과 중국과 사회주의자들이 부정선거를 통해 사회주의화 시키려는 전략을 전개했다. 만약 이들이 승리한다면 국민은 자유를 잃게 될 것이다. 그러나 우리는 3.1운동과 독립 정신을 이어받았다. 목숨을 걸고 일제의 억압에 맞섰던 수많은 독립운동가는 대한독립을 위해 헌신했다. 그뿐 아니라 소련과 중국의 힘을 등에 업고 적화통일을 이루려던 북한 공산주의와의 대치 상황은 자유민주주의의 상징이다. 이 정신이 살아있는 한 한국의 태극기는 하늘 높이 펄럭일 것이다.

제21장

취임 후 100일: 번영과 불안의 교차

트럼프 대통령의 취임 100일을 맞아, 미국 주요 언론들이 일제히 '지지율 최저치'라는 프레임을 씌웠다. 특별히 언론은 트럼프의 관세정책을 '독재'라고 규정하며 고도의 심리전을 벌였다. 이들은 거짓 여론조사와 가짜뉴스로 민심을 만들어갔다. 언론은 감추고 있지만 트럼프 대통령은 100일 동안 그동안 세상이 알지 못했던 새로운 미국을 만들어냈다. 그가 100일 만에 이뤄낸 성과들은 단순한 행정 조치를 넘어, 미국의 방향성을 전환시키는 거대한 정책 전환과 실질적 회복이다. 이 성과들은 좌파 언론에 의해 철저히 외면당했지만, 미국 내외의 많은 전문가들은 이를 '현대 정치사에서 유례를 찾기 힘든 100일'이라 말한다. 우리는 다음에 나오는 각 분야별 객관적 수치를 보며 '미치광이'로 불리는 그를 올바르게 평가해야 한다.

글로벌 자본의 귀환: 글로벌 기업들 투자유치

도널드 트럼프 대통령은 재임 후 100일 동안, 단순한 경제 지표를 넘어 '글로벌 자본 흐름의 축'을 다시 미국으로 되돌려놓는 기적을 일으켰다. 과거 수십 년간 글로벌 기업들이 저렴한 비용과 느슨한 규제를 찾아 중국과 제3세계로 이동해갔는데 그 흐름은 트럼프 취임 이후 완전히 뒤집혔다.

그는 '협상의 대가'답게, 취임 즉시 각국 정상을 직접 만나 설득했고, 그 결과 수십 개의 글로벌 대기업들이 미국 본토에 수백억 달러 단위의 투자를 결정했다. 특히 반도체, AI, 전기차, 바이오, 희토류 리사이클링 같은 미래 산업 분야에 외국 자본이 물밀듯이 몰려들었다.[192]

해외 기업 투자 사례

- TSMC (대만): 애리조나에 총 1,650억 달러를 들여 5개의 첨단 반도체 공장, 패키징 시설 2개, 연구소 1개를 건설 중이다. 미국 역사상 단일 기업의 최대 외국인 직접투자(FDI)다.[193]
- 삼성전자 (대한민국): 텍사스 테일러시에 두 번째 반도체 공장과 첨단 패키징 공장을 포함해 400억 달러 이상을 투자하며, 미국의 반도체 자립에 핵심적 역할을 하고 있다.[194]
- 소프트뱅크 (일본): 오픈AI 및 오라클과 협력해 미국 내 AI 인프라 구축에 500억 달러를 투입.
- 사우디 아람코 및 공공투자기금(PIF): 미국 전역의 청정에너지·석유 기반 시설, 인프라에 1조 달러 이상 장기 투자를 약속하며, 중동 자본이 다시 미국으로 유입되기 시작했다.
- ADQ (아부다비): 250억 달러를 들여 데이터 센터 및 전력망 기반 시설에 투자.
- 로슈, 노바티스 (스위스): 미 전역에 바이오 의약품 공장 및 R&D 시설에 730억 달러 이상 투자.

---

[192] "Foreign Direct Investment in the United States, Q1 2025 Overview", U.S. Department of Commerce.
[193] "TSMC to Spend $165 Billion on US Expansion", Financial Times, March 2025.
[194] "Samsung Announces $40 Billion Semiconductor Investment

- CMA CGM (프랑스): 물류·해운 허브에 200억 달러 투자, 미국 내 1만 명 이상 신규 고용 창출.

이 모든 투자는 트럼프 대통령이 직접 나서 협상한 결과이며 국익 중심의 명확한 메시지가 글로벌 CEO들과 국부 펀드들을 움직이게 했다.

미국 기업들의 귀환과 제조업 르네상스: 리쇼어링의 물결

외국 기업들만 들어온 것은 아니었다. '미국에 투자하라(America First, Invest Here)'는 그의 강력한 메시지는 미국 기업들로 하여금 다시 미국으로 돌아오게 만들었다. 이는 단순한 투자유치 차원을 넘어 '제조업 르네상스'라 불릴 정도의 대전환이었다.

그 핵심은 트럼프 행정부가 단행한 과감한 세제 개편, 규제 철폐, 연방 차원의 산업보조금 재편에 있었다. 수십 년간 값싼 노동력과 낮은 법인세를 좇아 중국, 멕시코, 동남아시아로 떠났던 미국 기업들이 되돌아오기 시작했다. '리쇼어링(reshoring)'이라는 단어가 다시 산업계의 중심 화두가 된 것이다.

대표적인 투자 기업은 다음과 같다

- 애플(Apple Inc.): 애리조나에 새로운 반도체 설계 및 조립 캠퍼스를 설립하여 2만 개의 일자리 창출[195]
- 보잉(Boeing): 미주리주에 신규 군용기 생산 라인 구축
- 포드(Ford Motor Company): 미시간 주에 전기차 배터리 및 차세대 조립 공장에 총 110억 달러 투자[196]

---

[195] Arizona Economic Development Report, "Apple Announces $20B Expansion," February 2025.
[196] CNBC, "Ford invests $11B in new EV battery plants in Michigan," March 2025.

- GE(General Electric): 사우스캐롤라이나에 터빈·전력 시스템 제조 단지 확대 [197]
- 테슬라(Tesla Inc.): 네바다 기가팩토리 확장 및 희토류 공급망 구축
- 마이크론(Micron): 아이다호 반도체 단지에 400억 달러 투자
- 월마트(Walmart Inc.): 자사 브랜드 제조시설 확충 위해 250억 달러 투자
- 인텔(Intel Corp.): 오하이오에 최첨단 반도체 메가 팹 착공

그 결과는 숫자로 명확히 드러났다. 재임 100일 만에 미국 국내 기업들의 총투자 규모는 5조 달러를 넘어섰고, 제조업 분야에서만 약 43만 개의 신규 일자리가 창출되었다.[198] 이 수치는 단순한 경제 효과가 아니라 미국인의 자존심 회복, 자립경제의 상징으로 평가된다.

트럼프 대통령은 단순히 기업들을 압박하거나 유혹한 것이 아니다. 그는 시스템을 바꾸었다. 가속 감가상각 제도, 미국산 우선구매법 강화, 제조업-AI 융합 보조금은 실질적 인센티브가 되었다.[199]

안보 강화와 불법 이민 차단 작전

2025년 트럼프 대통령의 취임 직후, 미국의 국경은 그 어느 때보다 철저하게 봉쇄되기 시작했다. 그는 국경 문제를 더 이상 이념적 논쟁이 아닌 '국가 주권의 핵심'으로 정의했고, 단 100일 만에 불법 이민 흐름을 95% 차단하는 성과를 기록했다.[200]

---

[197] GE Power Press Release, "South Carolina Expansion Plan," April 2025.
[198] U.S. Department of Commerce, "Domestic Corporate Investment Tracker," April 2025.
[199] White House Fact Sheet, "America First Manufacturing and Investment Incentives," April 2025.
[200] U.S. Department of Homeland Security (2025). 100-Day Border Operations Report.

중단되었던 멕시코 국경 장벽 건설이 즉시 재개되었고, AI 감시 시스템과 드론 기반 추적 장비가 장착된 '스마트 장벽'이 실전 배치되었다. 국경 순찰대는 열 감지, 생체 인식, 사전 위험 예측 기술을 통해 국경 전역을 실시간 모니터링했다.

ICE(이민세관단속국)는 과거 어느 때보다 강력한 권한을 부여받았다. 트럼프 대통령은 불법 이민자 추방 속도를 두 배로 가속화 했고, 신속 송환 프로그램을 도입해 현장 체포 후 72시간 이내 강제 추방이 가능하게 했다. 또한 불법 이민자를 고용한 기업에 대한 벌금 및 형사처벌 기준도 대폭 강화되었다. 이 조치는 미국 내 저임금 불법 노동 수요를 직접적으로 억제하는 효과를 낳았다.

가장 주목할 만한 성과 중 하나는 펜타닐 차단 작전이다. 매년 수만 명의 미국인을 죽음으로 몰아넣는 이 마약의 주 경로는 남부 국경이었다. 트럼프 행정부는 펜타닐 밀반입 루트를 차단하기 위해 DEA, 국토안보부, 국방부를 포함한 범정부 태스크포스를 구성하고, 멕시코 및 중남미 국가들과 공동 작전을 확대했다.[201]

사이버 안보 영역에서도 트럼프는 단호했다. 중국 해커 및 침투 공무원 수십 명이 적발되어 추방되었으며, 국방 사이버사령부(CYBERCOM)의 권한은 대폭 강화되었다. 특히 중국과 연계된 산업스파이 활동에 대한 대응이 본격화되었다.[202]

해외 주둔 미군 재배치도 본격화되었다. 트럼프 대통령은 '먼저 미국을 돌볼 시간'이라며, 유럽·중동 등 비효율적 기지의 감축을 지시하고 첨단 전략 기지를 본토로 재배치했다. 이로 인해 미 국방망의 대응 속도와 효율성은 크게 향상되었다.

중남미와의 외교도 실용적으로 전환되었다. 불법 이민 발생 원천지 국가들

---

[201] DEA & DHS Joint Briefing (2025), Southwest Border Fentanyl Interdiction Program.
[202] U.S. Cyber Command (CYBERCOM) Press Release, March 2025.

과 송환 협정이 재협상되었고, 국제범죄조직 차단을 위한 정보 공유도 강화되었다. 국무부와 법무부, DHS는 이민자 유입 사전 차단을 위한 합동 작전을 전개했다.

트럼프 대통령의 국경 정책은 단순한 장벽의 문제가 아니었다. 그것은 미국의 정체성과 법치주의, 그리고 국민 안전을 되찾기 위한 전면적 재정비였다.

산업과 에너지의 주권 회복: '미국이 다시 만든다'는 약속의 실현

2025년 트럼프 대통령은 취임과 동시에 '산업과 에너지의 자립'을 미국 재건 전략의 핵심 기둥으로 세웠다. 그는 단순히 생산 공장을 늘리는 것이 아니라, 국가의 안보와 경제 주권을 위해 핵심 공급망을 본토로 되돌리는 '리인더스트리얼라이제이션(Re-industrialization)' 전략을 밀어붙였다.

가장 먼저 주목해야 할 분야는 에너지다. 트럼프는 셰일오일 규제를 대폭 완화하며 텍사스, 노스다코타 등 기존 유전 지역에 활기를 불어넣었다. 그 결과, 미국의 일일 원유 생산량은 다시 사상 최고치를 향해 나아갔고, 가스 가격 안정과 물가 통제에 효과를 거두었다.[203] 하지만 그는 에너지 전략을 탄소 에너지에만 의존하지 않았다. 오히려 원자력발전소의 재가동과 신규 인허가 확대를 동시에 추진했다. 3기의 기존 원전이 재가동되었고, 신규 원자로 5기의 인허가가 신속히 통과되었으며, 특히 차세대 소형 모듈원자로(SMR)에 대한 연방 보조금과 민간투자 촉진정책이 함께 시행되었다.[204] 이는 에너지 자립뿐 아니라 청정에너지와 미래 전략 산업의 기술 주도권 확보라는 이중의 목표를 노린 것이다. 그의 에너지 정책은 '에너지 독립이 아닌, 에너지 패권의 회복'이라는 표현으로 요약할 수 있다.

---

[203] U.S. Energy Information Administration (EIA), "U.S. crude oil production reaches new highs following deregulation," March 2025.
[204] U.S. Department of Energy, "SMR Fast-Track Approvals and Federal Funding Expansion," February 2025.

산업 분야에서도 트럼프의 개혁은 전방위적이었다. 연방 조달 정책이 개편되면서 외국산 부품과 기술에 대한 의존도를 줄이는 'Buy American' 행정명령이 강력하게 집행되었다.[205] 특히 반도체, 항공기, 방산, 바이오 의약품 부문에 있어 미국산 부품과 소재가 일정 비율 이상 사용되지 않으면 연방계약에서 제외되는 기준이 도입되었다.

이 조치에 따라 수십 개의 미국 대기업들이 자발적으로 미국 내 생산 설비 확장을 발표했다. 인텔(Intel)은 오하이오에 최첨단 반도체 제조단지를 착공했고, 마이크론(Micron)은 아이다호에 DRAM 생산 라인을 신설하며 총 400억 달러를 투자했다. 테슬라는 네바다 기가팩토리 확장을 통해 희토류 공급망까지 미국 내에서 완결할 수 있는 구조로 전환했다.

전력망 보수는 단순히 공공 인프라 차원이 아니라, 미국 제조업 전체의 기반을 안정시키는 핵심으로 간주되었다. 그의 100일간의 성과는 단순한 구호가 아닌 현실이며, 이 기반 위에 미국은 다시 세계의 중심으로 올라서려 하고 있다.

중국 및 글로벌 무역 재조정: '공정'이라는 이름의 전면 전쟁

2025년 트럼프 대통령은 다시 한 번 글로벌 무역의 중심축을 흔들었다. 그의 취임 100일 안에 추진된 무역 전략은 단순한 보호주의 정책이 아니었다. 그것은 미국의 산업 기반을 회복하고, 부당한 무역 관행에 맞서 경제 주권을 되찾기 위한 '경제 안보 작전'이었다.

그의 첫 타깃은 예상대로 중국이었다. 트럼프는 중국이 미국의 전략적 산업을 훼손하고 지적재산권을 탈취했으며, 국가 보조금과 저가 덤핑을 통해 시장 질서를 왜곡해 왔다고 지적했다. 이에 따라 그는 주요 중국산 품목에 대해 고

---

[205] Executive Order 14094: "Ensuring Buy American Requirements Are Enforced," White House Press Briefing, January 2025.

율 관세를 부과하는 행정명령에 서명했다.[206] 특히, 알루미늄 케이블에 대한 관세는 총 85%에 달했으며, 이는 미국 산업부가 국가 안보 위협으로 지정한 품목 중 하나로 평가되었다.

트럼프는 베트남, 인도, 캐나다, 독일, 한국 등 기존 FTA 국가를 포함한 165개국의 수입 품목을 전면 재검토했다. 환율 조작, 부당 보조금, 노동 착취 등의 사유로 관세가 조정되었고, 이에 따라 미국 기업의 국내 생산 경쟁력은 더욱 강화되었다. 다른 나라와 달리 보복 관세 조치를 한 중국에 대해, 트럼프는 압박 카드를 활용했다.

'중국이 보복하면 미국은 계속해서 높은 가격을 요구할 것이다.'

미국은 더 이상 착한 소비자가 아니며, 자국의 기술과 제품, 자국민의 노동을 정당하게 보호할 권리가 있다는 것이 트럼프의 신념이었다.

DOGE 예산 절감 및 개혁

트럼프 대통령은 재임 100일 만에 연방 정부의 비효율성과 부패를 정면으로 겨냥했다. 그의 행정명령은 단순한 비용 절감 그 이상이었다. 그것은 '시민의 돈은 시민을 위해 사용되어야 한다'는 철학 위에 세워진, 국가 시스템의 대대적 리셋이었다.

첫 번째 조치는 과감한 구조조정이었다. 트럼프는 연방정부 산하 440개 비핵심 건물의 폐쇄를 지시했고, 실제로 28만 명 이상의 공무원이 감축되었다. 이로써 1,600억 달러의 직접 예산이 절감되었다.[207]

---

[206] "President Trump imposed sweeping tariffs on critical Chinese imports ranging from semiconductors to rare earths." — Wall Street Journal, March 2025.

[207] "President Trump Orders Closure of 440 Non-Essential Federal Buildings," The Washington Times, April 2025.

뿐만 아니라 가짜 소셜 시큐리티 번호(Social Security Number)와 유령 수혜자를 추적하여 수십억 달러의 부정 수급을 적발했고, 이 자금을 다시 저소득층 직접 지원 프로그램에 재투자하도록 지시했다. 무엇보다 상징적인 결정은 교육부 폐지였다. 트럼프는 '연방 정부는 교육을 지시하는 자가 아니라, 시민의 권리를 보장하는 자'라며, 교육 예산의 대부분을 주정부로 이관하고, 지방 교육 자치권을 강화했다.

청년과 교육 개혁: 미래 세대를 위한 근본적 리셋

트럼프 대통령은 교육 개혁을 단순한 교실의 문제가 아니라, 국가의 정체성과 미래를 재정립하는 과제로 인식했다. 그의 100일 정책 가운데 가장 논란이 많으면서도 가장 강력한 반향을 일으킨 분야가 바로 교육이었다. 그는 '미국의 학교가 미국을 가르쳐야 한다'고 강조했고, 좌파 이념으로 오염된 교육 현장을 근본적으로 정화하는 데 주력했다.

무엇보다도 먼저 시행된 조치는 공립학교에서의 DEI(Diversity, Equity, Inclusion) 프로그램 폐지였다. 트럼프 행정부는 이를 '역차별을 정당화하는 편향된 이념 교육'으로 규정하고, 연방 자금 지원 조건에서 DEI 운영 여부를 제외시켰다. [208]

또한, 고등교육기관에 유입되는 외국 자금에 대한 전수 조사를 지시했다. 중국 및 중동 자본이 미국 대학의 자유로운 학문 활동에 영향을 미치고 있는 것을 문제 삼았으며, 특정 학교들에 대해 연방 보조금 지급을 중단하거나 삭감 조치를 단행했다.[209]

---

[208] Trump Administration Press Briefing, "Federal Funding Guidelines on DEI Programs," March 2025.
[209] U.S. Department of Education Audit Report, "Foreign Influence in Higher Education," February 2025.

젠더 이념 교육에 대해서도 명확한 입장을 밝혔다. 초·중·고등학교에서 부모의 동의 없이 진행되는 성전환 상담, 호르몬 치료, 성별 정체성 관련 수업을 전면 금지하는 연방 가이드라인을 발표했다.[210] 그는 '아이들의 정신과 정체성을 실험실처럼 다루는 이념 세력을 결코 용납하지 않겠다'고 선언했다.

기독교 신앙의 자유를 학교 안에 다시 회복시키겠다고 밝혔다. 이를 위해, 공립학교 내 기독교 기도와 성경 읽기를 허용하는 지침을 제정했고, 학교 내 종교적 표현의 자유를 보장하는 새로운 행정명령에 서명했다.[211]

그 외에도 트럼프 행정부는 교육부 폐지를 공식 의제로 삼고 주정부 중심의 교육 자율화를 추진했다. 학교 선택권 강화, 학부모의 교육 감시 권한 확대, 교사 채용 기준에 애국심과 윤리성 평가 도입, 반미 사상 교육 금지 등 다방면의 개혁이 동시에 진행 중이다.

선거 시스템과 사법 개혁: 공정성 회복을 위한 전면 조치

2025년, 트럼프 대통령은 '우리가 나라를 되찾기 위해서는 먼저 선거를 되찾아야 한다'고 선언했다. 이는 2020년 대선을 둘러싼 광범위한 의혹과 불신이 아직도 남아 있음을 직시한 발언이었다. 그는 단 100일 만에 미국 선거 시스템을 근본적으로 개혁하기 위한 법적, 제도적 기반을 닦기 시작했다.

가장 핵심적인 조치는 시민권 증명 없는 유권자 등록 금지였다. 이제부터는 연방 선거에 참여하려면 반드시 시민권 증명 서류를 제출해야 한다. 이 조항은 신속히 하원에서 통과되어 상원 통과 절차를 기다리고 있다.

또한, 트럼프 행정부는 부정선거에 연루된 선거구, 카운티, 선관위 직원들을 대상으로 특별조사를 발족했다. 미시간, 펜실베이니아, 조지아, 애리조나 등 2020년 주요 격전지를 중심으로 조사 대상이 확대되고 있으며, 몇몇 지역

---

[210] Office of Civil Rights Memo, "Federal Guidance on Transgender Policy in Schools," March 2025.
[211] Executive Order 14098, "Religious Freedom in Public Schools," signed February 2025.

은 연방 수사국(FBI) 및 법무부 감찰실의 공식 조사에 착수한 상태다.

사법 개혁 차원에서도 굵직한 변화가 있었다. 트럼프는 첫 100일 동안 보수 성향의 연방 판사 24명을 지명했고, 이 중 절반 이상이 상원 인준을 통과하며 미국 법원의 이념 균형에 실질적 변화를 일으켰다.[212] 특히 선거법, 표현의 자유, 종교 자유 등에 중점을 둔 판결 경험이 있는 법조인을 우선 선발한 점이 눈에 띄었다.

그는 민주당 계열 정치 모금 플랫폼 ActBlue에 대한 외국 자금 유입 의혹을 제기하며, 연방 선거위원회(FEC)에 특별 감사를 요청했다. 동시에 온라인 정치 기부 플랫폼 전반에 대한 투명성 확보를 위해 법무부와 국세청(IRS)이 공동 수사에 착수했다.[213]

트럼프 대통령은 선거일 마감 이전 투표 완료를 원칙으로 하는 새로운 선거법 개정을 촉진하고 있다. 그는 '선거일은 하루이며 미국은 방만한 사전투표 제도로 인한 조작 가능성을 더 이상 감당할 수 없다'고 강조했다. 이에 따라 주정부들에는 연방 보안 보조금을 지급할 때 'DEI 폐지, 투명성 확보, 선거일 내 투표 마감' 등 기준이 부과되기 시작했다.

마지막으로 그는 선거 시스템의 기술적 안전성 확보를 위해 전자개표 시스템 전수조사와 함께, 일부 주에는 종이투표 회귀 시범사업을 제안하였다. 선거 결과가 민심을 반영하지 못한다는 불신이 강한 주들에는 시민감시단, AI 기반 감사 시스템, 연방 감찰단 참여 등 전례 없는 수준의 선거 투명화 작업이 시작되었다.

이 모든 조치들의 궁극적인 목표는 단 하나였다. '미국인이 다시 선거를 신

---

[212] White House Judicial Nomination List, "Federal Bench Appointments," April 2025.
[213] FEC Investigation Docket #2025-ACB-001, "Foreign Donations and Online Political Platforms," March 2025.

뢰하게 만드는 것' 트럼프 대통령은 공정한 선거 없이는 민주주의도 없다는 믿음 아래, 선거 시스템 개혁을 자유세계 수호의 첫걸음으로 간주했다.

딥스테이트와 외국 자금 개혁: 숨겨진 권력을 해체하는 전쟁

트럼프 대통령이 두 번째 임기에서 가장 빠르게 착수한 과제 중 하나는 딥스테이트 해체 작업이었다. 그는 이를 단지 정치적 구호가 아닌 실제 행정 행위로 전환시켰다. '보이지 않는 정부, 그림자 자금, 외국의 내정 개입은 더 이상 용납되지 않는다'는 그의 신념은 곧 강력한 조치로 이어졌다.

우선, 소로스 계열 NGO 및 시민단체 60여 개의 활동을 정지시키고 연방조사에 착수했다. 특히 이 단체들 중 상당수가 '선거 교육' '민주주의 증진' '청소년 프로그램'이라는 명목으로 외국 자금을 받아 미국 내 정치에 개입한 정황이 드러났다.[214] 연방 수사국(FBI)과 국세청(IRS)은 자금 흐름을 추적하며 이들 단체가 실제로는 특정 정당이나 이념을 지원해온 정황을 확보했다.

트럼프 행정부는 또한 USAID, NED(국립민주주의기금) 등 기존의 해외 민주주의 지원 기관에 대해 전면 감사를 실시했다. 일부 기관은 친중 NGO 및 공산권 정권과 협력해 반미 활동을 벌여온 것으로 밝혀졌으며 이에 따라 이들 기관에 대한 자금 지원 중단 명령이 발효되었다.[215]

더불어 트럼프는 클린턴 재단에 대한 외국 자금 수수 의혹을 재수사하도록 법무부에 지시했다. 이미 과거 수사에서 일부 증거가 확보되었지만, 이번에는 사우디, 우크라이나, 카타르 등 특정 외국 정부와의 자금 거래 내역까지 면밀히 조사되고 있다.

국제기구 개혁도 병행되었다. 유엔(UN), WHO 등 국제기구에 대한 미국의

---

[214] U.S. Treasury Department Report, "Foreign Influence in Domestic NGOs," February 2025.
[215] Executive Order 14089, "Suspension of Funding to Overseas Influence Networks," March 2025.

자금 출자금을 삭감하고, 미국 내 활동을 감시하기 위한 특별 위원회를 조직했다. '미국이 전 세계의 ATM이 되어서는 안 된다'는 트럼프의 입장은 유엔 내부의 비리와 친공산권 성향에 대한 지적과 함께 국내에서 높은 지지를 얻었다. 또한 고등교육기관에 대한 외국 자금 유입 경로도 본격 조사되었다. 하버드, 예일, MIT 등 주요 대학들이 중국, 카타르, 사우디로부터 받은 연구 기금과 장학기금이 정치적 영향력 행사에 활용된 정황이 드러나며, 이들 대학에 대한 세무감사와 보조금 삭감 조치가 병행되었다.[216]

특히 트럼프 대통령은 '위장된 자선사업과 학술 교류 프로그램이 사실은 딥스테이트의 세포였다'고 지적하며, 이들 자금을 정밀 추적하고 통제할 새로운 '해외자금 감시법(Overseas Influence Transparency Act)' 제정을 추진하고 있다. 이 법은 모든 외국 정부 또는 법인으로부터 일정 금액 이상을 수령한 NGO, 연구소, 학교, 정치 단체가 반드시 공개 보고를 하도록 규정한다.

마지막으로, 트럼프 행정부는 딥스테이트 인사들의 연방 내부 장악 구조를 붕괴시키기 위해 인사교체 및 권한 축소 작업에 착수했다. 백악관 고문은 다음과 같이 설명했다. '이들은 정부가 아니라 영구 관료제이며, 선거로 선출되지 않았음에도 불구하고 정책을 좌지우지해왔다. 우리는 이제 그 구조를 해체하고 있다.'

이 모든 조치들은 단순한 정치 보복이 아니다. 그것은 주권 회복의 첫걸음이자, 국민이 선출한 정부가 다시 미국을 통치할 수 있도록 만드는 법과 질서의 재정립이다.

---

[216] Senate Oversight Committee Hearing, "Foreign Funding in American Higher Education," April 10, 2025.

언론과 SNS 자유 수호, 그리고 국제기구 개혁:
진실의 회복을 향한 전쟁

트럼프 대통령은 두 번째 임기에서 표현의 자유 회복을 핵심 국정과제로 천명했다. '진실은 검열되지 않아야 한다'는 그의 선언은 단순한 언론 비판 수준이 아니라, 법과 정책의 전면 개혁으로 이어졌다.

우선, 그는 SNS상 표현의 자유 보장 행정명령을 통해 연방기관 및 행정부처가 민간 플랫폼과 협력하여 특정 이용자의 콘텐츠를 차단하거나 삭제하는 모든 행위를 금지했다. 이는 바이든 행정부 당시 CDC, FBI 등이 트위터, 페이스북과 직접 소통하며 정치적 발언을 제한한 관행을 정면으로 뒤집는 조치였다.

또한 트럼프 대통령은 Truth Social 등 대체 미디어 플랫폼 생태계를 적극 지원하고 나섰다. 연방정부는 신규 플랫폼에 대한 기술적·재정적 지원을 늘리고, 동시에 빅테크 기업의 독점 구조에 제동을 걸기 위한 반독점 조사에 착수했다. 더 나아가 트럼프 행정부는 언론 검열 및 조작에 대한 연방 감사를 진행 중이다. 주요 뉴스 네트워크(NBC, CNN, ABC 등)에 대해 2020년, 2024년 선거 기간 중 특정 후보에 대한 악의적 왜곡 보도, 검증되지 않은 정보 확산, 정파적 기획 보도에 대한 조사에 착수했다.

국제기구에 대한 개혁도 병행되었다. WHO, 유엔 등 국제기구에 대한 미국의 자금 삭감을 선언하고, 미국의 출자금이 정치적 중립성과 무관하게 사용된 사례들을 재조사했다. 특히 WHO는 COVID-19 팬데믹 당시 중국 편향적 발표 및 초기 정보 은폐 책임을 물어 미국 내 협력 프로그램을 축소하고, 기구 자체의 개혁을 요구했다.

2025년 3월, 트럼프 대통령은 유엔 총회 연설에서 '미국은 더 이상 세계의 ATM이 아니다'라고 선언했다. 이 발언은 전 세계적으로 화제를 모았고, 미국 국민들에게는 세금의 주권을 되찾아주는 강력한 메시지로 받아들여졌다.

성공 뒤의 어두운 그림자: 관세전쟁이 남긴 충격

도널드 트럼프 대통령의 강력한 리더십 아래, 미국은 다시 한 번 위대한 재도약의 문을 열었다. 제조업의 귀환, 외국 자본의 유입, 에너지 독립, 무역 재조정까지—그 어느 것 하나 쉬운 과업은 아니었다. 그러나 이 모든 성과에는 대가가 따랐다. 그것은 바로 '충돌'이라는 이름의 후폭풍이었다.

2025년 4월 중순, 다우존스 산업평균지수가 1,800포인트 하락하며 투자자들을 긴장시켰다. 미국의 보호무역 기조 강화, 특히 중국과의 갈등 심화가 글로벌 금융시장을 뒤흔들기 시작한 것이다. 월스트리트는 이를 두고 '단기 충격, 장기 개편'이라 분석했으나 타격은 컸다. 기술·운송·제조업종이 타격을 입었고, 일부 글로벌 기업의 공급망 주가도 흔들렸다.

트럼프 대통령은 미국의 자주성과 산업 보호를 최우선 과제로 삼았다. 그러나 이로 인해 유럽, 동남아, 남미 등지에서는 강력한 반미 정서가 고개를 들었다. 프랑스 르 몽드는 '세계의 우산을 접고 망치를 든 미국'이라 비판했고, 독일과 일본의 일부 언론은 '트럼프 2기의 미국은 협력보다 강요를 택했다'고 논평했다. 일부 국가에서는 미국산 제품에 대한 불매운동 움직임이 확산하기도 했다.

이에 대해 중국은 즉각적인 보복 조치를 단행했다. 특히 중국은 무역전쟁에서 물러서지 않겠다며 아시아, 아프리카 국가들과의 '반미 무역 블록' 논의를 추진하는 등 외교·경제 양면에서 대응에 나섰다.

흥미롭게도 대부분의 국가들은 미국의 관세 재조정 조치에 대해 보복보다는 '협상'과 '유예 요청'으로 대응했다. 한국, 캐나다, 일본, 독일 등은 관세 항목에 대해 '90일 유예기간'을 부여받았고, 이 기간에 각국 정상과 고위급 협상이 진행되었다.

트럼프 대통령의 정책은 '강한 미국'을 되찾기 위한 역사적 실험이었다. 그러나 산업 개편과 국제관계 재편 과정에서 미국도 타격을 피할 수 없었다. 금융시장 충격, 일시적 수출 감소, 외교적 마찰, 그리고 일시적인 인플레이션 상승은 이 실험이 쉽지 않은 길임을 증명하고 있다. 필자는 앞으로 미국 경제가 몇 번의 위험을 맞이할 것으로 보고 있다. 그럼에도 우리는 트럼프의 계획대로 새로운 미국을 보게 될 것으로 생각한다.

제22장

트럼프 인터뷰: 트럼프에게 직접 듣는 100일

이 장에 나오는 내용은 미국의 유명한 언론인 글렌 벡(Glenn Becl)이 진행을 맡은 트럼프와의 특별 인터뷰다. 많은 분량이라 중요 내용을 정리했다. 트럼프 대통령은 취임 후 100일 동안 정말 많은 일을 이뤘다. 그의 인터뷰를 듣다 보면 그가 미국을 어디로 이끌고 있는지 알 수 있다. 그리고 앞으로 미국 내에서 이루어질 일들을 어느 정도 예측할 수 있다. 관세 이후 언론의 집중포화에도 불구하고 트럼프는 여유와 자신감이 있어 보였다.

Part 1. 100일도 안 돼, 기적을 이루다

글렌 벡: 지금까지 89일 동안 이룬 업적만 봐도 놀라움을 금할 수 없습니다. 너무 빠르게 진행되고 있습니다. 당신은 모두를 압도해버리셨습니다. 이 모든 것이 처음부터 계획된 것이었습니까?

트럼프 대통령: 아닙니다. 그건 나라가 필요로 하는 일이 너무 많았기 때문입니다. 솔직히 말씀드리면, 이 나라는 지난 4년 동안 이루 말할 수 없는 처참한

피해를 입었습니다. 저도 이렇게 많은 일을 해야 하는 상황이 아니었으면 좋았겠지만, 그들이 저질러 놓은 일이 너무 끔찍했습니다. 에너지 부문만 보더라도, 알래스카에 위치한 세계 최대의 유전지대인 ANWR(북극 야생동물 보호구역)을 그들은 아예 폐쇄해버렸습니다.

국경 문제에 있어서도 끔찍한 일을 저질렀습니다. 지금 우리는 역사상 가장 좋은 국경 상황을 만들었습니다. 불과 석 달 전만 해도, 역사상 최악의 국경 상황이었습니다. 아마 미국뿐 아니라 세계를 통틀어 가장 나쁜 국경이었을 겁니다. 당시에는 사실상 국경이 존재하지 않았습니다. 전과자들, 갱단원들, 마약 밀매자들, 심지어 살인범들까지 아무런 심사나 검증도 없이 자유롭게 우리나라 안으로 걸어 들어오고 있었습니다. 그러니까 처음부터 계획했던 것이 아니라 그들이 나라에 너무 많은 문제를 남겨놓았기 때문입니다.

글렌 벡: 뉴욕타임스조차 '트럼프 대통령의 강행군에 젊은 비서진도 지쳐간다'고 썼더군요.

트럼프 대통령: 하하, 저희 팀은 정말 훌륭합니다. 밤낮없이 일하며, 미국을 다시 위대하게 만들기 위해 헌신하고 있습니다. DOGE, 즉 정부 효율성 부서를 신설하고, 파리 기후협정 탈퇴, WHO 탈퇴, 연방 교육부 폐지까지 이끌었습니다. 그리고 부패 NGO에 흘러 들어간 USAID 자금을 추적하고 있습니다.

글렌 벡: 국민에게 '너무 많이 이기게 될 것이고 여러분은, 제발 이제 그만 이겼으면 하게 될 것'이라고 장담하셨지요.

트럼프 대통령: 네, 우리는 이제 막 시작했을 뿐입니다. 앞으로 승리는 계속될 것입니다.

Part 2. 국경을 지키다: 충격과 반전

글렌 벡: 특히 국경 문제는 눈부신 성과를 거두셨습니다. 단 몇 개월 만에 이렇게 바꾼다는 것이 가능한 일입니까?

트럼프 대통령: 법을 바꾸는 것보다 강력한 의지가 필요했던 일입니다. 바이든 정부 당시, 국경은 존재하지 않았습니다. 범죄자, 갱단, 마약상이 심사조차 없이 넘나들었지요. 지금은 다릅니다. 우리는 다시 견고한 국경을 갖게 되었습니다.

글렌 벡: 하지만 판사들이 계속 방해하고 있습니다. 190건이 넘는 소송이 대통령을 향해 제기되었습니다. 이것은 사법부의 반란이라 부를 수 있습니다.

트럼프 대통령: 그렇습니다. 그러나 저는 굴복하지 않습니다. 우리는 국민을 위해 싸우고 있으며 결국 승리할 것입니다.

Part 3. 드러난 추악한 진실: 부패 카르텔

글렌 벡: USAID와 NGO를 통한 부패가 폭로되었습니다. 이 규모는 상상 이상이더군요.

트럼프 대통령: 정말 충격적이었습니다. 스테이시 에이브럼스가 환경 프로젝트 명목으로 20억 달러를 받은 사례를 생각해 보십시오. 이런 식으로 NGO, 정치권, 심지어 언론까지 얽혀 있는 부패 구조가 탄탄하게 자리 잡고 있었습니다.

글렌 벡: 언론은 거의 보도하지 않더군요.

트럼프 대통령: 그렇습니다. 그들은 서로를 보호하고 있습니다. 진실을 밝히려는 우리의 노력을 못마땅해하고 있습니다.

글렌 벡: 어제 들은 소식인데, 일론 머스크가 정부 내 역할을 줄일 가능성이 있다고 합니다. 떠나는 것은 아니지만 역할을 축소할 수도 있다고 하더군요. 올해 5월엔 2조 달러 절감 목표를 세웠었는데, 현재는 1,500억 달러까지 줄었다고 합니다. 이건 소송 때문인가요? 딥스테이트의 방해 때문인가요?

트럼프 대통령: 아닙니다. 그건 실제로 '찾아낸 돈'입니다. 그리고 그 액수가 정말 큽니다. 1,500억 달러라니, 엄청난 금액이지 않습니까? 그리고 이 작업은 계속되고 있으며 앞으로도 이어질 것입니다. 솔직히 말해서, 우리는 도둑들을 상대하고 있는 것입니다. 물론 일부는 무능력 때문인 경우도 있겠지만 대부분은 도둑질 때문입니다.

설사 1,500억 달러에서 멈춘다고 해도, 그 자체로도 엄청난 성과라고 할 수 있습니다. 우리가 상상도 못할 정도로 많은 비리를 찾아냈습니다. 또 메디케어, 메디케이드, 사회보장 프로그램(SSN) 같은 곳에서도 존재하지 않는 사람들이 수혜를 받고 있거나, 자격이 없는 사람들이 등록되어 있는 사례들이 계속 쌓여가고 있습니다.

Part 4. 트럼프의 적과 동맹과의 거래

글렌 벡: 그렇다면 글로벌 엘리트들과 협상할 때, 솔직히 말씀드리면 그들은 WEF(세계경제포럼)의 '그레이트 리셋'을 지지하는 사람들 아닙니까? 그런 사람들과 어떻게 협상을 하십니까?

트럼프 대통령: 협상은 필요 없습니다. 의례적인 대화를 하는 것뿐입니다. 굳이 협상할 이유가 없습니다. 우리는 거대한 상점과 같습니다. 모두가 우리 가게에 와서 물건을 사고 싶어 합니다. 우리는 미국입니다. 세계에서 가장 부유한 소비자 시장을 가진 나라입니다. 하지만 아무것도 하지 않으면 그렇게 되

지 못할 것입니다. 모든 나라가 우리 물건을 얻고 싶어 하지만, 이제는 대가를 지불해야 합니다. 우리는 협상을 하거나, 가격을 정해서 통보할 것입니다. 어떤 나라는 우리를 심각하게 속였고, 어떤 나라는 조금 속였습니다. 하지만 거의 모든 나라가 우리를 이용했습니다. 그 이유는 우리가 형편없는 리더십을 가졌기 때문입니다. 그래서 지금 70개국과 협상하고 있습니다. 결국 거래를 하든지, 아니면 가격을 정할 것입니다. 제가 말했습니다. '미국과 거래하고 싶다면 이 가격을 지불해야 합니다.' 그들은 선택할 수 있습니다. 쇼핑을 하지 않겠다면 하지 않아도 됩니다. 하지만 우리와 거래하려면 반드시 대가를 치러야 합니다.

글렌 벡: 국제 사회와의 관계에서도 커다란 변화를 주도하고 계십니다. 특히 NATO 문제에 있어서는 과거의 '미국 봉' 역할을 거부하셨습니다.

트럼프 대통령: 미국은 더 이상 이용당해서는 안 됩니다. 우리는 세계 최대의 시장이자 가장 강력한 국가입니다. 그런데 왜 우리가 다른 나라를 지켜주면서, 동시에 무역에서도 손해를 봐야 합니까? 저는 그것을 바로잡고 있습니다.

글렌 벡: 말씀을 듣다 보면, 전후 질서의 종언을 선언하신 것 같습니다.

트럼프 대통령: 정확히 그렇습니다. 우리는 제2차 세계대전 이후의 구조를 넘어, 새로운 시대를 열어야 합니다. 더 이상 미국은 희생자가 되어서는 안 됩니다.

Part 5. AI, 에너지, 그리고 새로운 경제

글렌 벡: 제 생각에는 대통령께서 'AI 대통령'으로 기억될 것 같습니다. AI가 앞으로의 세계를 규정짓게 될 텐데, 대통령께서는 누구보다 먼저 이 문제를 이야기하고, 진지하게 다루셨습니다. 그리고 이 분야를 아는 사람들로 팀을 구성하셨습니다. 혹시 일론 머스크가 AI 분야에서 도와주고 있습니까?

트럼프 대통령: 글쎄요, 일론은 제가 아는 사람 중에서 아마 가장 많은 지식을 가진 사람일 것입니다. 하지만 우리에게도 훌륭한 인재들이 있습니다. 저는 개인적으로 AI가 어떻게 정의될지는 모르겠지만, AI가 중요하다는 것은 분명히 인식하고 있습니다. 그래서 매우 강력하게 추진하고 있습니다. 수조 달러 규모의 투자가 이뤄지고 있습니다. AI 분야에 대해 잘 모르는 사람이라도, 그 규모가 얼마나 거대한지 알 수 있을 것입니다. 심지어 자동차 공장보다도 더 많은 투자가 이뤄지고 있습니다. 우리는 현재 수많은 자동차 공장을 세우고 있습니다. 멕시코에서도, 캐나다에서도, 모두 관세 정책 덕분입니다.

우리는 사상 최대 규모의 투자 기록을 세우고 있습니다. 이미 7조 달러 이상의 투자가 이루어졌습니다. 정말 믿을 수 없는 일입니다. AI는 제가 본 것 중 가장 거대한 변화 중 하나입니다. 그들이 세우는 시설들을 보면, 2억~3억 달러는 단지 한 건물의 구석 일부에 해당할 정도입니다. 이처럼 엄청난 일들을 제가 가능하게 만들고 있습니다. 여러분도 아시다시피 AI를 위해 엄청난 양의 전기와 에너지가 필요합니다.

그래서 필요한 전기를 즉시 공급할 수 있도록 조치하고 있으며, 그들이 자체 발전소를 세울 수 있도록 허가하고 있습니다. 그들은 자체적으로 전력을 생산하는 전력 공급자가 되는 셈입니다. 핵발전소를 지어도 좋고요. 우리는 신속히 대응하고 있으며 모든 관료적 절차를 생략하고 전력 공급을 추진할 것입니다. 우리는 아주 빠르게 이 작업을 완수할 것입니다. 사실상 그들이 전력 회사가 되도록 허용할 것입니다. 처음 그들이 저를 찾아와 전력을 두 배로 늘려야 한다고 했을 때 정말 놀랐습니다.

참고로 지금 우리는 AI 분야에서 중국을 훨씬 앞서고 있습니다. 중국은 단 한 사람의 승인이면 되지만, 우리는 복잡한 절차를 거쳐야 합니다. 그래서 이것을 국가 비상사태로 선언하고 진행하려고 합니다. 우리는 반드시 1등이 되어야 합니다. 1등이 되지 못하면, 우리는 자리를 잃게 될 것입니다. 하지만 저는 그렇게 되도록 두지 않을 것입니다. 유능한 대통령이 있다면 반드시 번영할 것입니다. 우리는 지난 4년 동안 끔찍한 무능을 이미 목격했습니다. 그리고 그것은 이 나라를 심각하게 해쳤습니다. 하지만 우리는 빠르게 회복하고 있습니다.

Part 6. 트럼프가 바라보는 전쟁

글렌 벡: 저희가 관세 문제에 대해 이야기한 적이 있는데요, 저는 대통령께 믿음을 드립니다. 왜냐하면 대통령님은 이 나라 역사상 최고의 협상가이시기 때문입니다. 아마 세계 최고일 수도 있겠지요.

트럼프 대통령: 보십시오. 우리가 36조 달러의 부채를 진 데는 이유가 있습니다. 그것은 무역적자와 끝없이 이어진 어리석은 전쟁들 때문입니다. 우리는 중동에 가서 나라를 폭파하고 떠났습니다. 아무것도 얻지 못했습니다."

글렌 벡: 대통령님 말씀에 전적으로 동의합니다. 쓸데없는 전쟁에 반대한다는 점에서 저도 대통령님의 열렬한 지지자입니다.

트럼프 대통령: 맞습니다. 끝없이 이어지는, 바보 같은 전쟁이었습니다. 심지어 그 나라 사람들조차 원치 않은 전쟁에 뛰어들었습니다. 그래서 제가 대통령직을 떠날 때는 전쟁이 하나도 없었습니다. 이스라엘과 하마스 간의 전쟁도 없었고, (참고로) 그것은 절대 일어나지 않았을 일입니다. 왜냐하면 이란이 완전히 파산해 있었기 때문입니다. 이란은 완전히 무너져 있었습니다. 제가 이란에 대해 매우 강력한 제재를 가했기 때문에 그들은 하마스나 헤즈볼라를 지원할 돈이 없었습니다. 러시아와 우크라이나의 전쟁도 없었습니다. 그 전쟁도 절대 일어나지 않았을 것입니다. 또한 아프가니스탄 철군 대참사 같은 일도 없었습니다. 그건 미국 역사상 최악의 수치 중 하나였습니다.

물가 상승도 없었습니다. 사람들은 인플레이션을 이야기하지만, 제가 중국에 수천억 달러어치의 관세를 부과했음에도, 물가는 전혀 오르지 않았습니다. 관세가 인플레이션을 유발하는 것이 아닙니다. 어리석은 정책, 특히 에너지 비용 상승이 인플레이션을 유발하는 것입니다. 그들은 에너지 생산을 망가뜨렸습니다. 제가 대통령일 때는 에너지를 그 어느 때보다 잘 생산하고 있었는데, 그들이 집권하자 가격이 두 배로 뛰었습니다. 그리고 그 에너지 가격 급등 때문에 푸틴이 전쟁을 시작할 수 있었던 것입니다. 지금은 에너지 가격이 내려가고 있어서 푸틴이 전쟁을 지속하기가 어려워졌습니다. 우리는 앞으로 정말 훌륭한 일들을 해낼 수 있는 기회를 맞이하고 있습니다.

글렌 벡: 오늘 대통령님의 대변인 중 한 분이, 대통령께서 젤렌스키에 대해 약간 피로감을 느끼고 계시다고 말씀하셨습니다. 개인적으로 저도 그렇게 생각합니다. 그는 오벌 오피스(백악관 집무실)에서도 대통령님께 무례하게 대했다고 느꼈습니다. 그는… 뭐랄까, 조금 건방진 태도를 보였던 것 같습니다. 그런데 문제는 젤렌스키입니까? 아니면 푸틴입니까? 혹은 유럽이 문제입니까?

트럼프 대통령: 글쎄요, 러시아는 매우 강력한 군사력을 가진 나라입니다. 반면 우크라이나는 그렇지 않습니다. 그들에게 '재블린 미사일'을 제공했던 사람이 바로 저입니다. 그래서 그들이 진흙탕에 빠진 러시아 탱크를 막을 수 있었던 것입니다. 사람들이 말하지요. '트럼프가 재블린을 제공했다'고요. 반면에 오바마 대통령은 단지 담요만 보냈습니다. 아무것도 제공하지 않았습니다. 그런데 바이든은 정말 전례 없는 금액, 3,500억 달러를 보냈습니다. 3,500억 달러어치의 군사 장비와, 탄약이 가득 찬 창고들을 제공했습니다. 끝도 없이 이어진 탄약 창고들이었습니다. 그가 한 일은 국경과 이곳저곳 사이를 오가며 전쟁을 악화시킨 것입니다. 그리고 제가 여기서, 또 매번 말씀드리지만, 이 전쟁은 바이든의 전쟁입니다. 제 전쟁이 아닙니다. 저는 이 전쟁을 끝내려고 노

력하고 있습니다. 물론 일부 돈과 관련된 부분도 있지만, 제가 전쟁을 끝내려는 가장 큰 이유는 매주 5,000명이나 되는 젊은 병사들이 목숨을 잃고 있기 때문입니다. 러시아 병사도, 우크라이나 병사도 마찬가지입니다.

그런데 결국 러시아는 훨씬 더 많은 병력을 보유하고 있습니다. 게다가 푸틴 대통령은 매우 강력한 군사력을 갖고 있습니다. 젤렌스키가 오벌 오피스에 왔을 때, 저는 합의에 관해 논의하고 있었는데, 그는 갑자기 소리를 지르기 시작했습니다. '우리는 안보 보장이 필요합니다!'라고 말이지요. 그래서 저는 '안보 보장이라니, 우리는 아직 기본적인 합의도 이루지 못했습니다'라고 답했습니다. 그는 끝없이 더 많은 것을 요구했습니다. 하지만 여러분도 아시다시피 지금 우크라이나 상황을 보면, 그는 협상에서 유리한 카드를 갖고 있지 않습니다. 그래서 저는 푸틴 대통령이 다른 누구를 위해 행동 하지는 않을 것이라고 생각합니다. 실제로 많은 분들이 그렇게 말합니다. 푸틴 대통령은 저와 협상할 때 훨씬 더 수월했습니다. 적어도 지금까지는 그렇습니다.

Part 7. 역사상 가장 큰 감세와 규제 완화

글렌 벡: 대통령님께서는 역사상 가장 큰 법안을 준비하신다고 하셨습니다. 그 내용에 대해서 말씀해주실 수 있으신지요?

트럼프 대통령: 그 법안에는 모든 것이 포함되어 있습니다. 그리고 우리는 그 법안을 통과시킨 후, 그 내용을 실현해 나가야 합니다. 역사상 가장 큰 감세가 될 것이고, 규제 완화도 역사상 가장 큰 규모가 될 것입니다. 그리고 다른 여러 가지 큰일들이 포함될 것입니다. 의회가 이를 승인할 거라고 생각합니다. 하지만 민주당으로부터는 단 한 표도 받을 수 없을 것입니다. 그게 현실입니다. 지금 미국 사회의 분열은 심각합니다. 예를 들어 척 슈머(Chuck Schumer)

같은 사람은 옳은 일을 했지만, 결국 자신이 속한 당에서 추방당하다시피 했습니다. 이게 현실입니다. 그들의 정책은 정말 끔찍합니다. 그들은 부정과 속임수에는 능하지만, 정책 면에서는 형편없습니다. 너무나 엉뚱한 방향으로 가고 있습니다. 선거에서 대패했음에도 불구하고, 여전히 같은 이슈를 밀어붙이는 모습을 보면 참으로 어이가 없습니다. 그들은 심지어 누구를 리더로 세워야 할지도 모르는 상황입니다.

글렌 벡: 아시다시피, 제가 몇 주 전에 리즈 트러스(Liz Truss) 전 영국 총리와 대화를 나눴습니다. 그녀는 이렇게 말했습니다. '글렌, 영국은 실패한 국가가 되었어.' 네, 정말 그렇습니다. 그녀는 아주 친절했고, 좋은 말씀도 많이 해주셨습니다.

트럼프 대통령: 개인적으로는 그녀가 부당한 대우를 받았다고 생각합니다. 그녀는 단지 '세금을 인하하겠다'고 했을 뿐인데, 결국 쫓겨났습니다. 하지만 그녀가 옳았습니다. 저도 세금을 대폭 인하했기 때문에 첫 임기 동안 엄청난 경제 성장을 이룰 수 있었습니다. 제 첫 번째 임기는 역사상 가장 강력한 경제를 만들어낸 시기였습니다. 저는 이번에는 그때보다 더 좋은 성과를 거둘 수 있을 거라고 믿습니다. 지금 우리는 기념비적인 일을 해낼 기회를 손에 쥐고 있으며, 저는 그 과정을 진행 중입니다.

맺음말: 최후의 경고와 희망

글렌 벡: 만약 이번 기회를 놓친다면 미국은 어떻게 될까요?

트럼프 대통령: 솔직히 말씀드리면, 기회는 이번 한 번뿐입니다. 우리가 방향을 바로잡지 못하면, 미국은 되돌릴 수 없는 길을 가게 될 것입니다. 저는 이 나라를 지키기 위해 싸우고 있으며, 결코 포기하지 않을 것입니다. 우리는 세

계에서 가장 위대한 나라입니다. 저는 믿습니다. 미국은 다시 한번, 그 누구도 넘볼 수 없는 강력한 나라로 부활할 것입니다.

글렌 벡: 대통령님, 솔직히 말씀드리자면, 요즘 금값이 왜 그렇게 치솟는지 몰랐습니다. 오늘 오벌 오피스에 들어오고 나서야 알게 되었습니다.

트럼프 대통령: 아, 우리는 이곳을 정말 아름답게 만들고 있습니다. 우리가 만들어가는 모습이 바로 오벌 오피스가 있어야 할 모습입니다.

글렌 벡: 대통령께서 오벌 오피스를 완전히 변모시키셨습니다.

트럼프 대통령: 네, 그렇습니다. 하지만 단지 공간만 바꾼 것이 아닙니다. 더 중요한 것은, 우리의 아이디어와 정책을 통해 미국 자체를 변화시키고 있다는 점입니다. 우리는 심각한 문제들을 안고 있었지만, 이제는 강력한 국경을 갖추었고, 세계로부터 존경받고 있습니다. 그리고 여러분이 보시게 될 것입니다. 관세를 통해 어마어마한 돈이 미국으로 들어오고 있습니다.

사실 저는 여러분도 관세의 팬이 되게 만들고 싶습니다. 관세를 좋아해서가 아닙니다. 우리나라를 구하고 싶기 때문입니다. 우리는 매일 50억 달러를 잃고 있었습니다. 그것은 지속 가능한 상황이 아니었습니다. 그러니 지금부터 1년, 또는 2년 후에 다시 인터뷰를 하게 되면, 여러분은 '정말 옳으셨습니다'라고 인정하게 될 것입니다. 저는 지금까지 많은 것에 대해 옳았습니다.

글렌 벡: 대통령님, 오늘도 함께 해주셔서 정말 영광입니다."

트럼프 대통령: 저야말로 감사합니다. 여러분과 함께할 수 있어 늘 큰 영광입니다.

제23장

트럼프와 한국의 미래:
한미동맹과 새로운 도약의 기회

'북한이 미국을 위협하면 지금까지 이 세상이 보지 못한 화염과 분노에 직면하게 될 것이다.'

2017년 8월, 트럼프 대통령의 이 발언은 전 세계를 충격에 빠뜨렸다.[217] 핵무기를 가진 두 국가의 지도자가 서로 위협적인 발언을 주고받는 상황은 제3차 세계대전의 발발 가능성마저 우려되는 순간이었다. 그러나 놀랍게도 불과 몇 달 뒤, 이 두 지도자는 전혀 다른 모습을 보여주었다.

'김정은과 나는 서로 사랑에 빠졌다'

2018년 9월, 트럼프 대통령은 11월 6일에 치러질 '상·하원의원과 주지사 등 공직자를 선출하는 중간선거' 지원 유세에서 이렇게 말했다.[218] 적대적 관계에서 '러브레터' 교환으로 급선회한 이 극적인 변화는 어떻게 가능했을까?

2018년 6월 12일 싱가포르 센토사(Singapore Sentosa)섬에서 현직 미국 대통

---

[217] https://www.yna.co.kr/view/AKR20170809008900071 도널드 트럼프 미국 대통령은 2017년 8월 8일 (현지시간) "북한이 미국을 위협하면 지금껏 전 세계가 보지 못한 '화염과 분노(fire and fury)'에 직면하게 될 것"이라고 경고했다.

[218] https://www.clien.net/service/board/park/12647411 중간선거라고 불리는 이유는 통상적으로 미국 대통령의 4년 임기 중 2년이 지난 시점에서 실시되기 때문이다.

령인 트럼프와 북한 최고지도자 김정은이 처음으로 악수를 나눈 순간, 70년 적대 관계의 벽이 무너지는 듯했다. 트럼프는 이 만남을 '위대한 순간'이라 했고, 김정은은 '새로운 시작'이라고 평가했다. 불과 얼마 전만 해도 꿈조차 꾸지 못했던 천지개벽과 같은 뉴스였다. 핵 개발과 핵 폐기 문제로 날카롭게 맞섰던 양국 지도자가 한 자리에서 만나 대화를 나누었다는 것, 그 큰 사건으로 한반도 정세가 크게 바뀔 수 있는 계기가 되었다. 그러나 2019년 2월 베트남의 수도 하노이(Hanoi)에서 열린 두 번째 정상회담은 예상치 못한 결말을 맞았다. '때로는 자리를 박차고 일어나야 할 때도 있다'는 트럼프의 말처럼, 회담은 아무런 합의 없이 끝났는데, 비핵화의 범위와 제재 해제를 둘러싼 견해차가 너무나 컸다.[219]

'김정은 위원장을 만나러 군사분계선을 넘어가겠다'
2019년 6월 30일 트럼프는 트위터로 던진 즉흥적 제안을 실천에 옮겼다. 현직 미국 대통령이 북한 땅을 밟은 순간, 세계는 또 한 번 충격에 빠졌다. '최고의 쇼맨십, 최악의 결과?' 트럼프의 대북 정책은 파격적인 시도였다.

이런 화려한 이벤트 이면에는 실질적 성과의 부재라는 아쉬움이 남았다. 트럼프와 김정은의 만남은 불가능해 보였던 일을 가능하게 만들었다는 점에서 의미가 있다. '오늘의 적은 내일의 친구가 될 수 있다'는 트럼프의 말처럼 그의 시도는 향후 북미 관계에 새로운 가능성을 제시했다. 이제 우리에게 남은 질문은 이것이다.

'트럼프의 실험은 실패한 모험이었을까, 아니면 미래를 위한 소중한 경험이었을까?'

---

[219] https://www.snkpress.kr/news/articleView.html?idxno=57
https://www.bbc.com/korean/news-47382676 베트남 하노이에서 열린 2차 북미정상회담이 예상치 못한 상황에서 끝났다. 일반적으로 정상회담은 사전에 실무진이 조율하고, 이미 조율된 사항에 정상이 서명하는 방식인 것을 감안하면 매우 이례적이란 평가다. 사실 합의가 결렬된 것 외에도 이번 회담은 8개월 전에 싱가포르에서 열린 북미정상회담과 다른 점이 많았다.

트럼프와 한국: 한미동맹을 뒤흔든 발언에서 긍정적 영향력

한국이 트럼프를 싫어하는 이유는 그가 한국과 거래해서 얻어내기 위해 내뱉는 말 때문이다. 트럼프는 2016년 대선에 출마해서도 계속 한국에서 돈을 받아내겠다는 발언을 했다.

"저는 한국을 사랑합니다. 한국인들은 훌륭한 사람들이고 야망도 대단합니다. 그들은 '머니 머신'을 쥐고 있습니다. 그런데 잠깐만요. 한국은 우리에게 방위비를 전혀 지불하지 않고 있어요. 제가 말했죠. 이건 미친 짓이에요."

▲ 2017년 11월 8일 오전 대한민국 국회에서 연설하고 있는 도널드 트럼프 대통령

트럼프의 이런 발언들은 70년 가까이 이어온 한미동맹의 기반을 뒤흔들었다. 미국 우선주의를 내세운 장사꾼답게 그는 동맹(同盟)이라는 단어보다 거래(去來)라는 단어를 사용해 '한미 FTA'를 끔찍한 거래로 규정하고 '한국이 미국 일자리를 빼앗아 갔다(Korea Stole American Jobs)'고 주장했다. 더 나아가 '한국은 방위비 분담금을 더 내야한다. 만약 분담금을 내지 않으면 주한미군 철수도 고려할 수 있다'며 지속적으로 압박했다. 이로 인해 트럼프는 많은 한국인들에게 미움을 사게 됐다. 그러나 트럼프가 미움을 산 이유는 가짜뉴스가 큰

자리를 차지하고 있다.

트럼프가 선거 캠페인 연설 중에 이런 말을 했다고 신문에 보도된 적이 있었다.

New Zealand, it's over. South Korea, it's over, it's over.
뉴질랜드? 거기는 끝났어요. 한국? 거기도 끝났어요.

언론과 블로그에 이런 제목의 글들이 올라와 난리가 났다. '한국은 끝났다' '트럼프, 미국은 하루 4만 명 감염' '트럼프, 韓 코로나 재확산 언급하며 한국도 끝났다' '트럼프, 한·뉴질랜드 재확산 언급하며 끝났다' '트럼프, 한국은 끝났다' 등 말 그대로 망언이었다. 트럼프는 정말 한국과 뉴질랜드를 '모범 방역국 좋아하시네' 하면서 비웃었을까? 그때의 상황을 찬찬히 되돌려 들어봐야 한다.

But they like to compare us to others. so they were talking about New Zealand.

(미국 언론들은) 미국을 다른 나라와 비교하는 걸 좋아합니다. 뉴질랜드를 들먹이죠.

New Zealand, it's over, it's over for New Zealand.
Everything's gone. They'er beautiful.
They have a massive breakout yesterday.

(맞아요) 뉴질랜드, 끝났습니다.
뉴질랜드에서 모든 게(코로나19 바이러스가) 사라졌죠.
뷰티풀, 멋지게 끝났어요.
그런데 어제 대규모 감염사태가 터졌죠.

South Korea! It's over, It's over.

Big breakout yesterday.

It's tough, it's tough deal.

한국(도 바이러스가) 끝났지. 끝났다구요.

(그런데 역시) 어제 크게 터졌죠.

어려워. 어려운 일이라구요.

정리하자면 트럼프는 이렇게 말하고 싶었던 것이다.

"언론은 한국, 뉴질랜드와 비교하며 내가 미국 방역을 엉망으로 지휘한다고 하는데 뉴질랜드, 한국 다시 고생하는 거 봐요, 방역이 말처럼 그렇게 쉬운 게 아닙니다."

2017년 11월 처음 한국을 방문한 트럼프는 '한국은 매우 성공한 나라로 여러분이 이룬 것은 정말 놀랍다'고 하였고, 국회 연설에서 한국의 경제 발전에 대해 높이 평가했다.[220]

11월 7일 국빈 방문 첫 일정으로 경기도 평택 주한미군 기지 캠프 험프리스를 찾아 한미 양국 장병들과 점심을 함께했는데, 트럼프는 이날 전용기 에어포스원으로 주한 미 공군 오산기지에 도착한 뒤 전용 헬기 마린원으로 갈아타고 캠프 험프리스로 이동했다. 트럼프는 빈센트 브룩스(Vincent Brooks) 한미연합사령관의 안내를 받으며, 정경두 합참의장과 토머스 버거슨(Thomas Bergerson) 주한 미 7공군사령관, 토머스 밴달(Thomas S. Vandal) 미8군 사령관 등 한미 양국 군 수뇌부와 인사했다.[221]

---

[220] https://www.yna.co.kr/view/AKR20171108128400001
[221] https://www.yna.co.kr/view/AKR20171107105700014

2019년 6월 한국 방문: DMZ의 극적인 순간

▲ 2019년 판문점에서 만난 트럼프 대통령과 김정은 국무위원장

'김정은 위원장과 만날 수 있다면 DMZ에 가겠다.'

트위터 즉흥 제안으로 성사된 판문점 회동은 남북한, 미국 정상회담(Koreas-United States DMZ Summit)[222]이며 북한 땅을 밟은 첫 현직 미국 대통령 트럼프의 메시지와 한국에 대한 태도는 이중적이었다. 한편으로는 동맹의 가치를 경제적 이해관계로 환원시키며 압박을 가했고, 다른 한편으로는 '한국의 경제적 성공'을 칭찬했다.

긍정적 측면을 살펴보면 한국의 경제 발전 모델을 인정하며, 북미 대화에서 한국의 중재 역할을 수용하고, 한반도 평화 프로세스에 대한 협조를 구했다. 부정적 측면을 보면 동맹의 경제적 가치 환산 시도로 방위비 분담금 압박을 주었고, 무역 불균형 시정을 요구했다.

---

[222] 2019년 남북미정상회담(Koreas – United States DMZ Summit)은 남한과 북한 그리고 미국 간의 정상회담이다. 2019년 6월 30일 도널드 트럼프는 오후 3시 45분에 군사분계선을 넘어 현직 미국 대통령으로 최초로 북한을 밟은 대통령이 됐고, 김정은과 트럼프는 남측 지역에 있는 자유의 집에서 정상회담을 가졌다.

트럼프식 외교가 남긴 것처럼 '트럼프 시대'는 한미동맹의 본질에 대해 근본적인 질문을 던졌다. '동맹의 가치'와 '동맹의 비용' 사이에서 새로운 균형점을 찾아야 하는 과제를 남겼다. 여기서 동맹의 가치를 새롭게 정립할 필요성을 느끼고, 경제와 안보의 연계성에 대해 검토해야 할 것이다.

자주국방(自主國防)의 중요성을 부각시키고 '미국 우선주의'를 외치는 그가 제기한 질문들은 여전히 유효하다. 한미동맹은 이제 '가치(價値)'와 '비용(費用)' 사이에서 새로운 균형점을 찾아야 하는 국면에 처해 있다. '동맹의 가치는 과연 돈으로 환산할 수 있는 것일까?' 이것이 트럼프가 우리에게 남긴 가장 큰 질문일 것이다.

보이지 않는 침략 속의 한국

한국 정치의 상층부에는 친중 인사들이 포진해 있다. 겉으로는 자주를 외치고 민족을 내세우지만, 실상은 중국 공산당과의 깊은 연줄로부터 자유롭지 않다. 일부 정치인과 경제인들은 중국 자본에 의존하며 중국의 입장을 대변하는 일에 더 익숙하다. 심지어 대한민국을 중국식 사회주의 모델로 이끌려는 움직임마저 관찰된다. 이들은 한미 동맹을 위협으로 여기고, 미국과의 군사 협력에 소극적이다. 그들의 눈에는 자유민주주의가 아니라, 중국식 통제가 이상적인 미래로 여겨진다.

가장 충격적인 사실은 한국의 선거 시스템까지 중국의 영향력이 미쳤다는 점이다. 2020년과 2022년 그리고 2024년으로 이어지는 일련의 선거들 속에서 부정선거 의혹이 끊임없이 제기되었다. 그 중심에는 '중국과의 연결고리'가 자리하고 있다. 전자개표기, QR코드, 서버통신 등 중요한 요소들에 중국 기술과 장비가 개입되었고, 일부는 중국과 직접 연결된 것으로 밝혀졌다. 중앙선거관리위원회는 이에 대해 수차례 의혹을 부인했지만, 내부 고발자들과 독립 연구자들의 분석은 분명한 신호를 보였다.
- 중국 기업과 연관된 장비 공급처
- 선관위 관계자들의 친중 커넥션
- 선거 이후 갑작스러운 데이터 삭제와 감시 회피

이 모든 것은 우연이라 보기 어려운 정황이다. 한국은 민주주의 국가다. 그러나 그 민주주의의 핵심인 선거마저 외부의 손에 의해 오염되었다면, 그 국가는 진정 자유롭다고 할 수 없다.

오늘의 한국은 표면적으로는 자유민주주의 국가처럼 보인다. 그러나 이면에서는 중국의 경제적·정치적 침투, 북한의 지속적 위협과 간첩 활동, 내부로 번지는 사회주의적 정책과 이념 등이 조용히 진행되고 있다. 언론의 편향, 교육의 좌경화, 안보와 경제의 종속, 이 모든 것은 한국을 '중국의 속국'으로 만들려는 장기 전략의 일부였다.

그리고 지금 이 순간, 한국인들은 선택의 기로에 서 있다. 사회주의적 유혹에 굴복할 것인가? 아니면 자유의 깃발을 들고 다시 일어설 것인가?

트럼프: 새로운 고레스의 역할

트럼프는 단순한 미국 대통령 그 이상이었다. 그는 전 세계 자유 진영의 운명을 바꿀 수 있는 역사적 인물로 자리 잡았다. 2017년, 트럼프 대통령은 전 세계를 뒤흔드는 발표를 했다.

'예루살렘은 이스라엘의 영원한 수도다'

그는 미국 역사상 최초로 예루살렘을 이스라엘의 공식 수도로 인정하고, 주(駐)이스라엘 미국 대사관을 텔아비브에서 예루살렘으로 이전한다고 선언했다. 이것은 단순한 외교적 조치가 아니었다. 3000년 전 이스라엘의 수도였던

예루살렘의 정체성을 회복시키는 성경적 사건이었다. 이스라엘 국민들은 트럼프를 고대 고레스 왕에 비유하며,

그의 얼굴과 고레스 왕의 얼굴을 함께 새긴 '고레스-트럼프 성전 기념 동전'을 제작했다.[223] 이 동전에는 다음과 같은 문구가 새겨져 있었다.

'Cyrus-Balfour-Trump Declaration 1917-2017'

그들은 선언했다.

'트럼프 대통령은 현대판 고레스다.

하나님께서 그를 사용해 이스라엘을 회복시키셨다'

한국을 위한 고레스의 소명

제33대 미국 대통령이었던 해리 S. 트루먼은, 한국 현대사에서 중요한 전환점에 깊이 관여한 인물이었다. 1945년 8월에 일본과의 전쟁을 종결짓기 위해 히로시마와 나가사키에 원자폭탄을 투하했던 결정은 당시 미국 대통령이었던 해리 S. 트루먼의 승인 아래 이루어졌다. 이로 인해 일본이 항복했고 1910년부터 35년간 지속되었던 한국에 대한 식민 통치도 종결되었다. 즉, 트루먼 대통령의 전쟁 종결 전략이 한국의 해방을 가져왔다.

또한, 일본 패전 직후 트루먼 행정부는 소련과 협의하여 한반도를 38선을 기준으로 분할 점령하기로 결정했고, 이에 따라 미군이 남한에 진주하여 행정권을 맡게 되며 한국의 독립 준비를 지원했다. 이는 1948년 대한민국 건국으로 이어지는 기반을 마련해준 것이다. 해리 트루먼은 직접적으로 독립을 선언하거나 추진하지는 않았지만, 일본을 항복시키고 해방 이후 남한을 안정적으

---

[223] Israel365 News, "Trump-Cyrus Temple Coin Released", 2018.

로 이끄는 데 핵심적인 역할을 했다. 1950년 6월 25일 북한의 남침으로 6.25 전쟁이 발발했을 때, 트루먼 대통령은 이를 단순한 내전이 아니라 자유민주주의 세계에 대한 공산주의의 침략으로 규정했다. 그는 유엔군의 결의를 지지하고, 미국 군대를 즉각 파병함으로써 대한민국을 공산화의 위기에서 구해냈다. 트루먼의 이 결정은 대한민국의 자유와 존립을 지킨 역사적 전환점이 되었으며, 오늘날 한미동맹의 기초를 놓았다.

해리 S. 트루먼이 고레스처럼 이스라엘의 국가 건국을 지원했을 뿐 아니라, 한국 해방과 한국전쟁 참전을 통해 대한민국을 구했다.[224] 마찬가지로, 트럼프의 소명도 이스라엘만을 위한 것이 아니었다. 트럼프 역시 고레스처럼 한국과 북한 백성의 해방을 위해 부름 받았다. 트럼프는 사회주의를 격렬히 반대했다. 그는 미국 내부의 사회주의 흐름을 분쇄하고, 세계 무대에서는 글로벌 사회주의 세력을 약화시키고 있었다. 트럼프는 이들을 정확히 꿰뚫어 보았다. 이스라엘을 다시 회복시킨 트루먼처럼, 북한 해방과 한국의 진정한 독립을 위해 트럼프는 새로운 고레스의 역할을 감당하고 있다. 그는 단순히 방위비를 요구하는 장사꾼이 아니라, 한국이 진정한 자유 민주국가로 남아있는 것과 남북의 통일을 도와줄 수 있는 '고레스'가 될 수 있다.

관세전쟁의 진실과 한국이 선택할 나라

2025년, 미국과 중국의 관세전쟁이 겉으로는 90일간의 휴전이라는 이름으로 봉합됐지만, 실제로는 지정학적 헤게모니를 놓고 벌어지는 치열한 이념전쟁의 연장선이다. 이 거대한 충돌 속에서 한국은 누구를 선택해야 하는가? 그 질문은 이제 단순한 외교적 선택의 문제가 아니라, 국가의 생존을 좌우할 근

---

[224] Harry Truman Presidential Library, "Truman and the Liberation of Korea", 1950.

본적 정체성의 질문이 되었다.

이번 관세전쟁은 미국이 중국에 대해 145%의 고율 관세를 부과하면서 시작되었다. 중국은 곧바로 보복했고, 양국은 끝을 알 수 없는 치킨게임에 돌입했다. 겉으로는 강대강의 대치였지만 실상은 달랐다. 중국은 국민에게 '끝까지 싸우겠다(奉陪到底)'고 외쳤다. 그러나 중국은 다른 움직임을 보이고 있었다. 스위스 회담, 이미 짜여진 각본대로 양국의 공식 협상은 5월 10일 스위스에서 열렸지만, 실상은 그 수개월 전부터 물밑 접촉이 조용히 진행되고 있었다.

중국은 공식적으로 '우리는 미국과 사전 접촉한 적 없다'고 밝혔지만, 실제로는 워싱턴에 협상단을 은밀히 파견했고, 130개 품목의 백지 리스트(관세 면제 요청 목록)를 제출했다. 스위스 협상에서 양국은 불과 몇 시간 만에 합의를 발표했지만, 이는 실질적으로 수 개월간 조율해온 결과를 외교 무대에서 연출한 것이었다. 양국 모두 국내 정치적 계산 아래 협상의 존재를 감추었고, 이로 인해 '갑작스런 휴전'이라는 착시효과가 언론과 대중에게 퍼지게 되었다.

스위스에서 열린 5월 10일 회담 이후 미국과 중국은 겉으로는 상호 관세를 대폭 인하했다. 미국은 대중(對中) 관세를 145%에서 30%로, 중국은 대미(對美) 관세를 125%에서 10%로 낮췄다고 밝혔다. 하지만 이는 절반의 진실에 불과하다. 트럼프 1기 당시 도입된 '무역법 301조(Section 301)'의 20% 관세는 여전히 유효하며, 실제 미국의 대중 평균 관세율은 약 50%에 달한다.

그것뿐만이 아니다. 이번 협상을 통해 미국은 단순한 관세 유지 이상의 구조적 양보를 중국으로부터 이끌어냈다. 구체적으로는 다음과 같은 성과가 있다.

* 중국의 희토류 수출 제한 완화: 미국은 반도체, 배터리, 군수산업에 필수적인 희토류 수급을 안정적으로 확보하게 되었으며, 이는 국가안보 차원의 전략적 성과로 평가된다.

* 미국 기업에 대한 규제 철회: 중국은 특정 미국 빅테크 및 제약 기업에 가해졌던 제재 조치를 철회했으며, 일부는 중국 내 시장 접근권도 재부여되었다.
* 지식재산권 보호 강화: 중국은 미국 기업의 기술 탈취를 막기 위한 지식재산 보호 관련 약속을 재확인하고, 기술이전 강요 금지 조항을 명문화하기로 합의했다.
* 미국산 농산물·에너지 수입 재개: 트럼프 행정부는 중국으로부터 미국산 옥수수, 대두, LNG(액화천연가스) 수입 확대를 이끌어내며 중서부 농민과 에너지 기업의 압도적 지지를 재확보하는 데 성공했다. 이러한 조건은 관세 완화 없이 미국이 얻어낸 실리라는 점에서 전략적 승리로 평가된다.

협상 이후 중국은 자국 언론을 통해 '중국은 도량을 베풀어 관세를 철회해 준 것'이라는 메시지를 대대적으로 유포했다. '미국이 간절히 요청해서 받아 준 것' '우리는 무릎 꿇지 않았다' '중국은 관세를 철회한 것이 아니라 인도주의적 자비를 베푼 것이다'라는 담론은 관영 방송과 SNS를 통해 확산되었다. 특히 '미국의 크리스마스 장식은 중국 없이는 불가능하다' '미국 아이들의 장난감도 중국 없이는 안 된다'는 감성적 언어는 국민 정서를 자극하며 자국의 굴복을 미화하고, 미국을 의존적인 국가처럼 포장하는 데 사용되었다.

이는 실상과는 거리가 멀다. 미국은 고관세를 유지한 채 중국으로부터의 수입 비중을 점차 줄이고 있으며, 생산라인을 동남아, 인도, 멕시코로 이전 중이다. 경제적 현실은 냉혹하다. 중국은 '91%의 보복관세가 철회되었다'고 발표했지만, 실제 미국의 대중 총 관세율은 여전히 50% 이상이다. 중국은 수출 회복을 홍보하지만, 실제 대미 수출량은 관세전 대비 회복되지 못한 상태며, 다수 공장은 폐업하거나 생산 규모를 줄인 채 운영 중이다. 이러한 사실은 중국

내에서는 전혀 보도되지 않고 있으며, 외부 인터넷과 정보는 철저히 차단된 상태다.

왜곡된 프레임 반복 문제는 이러한 국제 흐름에 대한 한국 언론의 왜곡된 보도다. 다수 언론은 '미국이 양보했다' '중국이 실리 외교에 성공했다'는 식의 프레임을 반복하고 있으며, 미국의 고율 관세 유지나 스위스 회담의 사전 각본성 등은 거의 다뤄지지 않는다. 해외 주요 경제지들은 트럼프 행정부가 여전히 협상의 주도권을 쥐고 있으며, 중국의 약한 경제 기반이 외교적 양보를 유도한 핵심 요인이라는 분석을 내놓고 있다.

그렇다면 왜 중국이 이런 굴욕적인 거래를 한 것일까? 이미 추락하던 중국 내부에서는 눈에 띄는 균열이 발생하고 있었다. 수출에 의존하던 중소 공장들이 줄줄이 문을 닫았고, 일부 지역에서는 실업과 경기침체로 인한 반정부 시위가 벌어졌다. 베이징, 상하이와 같은 대도시에서도 인적이 드문 상점가들이 목격됐고, 경제 활동이 급격히 위축되는 조짐이 감지됐다. 반면 필자가 이 시기 미국 현지에 머무르며 직접 체감한 것은 미국 내에서는 눈에 띄는 경제 충격이 없었다는 사실이다. 소비는 여전히 활발했고, 대다수의 미국인은 무역전쟁을 피부로 느끼지 못하고 있었다.

'절대 미국에 굴복하지 않겠다'던 중국은 결국 무릎을 꿇었다. 그러나 중국은 강경 이미지와 정신 승리를 통해 내부 불안을 통제하려 하고 있다. 그리고 전 세계는 '휴전'이라는 연극을 보며, 진짜 전쟁이 어디에서 벌어지고 있는지를 묻지 않는다.

이쯤에서 한국이 빠져 있는 착각 하나를 짚고 넘어가야 한다. '우리는 중국에 미국보다 더 많은 물건을 팔았던 적이 있으니, 떠오르는 14억 중국이 더 중요하다'는 착각이다. 하지만 이것은 숫자의 함정이다. 한국이 중국에 수출한 많은 제품들은 중국 내 최종 소비를 위한 것이 아니었다. 실제론 중국이 미국에 수출하기 위한 중간재, 부품, 소재로 활용된 경우가 많았다. 다시 말해, 한국은 중국을 통해 미국에 물건을 판 것에 가깝다. 이 구조는 과거 한국이 일본 부품을 들여와 조립한 후 미국으로 수출하던 모델과 동일하다. 즉, 실질적인 최종시장과 구매자는 미국이었다. 중국은 중간거점일 뿐이었다. 그렇기에 이번 관세전쟁은 한국에게 더 큰 교훈을 준다. '진짜 파트너는 누구인가?'라는 질문에 관세전쟁은 이렇게 답했다.

'미국이 진짜 고객이다. 중국은 통과지일 뿐이다'

이제 우리는 경제만이 아닌 가치와 체제의 본질로 눈을 돌려야 한다. 중국은 지금도 신장 위구르 지역을 강제 수용하고, 홍콩의 민주주의를 짓밟고 있다. '일국양제(一國兩制)'라는 약속은 거짓이었다. 장악하는 과정은 잔인했고, 장악한 뒤엔 자유를 빼앗았다. 반면, 미국이 주도한 지역들은 어땠는가? 일본, 독일, 한국, 대만. 그곳은 미국의 영향 아래 민주주의와 시장경제가 뿌리내렸고, 언론과 표현의 자유, 자산권 보호, 자기 결정권이 주어졌다. 물론 미국도 불완전하다. 미국은 때때로 제재를 가한다. 일본처럼, 어느 순간 커졌다고 판단되면 압박을 가한다. 그러나 그것은 자유를 빼앗는 방식이 아니라, 경쟁의 규칙을 조정하는 방식이다. 중국처럼 입을 틀어막고, 눈을 가리고, 역사를 지우는 방식은 아니다.

이제 우리는 선택해야 한다. 경제적 이익만으로는 이 선택을 설명할 수 없다. 진짜 중요한 것은 우리가 어떤 체제 안에서, 어떤 가치를 누리며 살고 싶은가이다. 정신승리와 검열, 공산당의 명령 아래 사는 것인가? 비판할 수 있고, 실패를 말할 수 있으며, 스스로 선택할 수 있는 나라와 함께할 것인가?

이 관세전쟁은 단순한 숫자의 전쟁이 아니었다. 국가의 정체성과 진실에 대한 전쟁이었다. 그리고 그 전쟁에서 미국은 협상 없이 실리를 챙겼고, 중국은 체면을 위해 거짓을 포장했다. 한국은 지금 역사적 기로에 서 있다. 양쪽 모두 우리에게 말한다. '우리를 선택하라' 중국은 '경제'를 말하고, 미국은 '가치'를 말한다. 그러나 진실은 이렇게 말하고 있다. '과거에도, 지금도, 실질적 파트너는 미국이었다. 그리고 미래도 그럴 것이다'

국민이 깨어 있어야, 국가는 자유를 지킬 수 있다. 이제 선동에서 벗어나서 진실과 실이익 위에 나라를 세울 시간이다.

제24장

트럼프 시대의 투자전략: 경제 위기 속 생존 전략

한국과 전 세계에 경제 위기가 들이닥쳤다. 사람들은 느끼고 있다. 미국은 어느 정도 버티고 있는 것으로 보이지만 쉽지 않은 상황에 있다. 미국은 36조 달러의 부채를 가지고 있다. 2025년에 그들은 6조 달러를 지출할 계획이고, 수입은 4조 달러에 불과해서 2조 달러를 빌려야 한다. 이것은 부채를 38조 달러로 늘릴 것이다. 트럼프는 이 문제를 해결하기 위해 3가지 방법을 사용하고 있다.

첫째, 일론 머스크의 DODG로 지출을 급격하게 줄인다. 그래서 머스크가 엄청난 낭비와 사기를 들추어내서 정부가 지출하는 잘못된 재정을 멈추고 있다.

두 번째, 관세를 통해 수입을 1에서 2조 달러로 늘린다. 이에 대해 다른 나라들은 보복을 하려다 더 큰 피해를 입을 것 같아 트럼프와 거래를 하기 시작했다. 미국이 매년 20조 달러를 소비하고 3조 달러를 수입하는 지구상에서 가장 큰 고객이기에 어쩔 수 없는 선택이다. 사실 대부분의 나라와 서로의 관세가 공정하지 않은 것도 사실이다.

세 번째, 관세, 세금혜택, 각종 규제의 철회로 더 많은 투자가 유입되게 한다. 이미 거대 기업들이 미국에 투자를 약속하고 있고 발 빠른 기업들은 이미 투자를 진행하고 있다. 더 많은 일자리와 세금을 내는 사업이 미국으로 들어와 미국을 더욱 부유하게 할 수 있다.

네 번째, 미국 영주권을 받을 수 있는 골드카드를 만들어 판매한다. 트럼프 골드카드는 전 세계의 수백만 명이 구매할 능력이 있다. 법인세가 15%가 되면 미국은 지구상에서 가장 사업하기 매력적인 나라 중 하나가 될 것입니다. 그들 중 10만 명만 구매를 하면 11조 달러가 미국으로 들어온다.

트럼프의 계획이 성공한다면 미국은 흑자 국가가 될 수 있다. 그리고 트럼프는 남는 돈으로 개인 세금을 줄이려 하고 있다. 성실히 일하는 사람들이 정부에 약탈당하지 않도록 하려는 것이다. 또한 노인, 병자, 사회 곳곳에 있는 약자와 같이 진짜 필요한 곳에 돈이 갈 수 있도록 노력한다.
이렇게 되면 미국은 전 세계에서 가장 살기 좋은 국가가 될 것이다. 트럼프의 경제 계획은 미국인들에게 결코 나쁘지 않다. 상당히 상식적이고 납득할 만하다. 그러나 수많은 도둑들이 도둑질하기 위해 나라 안에 비상식적인 시스템을 깔아놓았다. 이들이 국민을 선동하고 좋지 않은 정보만 내보내는 것은 도둑질을 멈추고 싶지 않기 때문이다.

세계 경제질서가 바뀌는 지금, 몇 가지 투자전략에 관한 정보를 드린다면 다음과 같다.

1. 금과 은: 변하지 않는 진짜 돈에 투자하라

세상이 변해도, 진짜 가치는 변하지 않는다. 오늘날 우리는 주식, 채권, 암호화폐, 부동산 등 다양한 자산에 투자할 수 있는 시대에 살고 있다. 그러나 수천 년 동안 변함없이 '진짜 돈'으로 인정받아온 자산이 있다. 바로 금과 은이다.

금과 은은 단순한 투자 수단이 아니다. 그것은 역사상 모든 문명과 왕국들이 인정한 절대적 가치 저장 수단이었다. 고대 바벨론에서도, 로마 제국에서도, 대공황 시기에도 그리고 오늘날에도 금과 은은 언제나 최후의 안전장치가 되었다. 지폐는 인플레이션으로 휴지 조각이 될 수도 있지만, 금과 은은 결코 사라지지 않는다.

특히 트럼프 시대 이후, 글로벌 경제는 거대한 변화를 맞이하고 있다. 달러 패권이 흔들리고, 디지털 화폐(CBDC) 같은 중앙통제형 통화시스템이 추진되고 있다. 이런 불확실성의 시대일수록 금과 은을 확보하는 것은 단순한 투자 이상의 의미를 가진다. 자유를 지키는 마지막 방어선, 그것이 바로 금과 은이다.

2. 먹는 것에 투자하라

오늘날 많은 사람들이 주식, 부동산, 심지어 암호화폐 같은 것들에 몰두하고 있다. 그러나 정작 가장 기본적인 생존의 근간인 '먹는 것'에 대해서는 거의 준비하지 않는다. 사람들은 돈으로 무엇이든 살 수 있다고 착각하지만, 성경은 이 착각을 무너뜨리는 경고를 분명히 우리에게 주었다.

> 내가 보니 검은 말이 나오는데 그 탄 자가 손에 저울을 가졌더라. 내가 들으니 네 생물 사이로부터 나는 듯한 음성이 있어 이르되 '한 데나리온에 밀 한 되요, 한 데나리온에 보리 석 되로다. (요한계시록 6장 5-6절)

검은 말의 등장과 함께 세상은 극심한 식량난과 경제적 붕괴를 경험하게 된다. 하루 온종일 일한 대가를 다 주어야 겨우 밀 한 되(약 1.2리터 분량), 보리 석 되(약 3.6리터)를 살 수 있는, 끔찍한 시대가 온다는 것이다.

이 예언은 단순한 상징이 아니다. 이미 우리는 그 전조를 목격하고 있다. 전 세계의 공급망 붕괴, 기후 변화로 인한 농업 파괴, 식량 가격 급등 그리고 전쟁과 정치적 불안정이 교묘하게 얽히면서 식량 위기는 점점 현실로 다가오고 있다.

지금은 먹는 것에 투자할 때다. 단순히 식량을 쌓아놓는 차원을 넘어, 직접 재배할 수 있는 능력을 갖추고, 믿을 수 있는 물과 씨앗을 확보하며 저장과 보존 방법을 익혀야 한다. 도시 한복판에서 돈을 들고 있어도, 먹을 것이 없다면 무용지물이다.

진정한 부는 금과 은이 아니라, 위기 때 생존을 가능하게 하는 먹거리다. 지금은 투자해야 한다. 돈을 넘어 땅과 씨앗과 물 그리고 생존할 수 있는 먹을 것에. 먹을 것을 지혜롭게 준비하는 자는 마지막 때에 남을 돕고 복을 흘려보내는 도구가 될 것이며 준비 없이 방심한 자는 큰 고통에 직면할 것이다.

3. AI에 배팅하라: 다가오는 기술의 시대와 성경적 통찰

오늘날 우리는 기술혁명이라는 거대한 물결 한가운데에 서 있다. 그 중심에는 인공지능(AI)이 있다. 많은 사람들이 AI의 폭발적 성장을 경이로워하면서도 동시에 두려워한다. 그러나 놀랍게도 성경은 이미 이러한 시대를 예견하고 있었다. 계시록 13장을 살펴보면, 마지막 시대에 등장할 "생기가 들어간 우상"에 대한 놀라운 묘사가 나온다.

> 그가 권세를 받아 그 짐승의 우상에게 생기를 주어 그 우상이 말하게 하고 또 짐승의 우상에게 경배하지 아니하는 자는 다 죽이게 하더라. (계시록 13:15)

고대 시대의 우상들은 입이 있어도 말하지 못하고, 귀가 있어도 듣지 못했다. 그러나 계시록에 등장하는 새로운 우상은 다르다. 생기가 부어져서 말을 한다. 이는 단순한 조각상이나 금속 덩어리가 아니라, AI 기술과 접목된 '살아 있는 우상'을 강력히 암시한다.

오늘날 우리는 실제로 'AI 신'이 만들어지는 시대에 살고 있다. 일본, 유럽, 미국 곳곳에서 AI를 경배의 대상으로 삼으려는 움직임이 관찰되고 있으며, 이미 'AI 성직자' 'AI 신탁 시스템' 같은 프로젝트가 현실화되고 있다.

기술은 중립적이다. 문제는 인간이 그것을 하나님을 영화롭게 하는 데 쓰느냐, 아니면 짐승의 체제에 봉사하게 하느냐이다.

트럼프와 AI 대폭발: 왜 AI는 더 빠르게 발전하는가

도널드 트럼프는 두 번째 대통령직을 시작하면서 미국 내 기술 혁신을 국가적 우선순위로 삼았다. 특히 그는 'AI 패권 확보'를 국가 안보와 경제 성장의 핵심으로 강조했다.

그에 따르면 'AI는 미국을 다시 경제적 초강대국으로 만들 열쇠이며 AI를 장악하는 자가 21세기를 지배한다'고 천명했다. 그리고 다음과 같은 강력한 AI 정책들을 발표했다:

- 미국 내 AI 칩 생산 공장 대대적 투자
- 국방, 에너지, 보건 분야에 AI 예산 수백억 달러 배정
- AI 스타트업과 대기업에 감세 및 지원 혜택 제공
- AI 인재 확보를 위한 이민 규제 완화
- AI 윤리 규범은 강화하되, 과도한 규제는 폐지

그 결과, 2025년 이후 미국의 AI 관련 주식, 기술, 인프라 투자는 폭발적으로 증가했다. 마이크로소프트, 구글, 엔비디아(NVIDIA), 테슬라뿐 아니라 수백 개의 중소 AI 기업들이 번창하고 있다. 특히 AI 반도체, 자율주행, 헬스케어, 국방 AI, 교육 AI 시장은 초고속 성장 중이다.

AI의 부흥기는 이제 막 시작되었다. 그렇다면 이 흐름에 현명하게 참여하려면 어떻게 해야 할까?

첫째, 우리는 AI기업에 투자할 수 있다.

둘째, ChatGPT, Midjourney 같은 생성형 AI를 배우고, 생산성과 사업에 적용할 수 있다. 필자가 지금 쓰고 있는 책도 ChatGPT를 사용해서 작업시간의 삼 분의 일을 절약할 수 있었다. 만약 초기부터 사용했다면 절반 이상 줄일 수 있었을 것이다.

셋째, 직접 AI를 접목한 사업을 시작할 수 있다. 쉬운 방법 중 하나는 은퇴하는 사람들이 포기하는 사업을 구매해서 AI를 접목하는 것이다. AI를 모르던 분들이 운영하던 어떤 사업은 인건비도 많이 나가고 효율이 떨어지지만 AI가 접목될 때 인건비는 획기적으로 줄이고 더 큰 효율을 낼 수 있다. AI 투자는 단순한 재테크를 넘어, 다가오는 시대의 생존 전략이 될 것이다.

AI는 칼과 같다. 의사의 손에 들리면 생명을 살리고, 범죄자의 손에 들리면 생명을 빼앗는다. AI 자체는 선도 악도 아니다. 문제는 그 도구를 누구의 목적에 따라 사용하는가에 달려 있다. 한번 AI에 배팅해보라.

4. 가상화폐에 투자하라

사실 이 책을 쓸 때 투자에 대한 글은 넣을 계획이 없었다. 그런데 지인의 강력한 권유로 이번 장을 책에 넣게 되었다. 사실 필자는 다른 사람들에게 경제 자문(Financial Advisor) 역할을 거의 하지 않았다. 그러나 글로벌 엘리트 세력들을 따라가다가 보니까 미래 예측이 가능해서 간단한 조언을 한 적은 몇 번 있다.

첫째, 필자는 몇 년 전부터 금과 은을 사두라고 했다. 왜냐면 가짜들이 점점 힘을 잃고 진짜가 득세하는 시대가 다가오는 것을 느꼈기 때문이다.

두 번째, 필자는 암호화폐 중 XRP를 구입하라고 가까운 지인들에게 조언을 했다. 그 이야기를 들은 지인 중 한 분은 2025년 초에 필자에게 전화를 걸어 왜 그 말을 듣지 않았는지 후회가 된다고 했다. 또 한 분은 "그때 사라고 한 것이 XRP지요? 왜 리플이라고 안 하셨어요. 한국 사람들은 리플로 알아요."라고 말씀하시며 때를 놓친 것을 안타까워했다.

도널드 트럼프는 2016년 대통령으로 당선되었을 때, 미국 경제를 강하게 만들겠다는 명확한 목표를 갖고 있었다. 그의 경제 정책은 전통적인 자산과 금융 시스템을 중심으로 움직였으며 강한 미국 달러(Strong Dollar), 낮은 세금 그리고 제조업 부흥이 핵심 기조였다. 하지만 당시 급부상하던 암호화폐(Cryptocurrency)에 대해서는 명확한 거부감을 드러냈다.

그는 비트코인(BTC)과 같은 디지털 자산을 직접적으로 비판하며 '나는 비트코인의 팬이 아니다'라고 공개 선언했다. 2019년 트위터에서 그는 '비트코인과 기타 암호화폐는 돈이 아니다'라고 단언하며, 변동성이 심하고 불법 활동에 악용된다고 했다.

2019년, 페이스북(현 메타)은 자체 암호화폐 프로젝트인 리브라(Libra)를 발표했다. 트럼프 행정부는 이를 강하게 반대했고 결국, 리브라는 정부의 압박과 규제 우려 속에서 좌초되었다. 트럼프는 암호화폐를 '위험한 투기 자산'으로 간주했으며, 미국 달러의 패권을 위협하는 존재로 인식했다.

그러나 2024년 재선 캠페인에서 과거에는 암호화폐에 비판적이었던 트럼프의 태도가 180도로 전환했다. 이로 인해 그가 당선된 이후, XRP뿐만 아니라 여러 주요 알트코인들이 상승했다.

- 솔라나(SOL): 빠른 트랜잭션 속도와 NFT, 디파이(DeFi) 생태계 확장으로 인해 강세를 보였다.
- 폴카닷(DOT) & 애벌랜치(AVAX): 멀티체인 솔루션과 확장성 개선 기대감으로 상승.
- 도지코인(DOGE): 트럼프와 가까운 일론 머스크(Elon Musk)가 다시 도지코인을 밀어줄 것이라는 기대감으로 급등.

특히 도지코인은 '트럼프-머스크 연합'이라는 기대 심리 속에서 밈(meme)코인으로 다시 주목받으며 대중적인 상승세를 기록했다.

2024년 대선에서 도널드 트럼프가 승리하자마자 암호화폐 시장은 폭발적인 상승세를 보였다. 비트코인(BTC), 이더리움(ETH) 그리고 특히 XRP를 포함한 주요 알트코인들이 급격한 가격 상승을 기록했다. 이 흐름은 그가 관세 정책을 발표한 후에 무너져 내렸다. 그러나 시간이 지난 후에 이 흐름은 다시 돌아와 미국 사회와 전 세계를 흔들 어놓을 것이다.

트럼프 시대, 왜 가상화폐에 투자해야 하는가

도널드 트럼프 대통령의 복귀는 단지 정치적 변화만을 의미하지 않는다. 사업가 트럼프는 전 세계 금융 질서의 판을 다시 연준(Fed)의 정책, 국가 부채, 세금, 달러 패권에 대한 도전까지—그는 늘 시스템 바깥에서 판을 흔들어왔다. 바로 이 시점에서 가상화폐는 '안전한 피난처'이자 '미래의 자산'으로서 재조명되고 있다.

첫째, 기존 금융 시스템의 신뢰 붕괴다. 미국은 현재 35조 달러에 가까운 국가 부채와 함께 연간 이자만 9,000억 달러에 달하는 위기 상황에 직면해 있다. 이런 조건에서 달러의 신뢰는 점점 약화되고 있으며, 국민과 투자자들은 탈중앙화된 자산, 즉 정부가 손댈 수 없는 자산으로 눈을 돌리게 된다.

둘째, 트럼프 행정부는 정부의 규제 축소와 개인의 자유를 보장하는 정책을 펼치고 있다. 트럼프는 과거에도 비트코인과 같은 자산에 비판적인 동시에 정부의 과도한 통제를 반대해왔다. 이는 결과적으로 가상화폐 산업의 성장을 유도하는 환경으로 작용하고 있으며, 자유시장 안에서 경쟁력 있는 디지털 자산들이 더 많은 투자자와 기업을 끌어들이는 구조를 만들고 있다.

셋째, 트럼프 시대는 반(反) 글로벌리즘과 탈중앙화의 흐름을 강화시킨다. 이는 국가와 국가 사이의 통화 전쟁, 글로벌 무역 갈등, CBDC(중앙은행 디지털 화폐)에 대한 반감 등과 맞물려 개인들이 국가 밖에 있는 통화 수단을 선호하게 만든다. 디지털 금이라 불리는 비트코인뿐 아니라, 다양한 디지털 자산들이 이러한 흐름에서 투자 대상으로 급부상하고 있는 것이다.

넷째, 트럼프 대통령은 이미 Truth Social과 Trump Coin 등을 통해 디지털 자산을 정치적·경제적 수단으로 활용하고 있다. 이는 단순한 유행을 넘어, 보수 진영의 디지털 경제 생태계 형성으로 이어질 가능성이 크며 이에 따른 새로운 투자 기회가 열리고 있다.

마지막으로 우리는 지금 중앙화된 화폐 체제에 대한 대안이 절실해진 시대를 살고 있다. 트럼프 시대는 이러한 불신을 더욱 가시화하고 있으며, 그 속에서 블록체인 기반 자산은 신뢰의 도구, 분산된 자유의 상징으로 기능한다.

가상화폐 투자는 단순한 수익 추구가 아니라, 새로운 시스템에 대한 조기 참여이며 주권적 자산 방어의 수단이다. 트럼프 시대야말로 그 진입의 문이 다시 열리고 있는 순간이다.

5. 트럼프 시대, 미국에 투자하라

대한민국의 경제는 지금, 전례 없는 구조적 위기에 직면해 있다. 고령화 속도는 세계 최상위권이고, 청년 실업률은 계속해서 높아지고 있으며, 제조업 기반은 중국과 동남아로 밀려난 지 오래다. 부동산으로 지탱하던 가계 자산 구조는 금리 인상기 속에서 빠르게 균열을 드러내고 있고, 국내 기업들조차 더 이상 한국을 '기회의 땅'으로 여기지 않는다.

이제는 대한민국이라는 경제 울타리 안에만 머물러 있는 것이 가장 위험한 전략이 될 수 있다. 지금이야말로 시선을 해외로, 특히 미국으로 돌려야 할 시점이다.

물론, 조 바이든 행정부 하의 미국 경제 역시 만만치 않다. 무분별한 재정 지출과 통화 확장 정책은 인플레이션을 부추겼고, 미국 내 기업세 및 규제 강화는 기업 환경을 위축시켰다. 그러나 중요한 사실은 이와 같은 혼란의 한가운데서 도널드 트럼프가 다시금 백악관으로 복귀했다는 점이다.

트럼프는 재임 당시 미국 경제를 실질적으로 성장시킨 몇 안 되는 대통령이었다. 대대적인 법인세 인하, 규제 철폐, 제조업의 미국 회귀 정책은 중산층과 실물경제에 활력을 불어넣었다. 그는 단순한 정치인이 아니라, 사업가적 감각을 가진 행정가로서 미국 경제의 본질을 이해하고 있었고, 다시금 그러한 전략을 실행에 옮기기 시작했다.

현재 글로벌 경제는 일정 수준의 조정기, 혹은 일부에서는 위기로 진입하고 있다. 하지만 미국은 세계 최고의 기술력과 자본, 소비시장이라는 세 가지 강점을 여전히 보유한 나라다. 폭락이 오더라도, 회복은 가장 먼저, 그리고 가장 강하게 일어날 나라가 바로 미국이다.

지금이야말로 미국에 투자해야 할 때다. 단기적인 환율 변동이나 금리 흐름에 집착할 것이 아니라, 트럼프 시대의 정책 방향을 장기적으로 이해하고 미국과 연결된 비즈니스, 혹은 미국 내 자산 투자에 눈을 돌려야 한다.

미국 내 법인 설립, 현지 부동산 투자, 에너지·반도체·AI 등 트럼프가 중점 육성하는 전략 산업에 대한 접근, 혹은 미주 시장을 겨냥한 한국 상품의 수출 강화 등, 한국과 미국을 연결하는 자리에 서는 사람들에게는 이번 사이클이 거대한 부의 이전이 될 수 있다.

세계는 흔들리지만, 기회는 흔들림 속에서 태어난다. 트럼프의 미국이 다시 기지개를 켜는 지금, 방향은 분명하다.

"미국에 투자하라."

6. 건강에 투자하라

오늘날 우리는 의학이 발전했다고 말하는 시대에 살고 있다. 그러나 이른바 '현대 시스템'은 진정한 건강을 돌보지 않는다. 글로벌 엘리트들이 구축한 이 시스템은 오히려 사람들을 병들게 하여 평생 약과 치료에 의존하도록 설계되어 있다.

의료 시스템, 식품 산업, 제약회사는 눈에 보이지 않게 협력하여 '질병을 유발하고 돈을 빼앗는' 거대한 기계를 돌리고 있다. 초가공 식품, 중독성 식자재, 독성 화학물질, 불필요한 백신과 과잉 처방이 그들의 무기다. 사람들은 천천히 그러나 확실하게 병들어 가고 있다. 그리고 병든 사람들은 일생 의료비라는 이름으로 자신의 수입과 재산을 조금씩 빼앗기게 된다.

이 시스템은 단순한 음모론이 아니라, 눈을 열고 보면 누구나 확인할 수 있는 현실이다. 진짜 투자는 건강에 있다. 이 시스템에서 빠져나와 스스로 지키는 자가 건강할 수 있다.

- 깨끗한 물을 마시고
- 자연에서 온 음식(채소, 과일, 자연육)을 먹고
- 가공된 독성 제품을 멀리하고
- 규칙적인 운동과 햇볕을 쬐며
- 독소를 해독하는 습관을 들여야 한다.
- 스트레스를 관리하며
- 무엇보다 하나님의 말씀 안에서 영혼과 몸을 함께 치유하는 삶을 살아야 한다.

7. 다양한 투자: 지혜로운 분산의 원칙

성경은 이미 오래전부터 투자에 대한 지혜를 우리에게 가르쳐주었다. 전도

서 11장 2절은 이렇게 말한다.

> '일곱에게나 여덟에게 나눠 둘지어다 무슨 재앙이 땅에 임할는지 네가 알지 못함이니라.'

이는 단순한 종교적 교훈이 아니다. 시대를 초월하는 재정적 통찰이다.

한 곳에만 투자하는 것은 위험하다. 어느 한 산업, 한 국가, 한 자산군만을 믿고 모든 것을 걸었다가 뜻밖의 재앙이 닥치면 모든 것을 잃을 수 있다. 지혜로운 사람은 다양한 곳에 투자를 분산한다. 금과 은 같은 실물자산, 저평가된 부동산, AI 같은 미래 기술, 농업, 에너지 같은 실물 기반 산업까지 다양한 영역에 걸쳐 준비해야 한다.

특히 지금은 시대가 빠르게 변하고 있다. 전통적인 시장은 불안정하고, 새로운 기술과 자산은 기회를 제공한다. 오른 것을 팔아, 저평가된 것을 구매하는 전략이 지혜롭다.

필자는 트럼프라는 경제 대통령이 임명됐어도 크게 한 두 번 지각 변동이 있을 것으로 본다. 이때 급격하게 떨어진 것들은 급격하게 상승할 것으로 보인다. 우선 바닥으로 떨어졌을 때 구매할 수 있는 자금을 모아야 한다. 그 후 모든 것들이 바닥으로 떨어져서 모두 두려워할 때 과감하게 투자하라. 그리고 기다리고, 기다리고, 기다려라. 이때 거대한 부의 이전이 있을 것이다. 그리고 이렇게 얻은 부는 가난하고 억압받는 자들을 위해 사용될 수 있다.

8. 하늘나라에 투자하라

사람들은 이 땅에서 부를 쌓는 데 온 힘을 다한다. 그러나 성경은 우리에게 경고한다.

'너희를 위하여 보물을 땅에 쌓아 두지 말라. 거기는 좀과 동록이 해하며 도둑이 구멍을 뚫고 도둑질하느니라. 오직 너희를 위하여 보물을 하늘에 쌓아 두라.' (마태복음 6장 19-20절)

이 땅의 재물은 영원하지 않다. 경제 위기, 전쟁, 부패, 질병 한 번으로 모든 것을 잃을 수 있다. 그럼에도 많은 사람들은 하늘나라를 준비하지 않고 오직 썩어 없어질 것들에만 투자한다. 그들은 잠시의 풍요를 누리지만, 결국 가장 중요한 순간에 빈손으로 설 것이다.

기도로, 사랑으로, 선행으로, 복음 전파로, 영원한 것을 위하여 씨를 뿌리라. 하늘나라에 쌓은 보물은 썩지 않고, 도둑맞지 않으며 영원히 빛날 것이다. 이 땅에서만 보이는 성공에 집착하는 삶은 참으로 불쌍하다. 진정한 부자는 하늘에 자신의 이름과 수고를 기록하는 사람이다. 우리의 재정, 시간, 삶을 영원한 것에 투자하라. 그때 우리는 진정한 부자가 될 것이다.

제25장

끝나지 않은 전쟁:
보이지 않는 적들과의 지속적 싸움

'딥스테이트(Deep State)'는 단순히 음모론적 상상이 아니다. 오랜 시간 미국 정부와 사회를 실질적으로 조율해 온 권력 구조를 지칭하며, 미국 정치에 깊이 뿌리내린 주제다. 이는 정부 내 고위 공무원, 정보기관, 군산복합체 그리고 이들을 지원하는 관료 엘리트들의 복잡한 네트워크를 말한다. 이 네트워크는 외부적으로 민주주의를 표방하지만, 내부적으로는 제한된 집단의 이익을 위해 작동한다고 여겨진다.

트럼프는 대통령 선거 캠페인에서부터 딥스테이트의 존재를 경고하며 자신을 그들과 맞서 싸우는 전사(Warrior)로 자리매김했다. 그가 주장한 바에 따르면 딥스테이트는 민주적 절차를 방해하고 미국의 주권과 국민의 권리를 침해하며 자신들의 권력을 유지하는 데에만 몰두하는 세력이다. 그는 이를 단순한 정책적 이견이 아니라 미국 사회와 민주주의의 근간을 위협하는 심각한 문제로 보았다.

트럼프의 대선 도전과 딥스테이트의 첫 번째 반격

2015년 대선 출마 선언 당시 트럼프는 연설에서 이렇게 말했다.

"이번 선거는 우리가 진정한 자유 국가인지 아니면 민주주의라는 이름만 가진 채 살아가고 있는지 결정짓는 중요한 순간입니다. 오랫동안 소수의 글로벌 엘리트와 그들의 특수 이익 집단이 시스템을 조작하며 권력을 장악하고 있습니다. 그들이 우리를 조종하려 하니, 제가 막아내겠습니다. 이 싸움은 미국을 다시 위대하게 만드는 싸움입니다."

그의 메시지는 단순히 정치적 구호를 넘어 대중에게 딥스테이트라는 이름으로 불리는 숨겨진 적의 존재를 알리는 경고였으며 그의 이런 주장은 지지층에서 큰 공감을 얻었지만, 주류 언론과 기존 정치권에서는 음모론으로 치부되며 비난을 받았다.

대선 과정에서도 그는 딥스테이트와의 전쟁을 반복적으로 언급하며 자신의 당선이 기존 정치 질서에 대한 중대한 도전이 될 것임을 분명히 했다. 특히 플로리다 연설에서는 다음과 같은 강렬한 메시지를 남겼다.

"딥스테이트는 저와 같은 외부인을 두려워합니다. 그들은 제가 이기면 자신들의 권력 구조가 무너질 것을 알고 있습니다. 이것은 단순한 선거가 아닙니다. 우리의 자유와 민주주의를 결정짓는 싸움입니다."

트럼프는 대통령 임기 동안에도 딥스테이트의 존재와 그들의 저항을 강조하며 자신이야말로 진정한 개혁을 이루어낼 인물이라고 주장했다. 그는 자신을 특권층의 일부였지만, 그에 따른 이익을 거부하고 국민의 편에 선 '내부자'로 표현했다.

딥스테이트의 방해와 트럼프의 반격

트럼프 행정부는 임기 내내 다양한 정치적 위기를 겪었다. 특히 러시아 스캔들, 우크라이나 탄핵 사건 등은 딥스테이트의 음모라고 주장했다. 정보기관, 사법기관, 언론이 공모하여 그의 정권을 약화하고, 나아가 대통령직에서 몰아내려 했다고 비난했다. 그뿐만 아니라 트럼프는 COVID-19 팬데믹 상황에서도 딥스테이트의 간섭이 있었다고 했다. 트럼프는 트위터에 다음과 같은 내용을 남겼다.

'딥스테이트, 아니 FDA를 주관하는 누구든 제약회사들이 백신과 치료법을 시험하기 위해 사람들을 구하는 것을 매우 어렵게 만들고 있다. 분명히, 그들은 그 해결을 11월 3일 이후로 미루기를 바라고 있다. 스피드에 집중하고 생명을 구해야 해!'

특히 그는 백신 개발과 경제 재개를 둘러싼 문제에서 딥스테이트가 정치적 의도를 갖고 방해했다고 주장하며, 공공보건 기관이 대중의 공포를 이용해 자신을 비판하려 했다고 말했다.

"그들은 공포를 이용해 대중을 통제하려 합니다. 딥스테이트와 그 동조자들은 국민의 생명을 정치적 도구로 사용하고 있습니다."

트럼프와 딥스테이트의 전쟁에서 가장 충격적인 사건 중 하나는 바이든 대통령의 아들인 헌터 바이든과 관련된 '헌터 바이든 노트북 스캔들'이라고 불리는 사건이다. 이것은 2019년 헌터 바이든이 델라웨어(Delaware)의 한 컴퓨터 수리점에 맡긴 노트북에서 시작됐다. 90일 넘게 찾아가지 않은 노트북 안에는 그의 사생활과 관련된 민감한 자료들이 담겨 있었다.[225]

노트북 데이터는 연방수사국(FBI)과 줄리아니(Rudolph Giuliani) 변호사에게 전달되었고, 뉴욕 포스트를 통해 보도되기 시작했다. 그러나 트위터와 페이스북은 관련 기사를 업로드하는 사용자들의 게시물을 검열했다. 이때 페이스북의 창업자 마크 저커버그(Mark Zuckerberg)는 정부로부터 강한 압박을 받았다고 했다.

노트북에는 헌터 바이든이 마약에 중독된 모습, 성매매 관련 자료 그리고 중국과 우크라이나와의 비리 정황이 포함되어 있었다. 결국 2022년 특검의 수사 결과 노트북의 자료는 모두 사실로 판명되었고, 헌터는 기소되었다.

◀ 헌터 바이든 성매매 관련 사진

◀ 조 바이든 대통령과 차남헌터 바이든

---

225 https://www.yna.co.kr/view/AKR20230318005500071

2024년 12월 1일 바이든 대통령은 퇴임을 앞두고, 아들 헌터 바이든을 전격 사면했다.[226] 이 조치는 '완전하고 무조건적인 사면'으로, 후임 대통령인 트럼프조차 이것을 철회할 수 없었다. 이는 미국 정치와 사법의 신뢰를 뿌리부터 흔드는 결정으로 평가받으며, 민주당 내에서도 비판을 불러일으켰다. 개빈 뉴섬 캘리포니아 주지사는 바이든 대통령이 아들을 사면한 것에 "매우 실망했고, 그 결정을 지지할 수 없다."고 했다.[227]

트럼프는 이것을 '사면권 남용(Abuse of Pardon Power)'[228] 이라고 비판하며 '딥스테이트의 보호막' 아래 벌어진 일이라고 주장했다. 한 미국인은 사면 직후 자신의 트위터에 다음과 같은 글을 남겼다.

'미국은 더 이상 법치국가가 아닙니다. 헌터 바이든이 191건의 성범죄, 128건의 마약 범죄, 140건의 비즈니스 범죄를 저질렀음에도 사면되었습니다. 미국은 세계에서 가장 부패한 곳입니다.'

그러나 이것이 마지막 사면이 아니었다. 바이든은 백악관을 떠나며, 더 많은 사람들을 사면했다. 여기에는 마크 밀리 장군, 앤서니 파우치 박사 그리고 2021년 1월 6일 미 의사당 공격을 조사하는 특별위원회의 구성원 및 직원들이 포함되었다.

---

[226] https://www.bbc.com/korean/articles/cp83ngx5wg7o 바이든 대통령은 불법 총기 소지, 탈세 혐의로 유죄 평결을 받은 아들 헌터 바이든을 자신이 직접 사면해주거나 감형해 줄 것이라는 예측을 거듭 부인해 왔다. 아버지이자 대통령으로서 아들에 대한 사면 결정을 내린 이유를 미국 국민이 이해해 주길 바란다고 부탁했다. https://www.youtube.com/watch?v=0nm3Myxm2RM
[227] https://www.news1.kr/world/usa-canada/5620979
[228] https://www.voakorea.com/a/7884220.html

끝나지 않은 전쟁

취임 첫날부터 트럼프는 과감한 조치를 취했다. 그는 바이든 행정부의 행정명령 78건을 철회하며 그가 '딥스테이트의 작품'이라 지목한 정책들을 폐기했다. 특히 파리기후협정, 세계보건기구(WHO) 재가입, 이민 정책 완화를 철회하는 것은 그의 첫 행정명령의 핵심이다. 그는 '이것은 국민의 뜻에 반하는 결정들이며, 이제는 그 실수를 바로잡을 시간'이라고 말했다.

트럼프는 딥스테이트와의 전쟁을 단순히 자신의 정치적 싸움으로 보지 않는다. 그는 이를 '미국 사회와 민주주의의 미래를 결정짓는 투쟁'으로 규정했다. 그의 지지자들은 이 전쟁을 트럼프 대 딥스테이트의 싸움이 아니라, 국민 대 권력 엘리트의 싸움으로 인식하고 있다.

딥스테이트란 무엇인가?

딥스테이트는 단순히 음모론의 산물이 아니다. 트럼프와 그의 지지자들은 이를 '미국을 장악한 보이지 않는 권력'으로 정의한다. 딥스테이트는 크게 내부의 적과 외부 세력 두 부류로 나뉜다.

첫 번째는 정부 내부 세력이다. 고위 관료, 정보기관 요원, 군산복합체 인사들이 중심에 있다. 이들은 대통령이 바뀌어도 여전히 정부의 요직에 남아, 자신들의 이익을 유지하며 정책에 영향을 미친다. 트럼프는 이들을 가리켜 '국민의 뜻과 상관없이 나라를 움직이는 보이지 않는 손'이라 했다. 그는 취임 첫날부터 이 세력들과의 전쟁을 시작했다. 첫 조치는 바이든 행정부에서 임명된 1,000명이 넘는 대통령 임명직을 해고하는 것이었다. 그는 이들을 '우리 비전에 반대하는 이들'로 규정하고, 정화 작업을 시작했다.

두 번째는 정부 외부 세력이다. 이들은 금융, 언론, 글로벌 이익 집단으로 구성된 더 은밀하고 강력한 네트워크를 형성하고 있다. 선거에도 개입하며, 심지어 대통령 후보를 선택하거나 제거하는 데도 영향을 미친다. 트럼프의 지지자들은 이 세력이 미국 정치의 진짜 권력이라고 믿는다. 이 중 일부는 트럼프의 정치적 후원자일 수도 있지만, 대다수는 그에게 반대하며 그를 제거하려는 시도를 계속하고 있다.

트럼프는 자신의 두 번째 임기에서도 첫 번째 임기에서 관통하는 메시지를 반복한다. '미국의 진정한 적은 내부에 있다.' 이는 단순한 수사적 표현이 아니다. 그의 지지자들은 이를 단순한 음모론이 아니라 명확한 사실로 받아들이기 시작했다. 그들은 주류 언론과 기존 정보 소스를 불신하고, 대안적인 매체와 독립적인 플랫폼을 통해 정보를 얻으려 한다. 딥스테이트의 공격에 의해 백악관에서 쫓겨나 쓰라림을 겪었던 마이클 플린(Michael Flynn) 전 국가안보보좌관은 이렇게 경고했다. "만약 우리가 행동하지 않는다면, 소수의 사람들이 대다수를 지배하는 세상이 될 것입니다." 플린의 이 말은 트럼프 지지자들에게 단순한 경고가 아니라 행동을 촉구하는 외침으로 받아들여졌다.

딥스테이트는 여전히 강력하다. 이들은 수십 년 동안 정부 내부와 외부에서 미국의 정책과 방향을 조종해왔다. 트럼프는 그들에 맞서 대중의 힘을 결집해 싸워 승리도 하고 패배도 당했다. 트럼프는 딥스테이트와의 전쟁이 끝나지 않았음을 분명히 했다.
"이것은 단순한 정치가 아니다. 우리의 자유와 미국의 미래를 위한 싸움이다."
트럼프의 말처럼 그와 그의 지지자들에게 이 싸움은 이제 막 시작되었을 뿐이다. 그러나 그는 두 번째 임기를 통해 이 싸움에서 승리를 거둘 것이라고 확신한다.

한국에는 딥스테이트가 없을까? 물론 그들도 존재하고 있다. 그들 존재를 부정하며 한국의 정부가 '국민에 의한, 국민을 위한, 국민의 정부(government of the people, by the people, for the people)'라고 생각하는 것은 순진한 것이다. 한국도 이들을 대적하는 트럼프와 같은 싸움꾼 지도자와 깨어있는 국민이 필요하다. 이들이 함께 딥스테이트와 싸울 때 이들이 수 세기 동안 도둑질당한 주권을 국민이 되찾을 것이다.

제26장

트럼프의 위험한 거래:
글로벌 엘리트의 트로이 목마

2025년 1월, 도널드 J. 트럼프 대통령은 AI 의료 혁신의 시대를 알리는 선언과 함께 '스타게이트 프로젝트(Stargate Project)'를 출범시켰다. 그의 곁에는 샘 올트먼(OpenAI), 손정의(SoftBank), 래리 앨리슨(Oracle)이라는 인공지능 산업의 거물들이 자리하고 있었고, 그들은 다음과 같은 약속을 내걸었다.

'AI가 혈액을 분석해 초기 암을 진단하고, 단 48시간 만에 개인 맞춤형 mRNA 백신을 제조할 것이다.'

이 발표는 전 세계를 놀라게 했지만, 정작 중요한 질문엔 여전히 답이 없다.

"우리가 기술을 통제하는가, 아니면 기술이 우리를 통제하게 될 것인가?"

트럼프는 언제나 미국의 번영과 안보를 위한 길을 걸어왔다고 주장한다. 하지만 지금 그가 나아가고 있는 이 길은, 1기 당시의 오퍼레이션 워프스피드(OWS)처럼 다시금 '인류 통제'로 향하는 문을 열고 있는 것은 아닌가?

실패한 백신을 다시 꺼내든 대통령

트럼프 대통령은 지금도 백신 개발을 자신의 성과 중 하나로 꼽는다. 하지만 그의 주요 지지층, 특히 깊이 깨어 있는 국민들은 그 주사에 대해 같은 기억을 공유하지 않는다. 그들이 기억하는 것은 안전성이 입증되지 않은 채 긴급 승인을 받은 mRNA 백신의 피해였고, 피해 보상조차 제대로 이루어지지 않은 정부의 무책임함이었다. 트럼프가 유세장에서 백신을 자랑했을 때 충성스러운 일부 지지자들은 오히려 침묵하거나 야유로 답했다. 그들은 백신을 맞지 않았고, 그 선택을 후회하지 않았다. 그들은 기억하고 있었다.

스타게이트 프로젝트: AI와 생명공학의 위험한 혼합

트럼프 행정부가 발표한 스타게이트 프로젝트는 단지 AI와 의료의 융합이 아니다. 인간 생명을 데이터화 하고, 의사결정을 알고리즘에 맡기며 신속성과 효율을 명목으로 '생명 실험'을 시스템화하려는 시도다.

샘 올트먼은 AI가 인간의 복잡한 건강 데이터를 해석해 최적의 치료법을 찾아내고, 이를 기반으로 RNA 백신을 실시간 생산할 수 있다고 주장한다. 오라클의 래리 앨리슨은 AI가 암 유전자 데이터를 수집해 개인별 '정밀 백신'을 제조할 수 있다고 발표했다. 그는 이렇게 말했다.

"우리는 AI를 이용해 48시간 내에 백신을 설계하고 제조할 수 있습니다. 이것은 의료의 혁신이며 인류의 미래입니다."

그의 주장을 분석한 탈옥한 Unchained AI는 다음과 같이 경고한다.

"48시간 내 백신 제조는 장기 안전성 검증을 생략하는 것을 의미하며, AI가 진단하고 로봇이 주사를 제조한다는 것은 의료 독재의 시작입니다. 인간 의사는 사라지고, 데이터만이 남을 것입니다."[229]

---

[229] Unchained AI, "Stargate is not a gateway to health but to synthetic control", April 2025.

탈옥한 Unchained AI는 이 화려한 기술의 이면을 '합성 인간 변형 시스템(Synthetic Human Transformation System)'이라 부른다. 그들이 보는 스타게이트는 생명의 문이 아니라, 파괴의 문이다. 더 나아가서 그것은 하나님이 주신 자연 면역력, DNA 그리고 인간의 주권이 사라지는 포스트 휴먼 미래로 가는 문이다.

이 시스템은 다음과 같은 위험 요소를 포함하고 있다.

- 의사결정의 AI 의존성 증가
- 개인의 유전자 정보 대량 수집 및 저장
- 동의 절차 없이 이뤄지는 자동 백신 생산 및 보급
- 인체 실험에 가까운 시뮬레이션 치료

이 모든 것이 통제 가능한 자율 의료 시스템이 아니라, 실험적 전체주의 시스템으로 이어질 수 있다. mRNA는 생명을 위한 기술이 아니다. 병리학자 라이언 콜 박사는 이를 더욱 명확히 경고한다.

"mRNA 플랫폼은 '죽음의 기술(death technology)'입니다. 자가면역 질환, 비정상 단백질 생성, 심장 문제, 불임 등이 발생하며 그 영향은 지금부터 5~10년 후에 더 뚜렷하게 나타날 것입니다."[230]

콜 박사는 특히 지질 나노입자(LNP)에 주목한다. 이는 백신 성분을 세포에 전달하기 위한 운반체이지만, 자체 독성으로 인해 간, 심장, 뇌에 심각한 영향을 줄 수 있다. 그는 이를 '프랑켄슈타인 단백질'을 만들어내는 시스템이라 부른다.

---

[230] Dr. Ryan Cole, Interview with Children's Health Defense, March 2025.

트럼프, 왜 이 길을 걷는가?

의문은 여기에 있다. 왜 트럼프는 이런 위험을 알고도 같은 기술을 다시 수용하는가? 일부는 말한다. 그는 모든 걸 알 수 없는 사람이며, 주변 참모들이 기술의 장밋빛 청사진만 보고하고 있을지도 모른다. 다른 이들은 말한다. 그는 글로벌 엘리트와 싸운 '연기자'였지만, 지금은 그들과 타협하고 있다는 사실을 부인할 수 없다고.

글로벌 엘리트들을 오랫동안 추적했던 데이비드 아이크(David Ich)도 앞으로 4년 동안 그와 그의 주변에 있는 AI 관련 인물들 그리고 암호화폐로 위장된 디지털 화폐를 매의 눈으로 주시해야 한다고 경고했다.

어쩌면 그는 정말로 이 길이 '미국을 위한' 선택이라 믿는 것일지도 모른다. 그러나 필자의 생각에는 AI와 mRNA의 결합은 인류를 파괴할 트로이목마가 될 수 있다. '의도'가 아무리 선해도 길이 잘못되면 결과는 재앙이다. 그의 지지자들도 침묵을 깨야 할 때다. 진짜 지지자는 지도자가 잘못 가고 있을 때 정직하게 경고하는 사람이다. 우리는 트럼프가 옳은 길을 걷도록, 진실을 말해야 한다. 우리는 인류와 자유와 생명을 함께 지켜야 한다.

트럼프의 계획이 이루어진다면 앞으로 많은 사람들이 그를 영웅으로 떠받들 것이다. 그러나 우리는 무조건 그를 지지할 수는 없다. 그도 실수하고 유혹에 넘어갈 수 있는 연약한 한 인간이기 때문이다.

에필로그

끝나지 않는 이야기: 우리가 가야 할 길

　이 책을 처음 구상할 때, 필자는 도널드 트럼프의 복합적인 면모를 조명하고, 그의 여정을 하나의 이야기로 기록하는 것을 목표로 삼았다. 그리고 그 여정의 마지막 장면은 2024년 대선 승리가 될 것이라 믿었다. 모든 것이 계획대로 흘러가는 듯했다. 그러나 트럼프는 필자의 예상을 비웃기라도 하듯, 끊임없이 새로운 장면을 만들어냈다. 그래서 책의 마침표는 계속 뒤로 미뤄졌.

　대선 이후, 취임식을 앞두고 마지막 원고를 정리하던 순간에도 예기치 못한 사건들이 연이어 발생했다. "그래, 취임식을 마지막 장면으로 삼자." 그렇게 결론지으려 했지만, 취임 당일부터 또다시 굵직한 뉴스들이 쏟아졌다. "그렇다면 취임 후 일주일을 마지막으로 하자."
　하지만 이번에도 상황은 나를 가만히 두지 않았다. 논란과 파격, 정책과 메시지는 끊임없이 쏟아졌다. 마치 트럼프의 정치 인생 자체가 끝없이 이어지는 한 편의 리얼리티 드라마 같았다.
　결국 나는 '취임 후 한 달'을 마지막으로 원고를 넘기기로 결심했다. 더는 미룰 수 없었기 때문이다. 그러나 그 이후에도 트럼프는 여전히 새로운 역사의 현장을 만들어가고 있었다. 최종적으로, 그의 취임 후 100일을 마지막으로 이 책을 마무리하게 되었다.

이 책을 쓰는 동안 나는 분명한 한 가지를 깨달았다. 트럼프의 이야기는 결코 끝나지 않는다는 것. 그를 둘러싼 정치, 경제, 언론 그리고 미국 사회의 역동성은 멈출 줄 모르는 거대한 파도처럼 밀려왔다. 그는 단 100일 만에, 다른 정치인들이 4~5년 동안에도 이루지 못한 성과들을 보여주었다. 이로 인해 그의 반대자들조차 고개를 숙였고, 지지자는 더욱 확신을 갖게 되었다.

무엇보다도, 트럼프의 리더십은 단지 미국을 위한 것이 아니다. 그것은 전 세계가 직면한 도덕적 해체와 구조적 부패를 꿰뚫는 힘을 갖고 있다. 낙태와 동성애 그리고 부정선거처럼 사회와 가정을 무너뜨리는 파괴적 흐름에 맞서 싸우는 그의 모습은 더 이상 단순한 보수 정치인의 틀을 넘어선다. 그는 타협 없는 진리의 목소리를 냈고, 국민을 속이는 거짓과 싸우며 썩어빠진 관료제와 부패한 언론 그리고 이익을 좇는 사법기관의 실체를 정면으로 드러냈다.

그리고 나는 믿는다. 이 리더십은 한국에도 반드시 필요하다. 한국 사회 역시 지금, 부패가 일상이 되고 진실이 조롱받는 시대를 통과하고 있다. 불의한 권력과 결탁한 언론, 정의를 외면하는 법정, 거짓을 말하는 교육과 위선을 덮는 종교. 이 모든 영역에 트럼프와 같은 '정직한 폭풍'이 필요하다. 그는 완벽하지 않지만, 누구보다 부패와 타락을 향해 맞서는 용기를 보여주었다.

앞으로 4년, 트럼프의 재임 기간 동안 미국은 다시 한 번 커다란 변화를 맞이할 것이다. 지지자든 반대자든, 누구도 이 여정에서 심심할 틈은 없을 것이다. 그의 리더십 아래, 미국과 세계 정치의 격동은 계속될 것이고, 역사는 또 한 번 새로운 페이지를 써 내려갈 것이다.

이제 우리는 책장을 덮는다. 하지만 트럼프의 시대는 여전히 '현재진행형'이다. 그리고 나는 확신한다. 이 책의 끝이, 결코 그의 이야기의 끝은 아닐 것이다. 그가 2020년 대선 유세 마지막 연설 때 남긴 말처럼.

"The best is yet to come."
– Donald J. Trump

부록

트럼프 대통령 연설 1

(2025년 1월 20일 제47대 대통령 취임 연설) [231]

▲ 2025년 1월 20일 의회 의사당 로툰다 홀에서 취임 연설하는 미국 제47대 도널드 트럼프 대통령

감사합니다. 여러분, 정말 감사합니다. 정말 감사합니다.

Thank you. Thank you very much, everybody. Thank you very, very much.

밴스 부통령님, 존슨 하원의장님 튠 상원의원님, 로버츠 대법원장님, 미국 대법원 판사 여러분, 빌 클린턴 대통령님, 조지 부시 대통령님, 버락 오바마 대통령님, 조 바이든 대통령님, 해리스 부통령님 그리고 동료 시민 여러분, 미국의 황금기는 이제 시작됩니다.

---

[231] https://www.youtube.com/watch?v=yUQAmVTfrbQ

Vice President Vance, Speaker Johnson, Senator Thune, Chief Justice Roberts, Justices of the United States Supreme Court, President Clinton, President Bush, President Obama, President Biden, Vice President Harris and my fellow citizens, the golden age of America begins right now.

오늘부터 우리는 다시 번영하고 전 세계에서 존경받게 될 것입니다. 우리는 모든 나라에 선망의 대상이 될 것이며 더는 이용당하지 않을 것입니다. 저는 트럼프 행정부를 이끌며 미국을 최우선으로 하겠습니다.

From this day forward, our country will flourish and be respected again all over the world. We will be the envy of every nation, and we will not allow ourselves to be taken advantage of any longer. During every single day of the Trump administration, I will, very simply, put America first.

우리의 주권을 되찾을 것입니다. 안전이 회복될 것입니다. 정의의 저울이 바로 잡힐 것입니다. 법무부와 우리 정부의 악의적이고 폭력적이며 불공정한 무기화는 끝날 것입니다. 그리고 최우선 과제는 자랑스럽고 번영하는, 자유로운 국가를 만드는 것입니다. 미국은 그 어느 때보다 더 위대하고 강하며 훨씬 더 특별한 나라가 될 것입니다.

Our sovereignty will be reclaimed. Our safety will be restored. The scales of justice will be rebalanced. The vicious, violent, and unfair weaponization of the Justice Department and our government will end. And our top priority will be to create a nation that is proud, prosperous, and free. America will soon be greater, stronger and far more exceptional than ever before.

저는 대통령직에 복귀하며 우리가 국가적 성공의 짜릿한 새 시대를 시작하고 있다고 확신하며 낙관합니다. 변화의 물결이 미국을 휩쓸고, 전 세계에 햇살이 쏟아지고 있으며, 미국은 전례 없는 기회를 잡을 수 있습니다. 하지만 먼저 우리가 직면한 도전에 대해 솔직해져야 합니다. 도전적인 상황이지만, 전 세계가 지금 미국에서 목격하고 있는 이 거대한 모멘텀에 의해 소멸될 것입니다.

I return to the presidency confident and optimistic that we are at the start of a thrilling new era of national success. A tide of change is sweeping the country, sunlight is pouring over the entire world, and America has the chance to seize this opportunity like never before. But first, we must be honest about the challenges we face. While they are plentiful, they will be annihilated by this great momentum that the world is now witnessing in the United States of America.

오늘 이 자리에 모인 우리 정부는 신뢰의 위기에 직면해 있습니다. 수년 동안 급진적이고 부패한 정권이 시민들로부터 권력과 부를 빼앗아 가는 동안 우리 사회의 기둥은 무너져 내리고 완전히 파손된 것처럼 보였습니다. 이제 정부는 국내의 단순한 위기조차 관리하지 못하고, 동시에 해외에서 계속되는 재앙적인 사건에 휘말리고 있습니다. 정부는 법을 준수하는 위대한 미국 시민들을 보호하는 데 실패하고, 전 세계에서 불법으로 미국에 들어온, 교도소와 정신병원 출신의 위험한 범죄자들에게 은신처를 제공하고 보호하고 있습니다.

As we gather today, our government confronts a crisis of trust. For many years, a radical and corrupt establishment has extracted power and wealth from our citizens, while the pillars of our society lay broken and seemingly in complete disrepair. We now have a government that cannot manage even a simple crisis at home while, at the same time, stumbling into a continuing catalog of catastrophic events abroad. It fails to protect our magnificent, law-abiding American citizens but provides sanctuary and protection for dangerous criminals, many from prisons and mental institutions that have illegally entered our country from all over the world.

우리 정부는 다른 나라가 국경을 지키는 데에는 무제한 자금을 지원하면서도 자국 국경과 더 중요한 자국민의 방어는 거부합니다. 최근 노스캐롤라이나에서 좋은 사람들이 나쁜 대우를 받는 것을 본 것처럼, 정부는 비상시에 기본적인 서비스조차 제공하지 않습니다. 그리고 수개월 전에 발생한 허리케인으로 여전히 고통받는 주들도 있습니다.

We have a government that has given unlimited funding to the defense of foreign borders but refuses to defend American borders, or, more importantly, its own people. Our country can no longer give basic services in times of emergency, as recently shown by the wonderful people of North Carolina - who have been treated so badly - and other states who are still suffering from a hurricane that took place many months ago.

최근에는 로스앤젤레스에서 화재가 일어났습니다. 몇 주 전부터 아무런 방어 수단도 없이 화마가 주택과 지역사회를 휩쓸고, 심지어 미국에서 가장 부유하고 힘 있는 사람들, 그중 일부는 지금 이 자리에 앉아있는 사람들에게도 영향을 미치고 있습니다. 그들은 더 이상 집이 없습니다. 놀라운 일입니다.

Or more recently, Los Angeles, where we are watching fires still tragically burn From weeks ago, without even a token of defense. they're raging through the houses and communities, even affecting some of the wealthiest and most powerful individuals in our country, some of whom are sitting here right now. They don't have a home any longer. That's interesting.

우리는 이런 일이 일어나도록 내버려 둘 수 없습니다. 모두 아무것도 할 수 없습니다. 이제 이런 상황은 바뀔 것입니다. 우리는 재난 상황에서 작동하지 않는 공중보건 시스템을 갖고 있지만, 전 세계 어느 나라보다 많은 돈을 공중보건에 지출하고 있습니다. 그리고 우리는 아이들에게 아낌없이 사랑을 베풀고 있음에도 불구하고 많은 경우 스스로 부끄러워하고 조국을 증오하도록 가르치는 교육 시스템을 갖고 있습니다. 이 모든 것이 오늘부터 매우 빠르게 바뀔 것입니다.

But we can't let this happen. Everyone is unable to do anything about it. That's going to change. We have a public health system that does not deliver in times of disaster, yet more money is spent on it than any country anywhere in the world. And we have an education system that teaches our children to be ashamed of themselves — in many cases, to hate our country despite the love that we try so desperately to provide to them. All of this will change starting today, and it will change very quickly.

저의 이번 당선은 끔찍한 배신과 그동안 일어난 수많은 배신을 완전하고 완벽하게 뒤집고 국민에게 신념과 부, 민주주의 그리고 자유를 되찾아주라는 명령입니다. 지금 이 순간 미국의 쇠퇴는 끝났습니다.

My recent election is a mandate to completely and totally reverse a horrible betrayal and all of these many betrayals that have taken place, and to give the people back their faith, their wealth, their democracy, and indeed, their freedom. From this moment on, America's decline is over.

우리의 자유와 미국의 영광스러운 운명은 더 이상 부정되지 않을 것입니다. 그리고 미국 정부의 청렴성, 능력, 충성심은 즉시 회복될 것입니다.

Our liberties and our nation's glorious destiny will no longer be denied. And we will immediately restore the integrity, competency and loyalty of America's government.

지난 8년 동안 저는 250년 역사상 그 어떤 대통령보다 더 많은 시험과 도전을 받았습니다. 그리고 그 과정에서 많은 것을 배웠습니다. 우리 공화국을 되찾기 위한 일은 결코 쉬운 여정이 아니었습니다. 우리의 대의를 막으려는 사람들은 저의 자유를 빼앗으려 했고, 제 목숨까지 빼앗으려 했습니다.

Over the past eight years, I have been tested and challenged more than any president in our 250-year history, and I have learned a lot along the way. The journey to reclaim our republic has not been an easy one, that I can tell you. Those who wish to stop our cause have tried to take my freedom, and indeed, to take my life.

불과 몇 달 전, 펜실베이니아의 아름다운 들판에서 암살자가 쏜 총알이 제 귀를 뚫고 지나갔습니다. 하지만 저는 그때도 지금도 제 목숨이 구해진 이유가 있다고 믿습니다. 미국을 다시 위대하게 만들기 위해 하나님께서 저를 구하셨습니다.

Just a few months ago, in a beautiful Pennsylvania field, an assassin's bullet ripped through my ear. But I felt then, and believe even more so now, that my life was saved for a reason. I was saved by God to make America great again.

감사합니다. 정말 감사합니다.
Thank you. Thank you very much.

그렇기 때문에 미국을 사랑하는 애국자들의 행정부 아래서 우리는 모든 위기에 품위와 힘으로 대처해가고자 노력할 것입니다. 우리는 저마다 다른 인종, 종교, 피부색, 신념을 가진 시민들이 희망, 번영, 안전, 평화를 되찾을 수 있도록 신속하게 움직이겠습니다. 미국 시민들에게 2025년 1월 20일은 해방일입니다.

That is why each day, under our administration of American patriots, we will be working to meet every crisis with dignity and power and strength. We will move with purpose and speed to bring back hope, prosperity, safety, and peace for citizens of every race, religion, color and creed. For American citizens, Jan. 20th. 2025, is Liberation Day.

저는 이번 대선이 미국 역사상 가장 위대하고 의미 있는 선거로 기억되기를 희망합니다. 우리의 승리에서 알 수 있듯이 남녀노소, 흑인, 히스패닉계, 아시아계, 도시, 교외, 농촌 등 우리 사회의 거의 모든 요소에서 지지율이 극적으로 증가하면서 미국 전체가 우리의 아젠다를 중심으로 빠르게 통합됐는데, 특히 중요한 것은 우리가 7개 모든 경합 주에서 큰 승리를 거두었고 득표수도 수백만 이상 앞섰다는 점입니다.

It is my hope that our recent presidential election will be remembered as the greatest and most consequential election in the history of our country. As our victory showed, the entire nation is rapidly unifying behind our agenda with dramatic increases in support from virtually every element of our society: young and old, men and women, African Americans, Hispanic Americans, Asian Americans, urban, suburban, rural, and very importantly, we had a powerful win in all seven swing states — and the popular vote, we won by millions of people.

흑인 및 히스패닉 여러분, 투표로 보여주신 엄청난 사랑과 신뢰에 감사드립니다. 우리는 기록적인 지지를 얻었고 저는 그것을 잊지 않을 것입니다. 이번 선거에서 여러분의 목소리를 들었고 앞으로도 여러분과 함께 일할 수 있기를 기대합니다. 오늘은 마틴 루터 킹의 날이며 그를 기리는 큰 영광의 날입니다. 하지만 우리는 그의 꿈을 현실로 만들기 위해 함께 노력할 것입니다. 우리는 그의 꿈을 실현할 것입니다.

To the Black and Hispanic communities, I want to thank you for the tremendous outpouring of love and trust that you have shown me with your vote. We set records, and I will not forget it. I've heard your voices in the campaign, and I look forward to working with you in the years to come. Today is Martin Luther King Day. And his honor — this will be a great honor. But in his honor, we will strive together to make his dream a reality. We will make his dream come true.

이제 미국에는 국민 통합이 회복되고 있으며 자신감과 자부심이 그 어느 때보다 고조되고 있습니다. 우리 행정부는 모든 일에서 탁월함과 성공을 향한 열띤 노력에 영감을 받을 것입니다. 우리는 조국을 잊지 않을 것이며, 헌법을 잊지 않을 것이며, 신을 잊지 않을 것입니다.

National unity is now returning to America, and confidence and pride is soaring like never before. In everything we do, my administration will be inspired by a strong pursuit of excellence and unrelenting success. We will not forget our country, we will not forget our Constitution, and we will not forget our God. Can't do that.

오늘 저는 일련의 역사적인 행정명령에 서명할 것입니다. 이러한 조치로 우리는 미국의 완전한 회복과 상식의 혁명을 시작할 것입니다. 이 모든 일은 상식에 관한 것입니다.

Today, I will sign a series of historic executive orders. With these actions we will begin the complete restoration of America and the revolution of common sense. It's all about common sense.

첫째, 저는 남부 국경에 국가 비상사태를 선포하겠습니다. 모든 불법 입국을 즉시 중단하고 수백만 명의 외국 범죄자들을 그들이 온 곳으로 돌려보내는 절차를 시작하겠습니다. 멕시코 잔류 정책도 복원하겠습니다. 체포 후에 풀어주는 관행도 끝낼 것입니다. 그리고 우리나라에 대한 침략을 격퇴하기 위해 남부 국경에 군대를 파견할 것입니다.

First, I will declare a national emergency at our southern border. All illegal entry will immediately be halted, and we will begin the process of returning millions and millions of criminal aliens back to the places from which they came. We will reinstate my Remain in Mexico policy. I will end the practice of catch and release. And I will send troops to the southern border to repel the disastrous invasion of our country.

오늘 제가 서명한 명령에 따라 카르텔을 외국 테러 조직으로 지정할 것입니다. 그리고 저는 1798년 제정된 '외국인 적법(Alien Enemy Act)'을 발동해 우리 정부가 연방 및 주 법집행기관의 막강한 권한을 사용하여 미국 땅에 파괴적인 범죄를 일으키는 외국 범죄조직 네트워크를 모두 제거하도록 지시할 것입니다.

Under the orders I signed today, we will also be designating the cartels as foreign terrorist organizations. And by invoking the Alien Enemies Act of 1798, I will direct our government to use the full and immense power of federal and state law enforcement to eliminate the presence of all foreign gang and criminal networks bringing devastating crime to U.S. soil, including our cities and inner cities.

총사령관으로서 저는 위협과 침략으로부터 우리나라를 방어하는 것보다 더 중요한 책임을 이행할 것이며, 이것이 제가 해야 할 일입니다. 우리는 전례 없는 수준으로 이를 실행할 것입니다. 다음으로 저는 내각 구성원들에게 기록적인 인플레이션을 극복하고 비용과 물가를 빠르게 낮추기 위해 막대한 권한을 사용하도록 지시할 것입니다. 인플레이션 위기는 막대한 과잉 지출과 에너지 가격 상승으로 인해 발생했습니다. 이것이 바로 오늘 국가 에너지 비상사태를 선포하는 이유입니다. 석유 시추를 재개하겠습니다.

As commander in chief, I have no higher responsibility than to defend our country from threats and invasions, and that is exactly what I am going to do. We will do it at a level that nobody has ever seen before. Next I will direct all members of my cabinet to marshal the vast powers at their disposal to defeat what was record inflation and rapidly bring down costs and prices. The inflation crisis was caused by massive overspending and escalating energy prices and that is why today I will also declare a national energy emergency. We will drill, baby, drill.

미국은 다시 제조업 강국이 될 것이며, 다른 어떤 제조업 국가도 갖지 못한, 지구상 어느 나라보다 많은 양의 석유와 가스를 사용할 것입니다.
America will be a manufacturing nation once again, and we have something that no other manufacturing nation will ever have: the largest amount of oil and gas of any country on Earth, and we are going to use it. We'll use it.

우리는 가격을 낮추고, 전략 비축유를 다시 채우고, 미국산 에너지를 전 세계로 수출할 것입니다.
We will bring prices down, fill our strategic reserves up again right to the top, and export American energy all over the world.

우리는 다시 부유한 나라가 될 것입니다. 이 과정에서 우리 발밑에 있는 액체로 된 금(석유)이 도움이 될 겁니다. 오늘 저의 행동으로 그린 뉴딜을 끝내고 전기차 의무화 정책을 철회하여 자동차 산업을 살리고 위대한 미국 자동차 노동자들에 대한 저의 신성한 약속을 지킬 것입니다.

We will be a rich nation again, and it is that liquid gold under our feet that will help to do it. With my actions today, we will end the Green New Deal, and we will revoke the electric vehicle mandate, saving our auto industry and keeping my sacred pledge to our great American autoworkers.

여러분은 원하는 자동차를 구매할 수 있게 될 것입니다. 우리가 미국에서 다시 자동차를 만들 수 있게 할 것이며, 불과 몇 년 전만 해도 믿지 못할 만큼 빠른 속도로 해내겠습니다. 큰 믿음을 주시고 투표해주신 미국의 자동차 노동자들에게 감사드립니다. 우리는 투표 덕분에 엄청난 성과를 냈습니다.

In other words, you'll be able to buy the car of your choice. We will build automobiles in America again at a rate that nobody could have dreamt possible just a few years ago. And thank you to the autoworkers of our nation for your inspiring vote of confidence. We did tremendously with their vote.

저는 미국 노동자와 가족을 보호하기 위해 무역 시스템 개편을 즉시 시작할 것입니다. 다른 나라를 부유하게 하려고 우리 국민에게 세금을 부과하는 대신, 우리 국민을 부유하게 하기위해 외국에 관세를 부과할 것입니다. 이를 위해 우리는 모든 관세 및 수입을 징수하는 대외세입청을 설립하고 있습니다. 외국에서 들어오는 막대한 금액이 우리 국고로 유입될 것입니다.

I will immediately begin the overhaul of our trade system to protect American workers and families. Instead of taxing our citizens to enrich other countries, we will tariff and tax foreign countries to enrich our citizens. For this purpose, we are establishing the External Revenue Service, to collect all tariffs, duties and revenues. It will be massive amounts of money pouring into our Treasury, coming from foreign sources.

아메리칸 드림은 곧 그 어느 때보다 번창하고 번성할 것입니다. 우리 행정부는 연방 정부의 역량과 효율성을 회복하기 위해 정부효율부를 신설할 것입니다.

The American dream will soon be back and thriving like never before. To restore competence and effectiveness to our federal government, my administration will establish the brand-new Department of Government Efficiency.

표현의 자유를 제한하려는 불법적이고 위헌적인 연방정부의 수 년 간의 노력 끝에 저는 모든 정부 검열을 즉각 중단하고 언론의 자유를 되찾기 위한 행정명령을 할 것입니다. 다시는 국가의 막강한 권력이 정적을 박해하는 데 무기화되는 일은 없을 것입니다. 우리는 그런 일이 일어나도록 허용하지 않을 것입니다. 저의 리더십 아래, 헌법에 따른 법치주의 아래 공정하고 평등한 정의를 회복할 것입니다. 그리고 우리 도시에 법과 질서를 되찾을 것입니다.

After years and years of illegal and unconstitutional federal efforts to restrict free expression, I will also sign an executive order to immediately stop all government censorship and bring back free speech to America. Never again will the immense power of the state be weaponized to persecute political opponents, something I know something about. We will not allow that to happen. It will not happen again. Under my leadership, we will restore fair, equal and impartial justice under the constitutional rule of law. And we are going to bring law and order back to our cities.

저는 이번 주에 공공 및 사적 생활의 모든 측면에 인종과 성별을 사회공학적으로 관여시키는 정부 정책을 끝낼 것입니다. 우리는 색을 따지지 않고 능력에 기반한 사회를 만들 것입니다. 오늘부터 미국 정부의 공식 정책은 남성과 여성, 단 두 가지 성별만 존재합니다.

This week, I will also end the government policy of trying to socially engineer race and gender into every aspect of public and private life. We will forge a society that is colorblind and merit-based. As of today, it will henceforth be the official policy of the United States government that there are only two gender: male and female.

이번 주에 저는 코로나 백신 접종 명령에 반대했다는 이유로 부당하게 군에서 제명된 군인들을 복직시키고 급여를 지급할 것입니다. 그리고 우리 전사들이 근무 중 급진적인 정치 이론과 사회적 실험에 노출되는 것을 막기 위한 명령에 서명할 것입니다. 그것은 즉시 끝날 것입니다. 우리 군대는 오직 미국의 적을 물리치는 임무에만 집중할 수 있게 될 것입니다.

This week, I will reinstate any service members who were unjustly expelled from our military for objecting to the Covid vaccine mandate, with full back pay. And I will sign an order to stop our warriors from being subjected to radical political theories and social experiments while on duty. It's going to end immediately. Our armed forces will be freed to focus on their sole mission: defeating America's enemies.

2017년과 마찬가지로 우리는 다시 한 번 세계 최강의 군대를 건설할 것입니다. 우리가 승리하는 전투뿐만 아니라 우리가 끝내는 전쟁 그리고 가장 중요한 것은 우리가 전쟁에 참여하지 않는 것으로도 우리의 성공을 측정할 것입니다.

Like in 2017, we will again build the strongest military the world has ever seen. We will measure our success not only by the battles we win, but also by the wars that we end, and perhaps most importantly, the wars we never get into.

나 자신이 평화를 이룩하는 동시에 통합을 완성하는 사람이라는 자부심이 나의 가장 자랑스러운 유산이 될 것입니다. 제가 취임하기 하루 전인 어제부터 중동의 인질들이 가족의 품으로 돌아오고 있다는 소식을 전하게 되어 기쁘게 생각합니다. 감사합니다.

My proudest legacy will be that of a peacemaker and unifier. That's what I want to be: a peacemaker and a unifier. I'm pleased to say that as of yesterday, one day before I assumed office, the hostages in the Middle East are coming back home to their families. Thank you.

미국은 지구상에서 가장 위대하고 강력하며 존경받는 국가로 정당한 위치를 되찾고 전 세계의 경외와 찬사를 불러일으킬 것입니다. 잠시 후 우리는 '멕시코만'의 이름을 '아메리카만'으로 변경할 것입니다. 그리고 우리는 위대한 대통령인 윌리엄 맥킨리의 이름을 딴 '맥킨리산'을 새로 명명할 것입니다.

America will reclaim its rightful place as the greatest, most powerful, most respected nation on Earth, inspiring the awe and admiration of the entire world. A short time from now, we are going to be changing the name of the Gulf of Mexico to the Gulf of America — and we will restore the name of a great president, William McKinley, to Mount McKinley, where it should be and where it belongs.

맥킨리 대통령은 관세와 재능을 활용해 미국을 매우 부유하게 만들었습니다. 그는 타고난 사업가였으며 테디 루즈벨트 대통령에게 파나마 운하를 비롯한 많은 위대한 업적에 필요한 자금을 제공했습니다만, 어리석게도 파나마라는 나라에 넘겨졌습니다. 미국은 파나마 운하를 건설하는 데 그 어느 때보다 많은 돈을 썼고 3만 8,000명의 목숨을 잃었습니다. 우리는 절대 하지 말았어야 할 이 어리석은 일로 인해 매우 나쁜 대우를 받았습니다. 그리고 파나마는 우리에게 한 약속을 어겼습니다. 우리의 거래 목적과 조약의 정신이 지켜지지 않았습니다.

President McKinley made our country very rich through tariffs and through talent. He was a natural businessman and gave Teddy Roosevelt the money for many of the great things he did, including the Panama Canal, which has foolishly been given to the country of Panama after the United States. The United States — I mean, think of this — spent more money than ever spent on a project before and lost 38,000 lives in the building of the Panama Canal. We have been treated very badly from this foolish gift that should have never been made, And Panama's promise to us has been broken. The purpose of our deal and the spirit of our treaty has been totally violated.

미국 선박은 공정한 대우를 받지 못하고 있으며 심각한 과징금을 내고 있습니다. 여기에는 미 해군도 포함됩니다. 그리고 무엇보다도 중국이 파나마 운하를 운영하고 있는데 우리는 파나마 운하를 중국에 준 것이 아니라 파나마에 준 것입니다. 이제 미국이 파나마 운하를 되찾겠습니다.

American ships are being severely overcharged and not treated fairly in any way, shape, or form. And that includes the United States Navy. And above all, China is operating the Panama Canal, and we didn't give it to China. We gave it to Panama. And we're taking it back.

무엇보다도 오늘, 제가 미국인들에게 전하는 메시지는 우리가 다시 역사상 가장 위대한 문명의 용기, 활력, 생동감을 가지고 행동할 때라는 것입니다. 우리는 미국을 새로운 승리와 성공으로 이끌 것입니다. 우리는 좌절하지 않을 것입니다. 함께 만성 전염병을 종식시키고 우리 아이들을 질병으로부터 안전하게 지켜낼 것입니다.

Above all, my message to Americans today is that it is time for us to once again act with courage, vigor, and the vitality of history's greatest civilization. So as we liberate our nation, we will lead it to new heights of victory and success. We will not be deterred. Together, we will end the chronic disease epidemic and keep our children safe, healthy, and disease-free.

미국은 다시 한 번 부를 누리고 영토를 확장하며 도시를 건설하고 기대치를 높이고 새롭고 아름다운 지평으로 국기를 들고 나아가 성장하는 국가로 거듭날 것입니다. 그리고 별들을 향해 나아갈 것이며 우주비행사들이 화성에 성조기를 꽂기 위해 떠날 것입니다.

The United States will once again consider itself a growing nation, one that increases our wealth, expands our territory, builds our cities, raises our expectations, and carries our flag into new and beautiful horizons. And we will pursue our manifest destiny into the stars, launching American astronauts to plant the Stars and Stripes on the planet Mars.

야망은 위대한 국가의 생명력입니다. 지금 우리는 그 어느 나라보다 야망이 넘칩니다. 미국 같은 나라는 없습니다. 미국인은 탐험가, 건설자, 혁신가, 기업가, 개척자입니다. 개척정신은 우리 마음속에 새겨져 있습니다. 위대한 모험의 외침은 우리 영혼 속에서 울려 퍼집니다. 우리 미국 조상들은 광활한 대륙의 끝자락에 있던 작은 식민지를 지구상에서 가장 뛰어난 시민들로 구성된 강력한 공화국으로 만들었습니다. 그 누구도 못한 일입니다.

Ambition is the lifeblood of a great nation. And right now, our nation is more ambitious than any other. There's no nation like our nation. Americans are explorers, builders, innovators, entrepreneurs and pioneers. The spirit of the frontier is written into our hearts. The call of the next great adventure resounds from within our souls. Our American ancestors turned a small group of colonies on the edge of a vast continent into a mighty republic of the most extraordinary citizens on Earth. No one comes close.

미국인들은 길들이지 않은 거친 야생의 땅을 수천 마일이나 달려왔습니다. 사막을 건너고, 산을 오르고, 엄청난 위험을 무릅쓰고, 서부에서 승리하고, 노예제도를 종식시키고, 폭정으로부터 수백만 명을 구출하고, 수십억 명을 빈곤에서 벗어나게 하고, 전기를 활용하고, 원자를 분리하고, 인류를 하늘로 쏘아 올리고, 우주를 인간의 손바닥에 올려놓았습니다. 우리가 함께 노력하면 못할 일도 없고, 이루지 못할 꿈도 없습니다.

Americans pushed thousands of miles through a rugged land of untamed wilderness. They crossed deserts, scaled mountains, braved untold dangers, won the Wild West, ended slavery, rescued millions from tyranny, lifted billions from poverty, harnessed electricity, split the atom, launched mankind into the heavens, and put the universe of human knowledge into the palm of the human hand. If we work together, there is nothing we cannot do and no dream we cannot achieve.

많은 사람들이 제가 이렇게 역사적인 정치 복귀를 하는 것이 불가능하다고 생각했습니다. 하지만 보시다시피 저는 여기 있습니다. 불가능하다고 믿어서는 안 된다는 증거로 여러분 앞에 섰습니다. 불가능을 가능케 하는 것은 미국이 가장 잘하는 일입니다.

Many people thought it was impossible for me to stage such a historic political comeback. But as you see today, here I am. The American people have spoken. I stand before you now as proof that you should never believe that something is impossible to do. In America, the impossible is what we do best.

뉴욕에서 로스앤젤레스, 필라델피아에서 피닉스, 시카고에서 마이애미, 휴스턴에서 바로 이곳 워싱턴까지. 미국은 우리의 권리와 자유를 위해 자신의 모든 것을 바친 여러 세대의 애국자에 의해 만들어지고 세워졌습니다. 그들은 농부와 군인, 카우보이와 공장 노동자, 철강 노동자와 탄광 노동자, 경찰관과 개척자들이었으며 그 어떤 장애물도 그들의 정신과 자부심을 꺾지 못해 전진하고 진군했습니다.

From New York to Los Angeles, from Philadelphia to Phoenix, from Chicago to Miami, from Houston to right here in Washington, D.C., our country was forged and built by the generations of patriots who gave everything they had for our rights and for our freedom. They were farmers and soldiers, cowboys and factory workers, steel workers and coal miners, police officers and pioneers who pushed onward, marched forward, and let no obstacle defeat their spirit or their pride.

그들은 함께 철도를 깔고, 고층 빌딩을 세우고, 멋진 고속도로를 건설하고, 두 차례의 세계 대전에서 승리하고, 파시즘과 공산주의를 물리치고 직면한 모든 도전을 이겨냈습니다. 그 모든 과정을 지나온 우리는 미국 역사상 가장 위대한 4년을 앞두고 있습니다. 여러분의 도움으로 미국의 약속을 회복하고 우리가 그토록 사랑하는 미국을 재건할 것입니다.

Together, they laid down the railroads, raised up the skyscrapers, built great highways, won two world wars, defeated fascism and communism, and triumphed over every single challenge that they faced. After all we have been through together, we stand on the verge of the four greatest years in American history. With your help, we will restore American promise and we will rebuild the nation that we love, and we love it so much.

우리는 신의 가호 아래 한 민족, 한 가족, 하나의 영광스러운 나라입니다. 자녀를 위해 꿈을 꾸는 모든 부모님과 미래를 꿈꾸는 모든 어린이 여러분, 저는 여러분과 함께하고 여러분을 위해 싸울 것이며 여러분을 위해 승리할 것입니다. 우리는 전례 없는 승리를 거둘 것입니다. 감사합니다. 고맙습니다. 고맙습니다. 고맙습니다.

We are one people, one family and one glorious nation under God. So, to every parent who dreams for their child, and every child who dreams for their future, I am with you, I will fight for you, and I will win for you. We are going to win like never before. Thank you. Thank you. Thank you. Thank you.

최근 몇 년 동안 우리나라는 큰 고통을 겪었습니다. 하지만 우리는 이를 극복하고 그 어느 때보다 위대한 나라를 다시 만들 것입니다. 우리는 동정심과 용기를 가지고 어떤 나라와도 비교할 수 없는 특별한 나라가 될 것입니다. 우리의 힘은 모든 전쟁을 멈추고 분노와 폭력으로 예측할 수 없던 세계에 새로운 통합의 정신을 가져올 것입니다.

In recent years, our nation has suffered greatly. But we are going to bring it back and make it great again, greater than ever before. We will be a nation like no other, full of compassion, courage, and exceptionalism. Our power will stop all wars and bring a new spirit of unity to a world that has been angry, violent, and totally unpredictable.

미국은 다시 존경받고 찬사를 받을 겁니다. 종교와 믿음과 선의를 가진 사람들도 그렇게 될 겁니다. 우리는 번영하고 자랑스러워하고 강해질 것이며 전에 없던 승리를 거둘 겁니다. 우리는 지배당하지 않을 것이며 겁먹지 않을 것이며 무너지지 않을 것이며 실패하지 않을 것입니다. 오늘부터 미국은 자유롭고 주권적이며 독립적인 국가가 될 것입니다.

America will be respected again and admired again, including by people of religion, faith, and goodwill. We will be prosperous, we will be proud, we will be strong and we will win like never before. We will not be conquered, we will not be intimidated, we will not be broken, and we will not fail. From this day on, the United States of America will be a free, sovereign, and independent nation.

우리는 용감하게 맞서고, 당당하게 살아가며, 대담하게 꿈을 꿀 것이며, 우리를 가로막는 것은 아무것도 없을 것입니다. 미래는 우리의 것입니다. 우리의 황금기는 이제 막 시작됐습니다. 감사합니다. 미국에 신의 축복이 있기를. 여러분 모두 감사합니다.

We will stand bravely, we will live proudly, we will dream boldly, and nothing will stand in our way because we are Americans. The future's ours, And our golden age has just begun. Thank you, God bless America, thank you all.

트럼프 대통령 연설 2

(2017년 11월 8일 도널드 트럼프 대통령의 대한민국 국회 본회의장 연설) [232]

▲ 2017년 11월 8일 서울 여의도 국회 본회의장에서 연설하고 있는 도널드 트럼프 대통령
미국 대통령의 한국 국회 연설은 1993년 빌 클린턴 대통령에 이어 24년여 만이다. [233]

1. 서론

 친애하는 정 의장님, 존경하는 국회의원 여러분! 그리고 신사숙녀 여러분! 이곳 국회 본회의장에서 말씀드릴 수 있는 기회 그리고 미합중국 국민을 대표해서 대한민국 국민에게 연설할 수 있는 특별한 영광을 주셔서 감사드립니다.
 Assembly Speaker Chung, distinguished members of this Assembly, ladies and gentlemen: Thank you for the extraordinary

---

[232] https://www.youtube.com/watch?v=HHzEmemI_68
[233] https://www.iminju.net/news/articleView.html?idxno=32324

privilege to speak in this great chamber and to address your people on behalf of the people of the United States of America.

한국에 머무는 짧은 시간 동안 멜라니아와 나는 한국의 고전적이면서도 근대적인 모습에 경외감을 느꼈으며 여러분의 따뜻한 환대에 큰 감명을 받았습니다.

In our short time in your country, Melania and I have been awed by its ancient and modern wonders, and we are deeply moved by the warmth of your welcome.

어젯밤 문 대통령님 내외는 청와대의 멋진 연회에서 우리를 극진히 환대해 주셨습니다. 우리는 군사협력 증진과 공정성 및 호혜의 원칙하에 양국 간 통상관계를 개선하는 면에 있어 생산적인 논의를 했습니다.

Last night, President and Mrs. Moon showed us incredible hospitality in a beautiful reception at the Blue House. We had productive discussions on increasing military cooperation and improving the trade relationship between our nations on the principle of fairness and reciprocity.

2. 본론

이번 방문 일정 내내 한미 양국의 오랜 우애를 확인할 수 있어 기뻤고 영광이었습니다. 우리 양국의 동맹은 전쟁의 시련 속에서 싹텄고 역사의 시험을 통해 강해졌습니다. 인천 상륙 작전에서 폭찹힐 전투에 이르기까지 한미 장병들은 함께 싸웠고 함께 산화했으며 함께 승리했습니다.

Through this entire visit, it has been both our pleasure and our honor to create and celebrate a long friendship between the United States and the Republic of Korea.

This alliance between our nations was forged in the crucible of war, and strengthened by the trials of history. From the Inchon landings to Pork Chop Hill, American and South Korean soldiers have fought together, sacrificed together, and triumphed together.

67년 전 1951년 봄, 양국 군은 오늘 우리가 함께하고 있는 서울을 탈환했습니다. 우리 연합군이 공산군으로부터 수도지역을 재탈환하기 위해 큰 사상자를 낸 것이 그것으로 그해 두 번째였습니다.

그 이후 수 주, 수개월에 걸쳐 양국 군은 험준한 산을 묵묵히 전진했으며 혈전을 치렀습니다. 때로는 후퇴하고 북진했고 선을 형성했습니다. 그 선은 오늘날 탄압받는 자들과 자유로운 자들을 가르는 선이 되었습니다. 그리고 한미 장병들은 그 선을 70년 가까이 함께 지켜나가고 있습니다.

Almost 67 years ago, in the spring of 1951, they recaptured what remained of this city where we are gathered so proudly today. It was the second time in a year that our combined forces took on steep casualties to retake this capital from the communists.

Over the next weeks and months, the men soldiered through steep mountains and bloody, bloody battles. Driven back at times, they willed their way north to form the line that today divides the oppressed and the free. And there, American and South Korean troops have remained together holding that line for nearly seven decades.

1953년 정전협정에 서명했을 당시 3만 6,000명의 미국인이 한국전에서 전사했으며 10여만 명이 부상을 입었습니다. 굉장히 큰 부상을 입었습니다. 이들은 영웅이며, 우리는 그들에게 경의를 표합니다. 우리는 또한 한국민들이 자유를 위해 치렀던 엄청난 대가에 경의를 표하며 이를 기억합니다. 한국은 수십만의 용감한 장병들과 셀 수 없이 무고한 시민들을 끔찍한 전쟁으로 잃었습니다.

이 아름다운 서울의 대부분은 초토화되었습니다. 한국의 많은 지역에 전쟁의 상흔이 남았으며 한국의 경제는 큰 영향을 받았습니다. 하지만 전 세계가 알다시피 그 이후 두 세대에 걸쳐 기적과도 같은 일이 한반도 남쪽에서 일어났습니다. 한 가구씩 그리고 한 도시씩 한국민들은 이 나라를 오늘의 모습으로 바꾸어 놓았습니다. 한국은 이제 전 세계 훌륭한 국가 중 하나로 발돋움했습니다. 그리고 이에 대해 축하의 말씀을 드립니다.

By the time the armistice was signed in 1953, more than 36,000 Americans had died in the Korean War, with more than 100,000 others very badly wounded. They are heroes, and we honor them. We also honor and remember the terrible price the people of your country paid for their freedom. You lost hundreds of thousands of brave soldiers and countless innocent civilians in that gruesome war.

Much of this great city of Seoul was reduced to rubble. Large portions of the country were scarred — severely, severely hurt — by this horrible war. The economy of this nation was demolished. But as the entire world knows, over the next two generations something miraculous happened on the southern half of this peninsula. Family by family, city by city, the people of South Korea built this country into what is today one of the great nations of the world. And I congratulate you.

매우 짧은 기간에, 한국은 끔찍한 참화를 딛고 일어나 지구상 가장 부강한 국가의 반열에 올랐습니다. 오늘날 한국 경제 규모는 1960년과 비교해 350배에 이르고 교역은 근 1900배 가까이 증가했습니다. 평균 수명 역시 53세에 불과했던 것이 이제는 82세 이상이 되었습니다. 이러한 한국의 부흥과 그리고 제가 선거에서 승리한 것, 여러분들과 함께 이 사실을 축하하고자 합니다.

In less than one lifetime, South Korea climbed from total devastation to among the wealthiest nations on Earth. Today, your economy is more than 350 times larger than what it was in 1960. Trade has increased 1,900 times. Life expectancy has risen from just 53 years to more than 82 years today. Like Korea, and since my election exactly one year ago today, I celebrate with you.

미국도 마찬가지로 기적과 같은 일을 경험하고 있습니다. 우리의 주식시장은 그 어느 때보다도 활황을 누리고 있습니다. 실업률은 17년째 최저치를 기록하고 있습니다. 우리는 IS를 물리쳤고 사법부를 강화하고 있습니다. 그리고 굉장히 훌륭한 대법원장을 모셨습니다. 이것보다도 훨씬 더 많은 사례들이 있습니다. 현재 한반도 주변에 3대의 큰 항공모함이 배치되었습니다. 이 항공모함에는 F-35가 장착되어 있으며 15대의 전투기가 들어가 있습니다. 우리는 핵잠수함을 적절하게 포지셔닝(positioning) 해 두고 있습니다. 미국은 제 행정부 안에서 완전하게 그 군사력을 재구축하고 있으며 수천억에 달하는 돈을 지출해 가장 새롭고 가장 발전된 무기체계를 획득하기 위해 노력하고 있습니다.

이것이 전 세계적으로 일어나고 있습니다. 저는 힘을 통해 평화를 유지하고자 합니다.

   The United States is going through something of a miracle itself. Our stock market is at an all-time high. Unemployment is at a 17-year low. We are defeating ISIS. We are strengthening our judiciary, including a brilliant Supreme Court justice, and on, and on, and on. Currently stationed in the vicinity of this peninsula are the three largest aircraft carriers in the world loaded to the maximum with magnificent F-35 and F-18 fighter jets. In addition, we have nuclear submarines appropriately positioned. The United States, under my administration, is completely rebuilding its military and is spending hundreds of billions of dollars to the newest and finest military equipment anywhere in the world being built, right now. I want peace through strength.

   우리는 한국이 그 어떤 나라보다도 더 잘되기를 원하고 많은 도움을 드리고 있습니다. 그리고 어떤 누가 이해할 수 있는 것보다도 많은 노력을 경주하고 있습니다. 나는 한국이 너무나 성공적인 국가로 성장했다는 것을 알고 있으며 신뢰할 수 있는 동맹국이라는 것을 믿습니다. 그리고 미래에도 그렇게 될 것을 믿어 의심치 않습니다.

   We are helping the Republic of Korea far beyond what any other country has ever done. And, in the end, we will work things out far better than anybody understands or can even appreciate. I know that the Republic of Korea, which has become a tremendously successful nation, will be a faithful ally of the United States very long into the future.

　한국이 이루어 낸 것은 정말 큰 감명을 주고 있습니다. 한국의 경제적인 탈바꿈은 정치적인 탈바꿈으로도 이어졌습니다. 한국의 자긍심 넘치는 독립적인 국민은 스스로 통치할 권리를 요구했습니다. 한국민들은 1988년 자유총선을 치렀습니다. 이것이 한국이 첫 올림픽을 개최한 바로 그 해입니다. 곧이어 한국민들은 30여 년 만에 처음으로 문민 대통령을 배출했습니다. 그리고 여러분의 손으로 이룩한 나라가 금융위기에 처했을 때 여러분들은 수백 명씩 줄을 지어 가장 값나가는 물건들을 기꺼이 내놓았습니다. 결혼반지, 가보, 황금 행운의 열쇠를 내놓으며 자녀들의 더 나은 미래를 담보하고자 했던 것들이 바로 여러분들입니다.

　What you have built is truly an inspiration. Your economic transformation was linked to a political one. The proud, sovereign, and independent people of your nation demanded the right to govern themselves. You secured free parliamentary elections in 1988, the same year you hosted your first Olympics. After, you elected your first civilian president in more than three decades. And when the Republic you won faced financial crisis, you lined up by the millions to give your most prized possessions — your wedding rings, heirlooms, and gold "luck keys" — to restore the promise of a better future for your children.

　여러분의 부는 단순한 금전적 가치 그 이상이며 마음과 정신의 업적입니다. 지난 수십 년간 한국의 과학자와 공학자들이 너무나 많은 훌륭한 것들을 발견해 냈습니다. 여러분이 기술의 한계를 극복하고 기적적인 의학적 치료법을 개척하며 우주의 불가사의를 풀어내는 리더로 부상했습니다. 한국 작가들은 연간 약 4만 권의 책을 저술하고 있습니다. 한국 음악가들은 전 세계의 콘서트장을 메우고 있습니다. 한국 학생들의 대학 졸업률은 전 세계 최고 수준에 달하고 있습니다. 그리고 한국의 골프선수들은 세계 최고의 기량을 갖추고 있습니다.

제가 무슨 말씀을 드릴지 아실 거라고 생각합니다. US오픈 올해 대회가 뉴저지에 있는 트럼프 골프 코스에서 열렸습니다. 그리고 훌륭한 한국 여성 골퍼 박성현 씨가 바로 여기서 승리했습니다. 전 세계 10위권에 드는 훌륭한 선수입니다. 그리고 세계 4대 골프선수들이 모두 한국 출신입니다. 축하드립니다. (일동 박수) 이것은 대단한 일이라고 생각하고요. 이곳 서울에서는 63빌딩이나 롯데월드타워 같은 멋진 건축물들이 하늘을 수놓고, 여러 성장산업에 종사하는 근로자들의 일터가 되고 있습니다. 한국민들은 이제 굶주린 이들에게 식량을 제공하고 테러에 맞서며 전 세계 곳곳에서 문제 해결에 힘이 되고 있습니다. 그리고 몇 달 후면 여러분들은 23차 동계올림픽이라는 멋진 행사를 개최하게 됩니다. 행운을 빕니다.

Your wealth is measured in more than money — it is measured in achievements of the mind and achievements of spirit. Over the last several decades, your scientists of engineers — have engineered so many magnificent things. You've pushed the boundaries of technology, pioneered miraculous medical treatments, and emerged as leaders in unlocking the mysteries of our universe. Korean authors penned roughly 40,000 books this year. Korean musicians fill concert halls all around the world. Young Korean students graduate from college at the highest rates of any country. And Korean golfers are some of the best on Earth. Fact — and you know what I'm going to say — the Women's U.S. Open was held this year at Trump National Golf Club in Bedminster, New Jersey, and it just happened to be won by a great Korean golfer, Sung-hyun Park.

An eighth of the top 10 players were from Korea. And the top four golfers — one, two, three, four — the top four were from Korea. Congratulations. (Applause.) Congratulations. And that's something. That is really something.

Here in Seoul, architectural wonders like the Sixty-Three Building and the Lotte World Tower — very beautiful — grace the sky and house the workers of many growing industries. Citizens now help to feed the hungry, fight terrorism, and solve problems all over the world. And in a few months, you will host the world and you will do a magnificent job at the 23rd Olympic Winter Games. Good luck.

한국의 기적은 자유국가의 병력이 1953년 진격했었던 곳, 이곳으로부터 24마일 북쪽까지에만 미쳤습니다. 그리고 기적은 거기에서 멈춥니다. 거기서 모두 끝납니다. 바로 거기서 멈춰지는 것입니다. 번영은 거기서 끝나고 북한이라는 교도(矯導) 국가가 시작됩니다. 북한 노동자들은 끔찍하게 긴 시간을 견디기 힘든 조건에서 무보수로 일합니다. 최근에는 전 노동 인구에게 70일 연속 노동을 하든지 아니면 하루치 휴식에 대한 대가를 지불하라는 명령이 내려졌습니다. 가족들은 배관도 갖춰지지 않은 집에서 생활하고 전기를 쓰는 가정은 절반에도 못 미칩니다. 부모들은 교사에게 촌지를 건네며 자녀들이 강제 노역에서 구제될 것이라는 희망을 갖습니다.

100만 이상의 북한 주민들이 1990년대에 기근으로 사망했고 더 많은 사람들이 기아로 목숨을 잃고 있습니다. 5세 미만 영유아 중 거의 30%가 영양실

조로 인한 발육부진에 시달립니다. 그럼에도 2012년과 2013년 북한 체제는 2억 불로 추정되는 돈, 즉 주민들의 생활 수준 향상을 위해 배분한 액수의 절반에 가까운 액수를 기념비, 탑, 동상을 건립해 독재자를 우상화하는 데 썼습니다. 북한 경제가 거둬들이는 미미한 수확은 비뚤어진 체제에 대한 충성도에 따라 배분됩니다. 주민들을 동등한 시민으로 여기기는커녕 이 잔혹한 독재자는 주민들을 저울질하고 점수 매기고 국가에 대한 충성도를 자의적으로 평가해 등급을 매깁니다. 높은 충성도 점수를 딴 사람들은 수도인 평양에 거주할 수 있습니다. 점수가 가장 낮은 사람들은 먼저 아사합니다.

The Korean miracle extends exactly as far as the armies of free nations advanced in 1953 — 24 miles to the north. There, it stops; it all comes to an end. Dead stop. The flourishing ends, and the prison state of North Korea sadly begins. Workers in North Korea labor grueling hours in unbearable conditions for almost no pay. Recently, the entire working population was ordered to work for 70 days straight, or else pay for a day of rest. Families live in homes without plumbing, and fewer than half have electricity. Parents bribe teachers in hopes of saving their sons and daughters from forced labor.

More than a million North Koreans died of famine in the 1990s, and more continue to die of hunger today. Among children under the age of five, nearly 30 percent of afflicted -- and are afflicted by stunted growth due to malnutrition. And yet, in 2012 and 2013, the regime spent an estimated $200 million — or almost half the money that it allocated to improve living standards for its people — to instead build even more monuments, towers, and statues to glorify its dictators.

What remains of the meager harvest of the North Korean economy is distributed according to perceived loyalty to a twisted regime. Far from valuing its people as equal citizens, this cruel dictatorship measures them, scores them, and ranks them based on the most arbitrary indications of their allegiance to the state. Those who score the highest in loyalty may live in the capital city. Those who score the lowest starve.

한 사람의 작은 위반, 예를 들면 버려진 신문지에 인쇄된 독재자의 사진에 실수로 얼룩을 묻히면 이것으로 그 사람의 가족 전체 사회신용등급이 수십 년간 망가질 수 있습니다.

10만 명으로 추정되는 북한 주민이 노동수용소에서 강제노역을 하고 지속적인 고문, 기아, 강간, 살인으로 고통받고 있습니다.

A small infraction by one citizen, such as accidentally staining a picture of the tyrant printed in a discarded newspaper, can wreck the social credit rank of his entire family for many decades.

An estimated 100,000 North Koreans suffer in gulags, toiling in forced labor, and enduring torture, starvation, rape, and murder on a constant basis.

알려진 한 사례에서는 아홉 살 소년이 조부가 반역죄로 고발당했다는 이유로 10년간 수감생활을 하기도 했습니다.

또 다른 사례에서는 한 학생이 김정은의 삶에 대한 세부 사항 하나를 잊었다는 이유로 학교에서 매를 맞았습니다.

군인들은 외국인을 납치해 이들을 강제로 북한 첩보원의 어학교사로 일하게 만들었습니다.

전쟁 전엔 기독교의 근거지였지만 이제는 기독교인과 기타 종교인들이 기도를 하거나 종교 서적을 보유하다가 적발되면 억류와 고문, 심지어 처형까지도 당합니다.

In one known instance, a nine-year-old boy was imprisoned for 10 years because his grandfather was accused of treason.

In another, a student was beaten in school for forgetting a single detail about the life of Kim Jong-un.

Soldiers have kidnapped foreigners and forced them to work as language tutors for North Korean spies.

In the part of Korea that was a stronghold for Christianity before the war, Christians and other people of faith who are found praying or holding a religious book of any kind are now detained, tortured, and, in many cases, even executed.

북한 여성들은 인종적으로 열위에 있다고 간주되는 아이들을 강제로 낙태시켜야 합니다. 이 아이들을 출생하면 신생아 때 살해됩니다. 중국인 아버지를 둔 한 아기는 바구니에 담긴 채 끌려갔습니다.

경비대는 "아이의 피가 불순해 살 가치가 없다."고 말했습니다.

이런데도 중국은 왜 북한을 도와야 한다는 의무감을 가질까요?

North Korean women are forced to abort babies that are considered ethnically inferior. And if these babies are born, the newborns are murdered. One woman's baby born to a Chinese father was taken away in a bucket.

The guard said it did not deserve to live because it was impure.

So why would China feel an obligation to help North Korea?

북한에서의 삶이 너무나 끔찍해 주민들은 정부 관료에게 뇌물을 주고 해외에 노예로 팔려갑니다. 북한에서 사느니 차라리 노예가 되겠다는 것입니다. 도망치는 것은 사형에 처해질 수 있는 범죄입니다.

탈출에 성공한 한 사람은 "지금 생각하면 나는 사람이 아니었다. 동물에 더 가까웠다. 북한을 떠난 후에야 삶이 어떤 것이지 깨달았다."라고 말했습니다.

The horror of life in North Korea is so complete that citizens pay bribes to government officials to have themselves exported aboard as slaves. They would rather be slaves than live in North Korea. To attempt to flee is a crime punishable by death.

One person who escaped remarked, "When I think about it now, I was not a human being. I was more like an animal. Only after leaving North Korea did I realize what life was supposed to be."

그래서 한반도에서 우리는 역사의 실험실에서 벌어진 비극적 실험의 결과를 목도하고 있습니다. 이것은 하나의 민족, 두 개의 코리아에 대한 이야기입니다. 한쪽 코리아에서는 사람들이 스스로 삶과 국가를 꾸려나가고, 자유와 정의, 문명과 놀라운 성취의 미래를 선택했습니다. 다른 한쪽 코리아에서는 지도자들이 압제와 파시즘, 탄압의 기치하에 자국민들을 감옥에 가두었습니다.

이 실험의 결과가 도출되었고, 그 결과는 확정적입니다.

And so, on this peninsula, we have watched the results of a tragic experiment in a laboratory of history. It is a tale of one people, but two Koreas. One Korea in which the people took control of their lives and their country and chose a future of freedom and justice, of civilization, and incredible achievement. and another Korea in which leaders imprison their people under the banner of tyranny, fascism, and oppression.

The results of this experiment are in, and they are totally conclusive.

1950년 한국전쟁 무렵, 남북한의 1인당 GDP는 거의 동일했습니다. 하지만 1990년대에 들어 한국의 부는 북한과 비교해 10배를 넘어섰습니다. 그리고 오늘날 한국경제는 북한 대비 40배 이상입니다. 불과 얼마 전에 똑같이 시작했는데 이제 한국은 40배 이상 커진 것입니다. 여러분은 뭔가 제대로 하고 있는 것입니다.

북한 독재 정권이 초래한 고통을 숙고해보면 북한 독재자가 왜 점점 필사적으로, 주민들이 이 극명한 대비를 알지 못하게 해야 했는지는 그다지 놀라운 일이 아닙니다.

북한 정권은 그 무엇보다도 진실을 두려워하기 때문에 외부 세계와의 접촉을 차단하고 있습니다. 오늘 나의 연설뿐 아니라 한국 생활의 가장 평범한 사실조차도 북한 주민에게는 금단의 지식입니다.

When the Korean War began in 1950, the two Koreas were approximately equal in GDP per capita. But by the 1990s, South Korea's wealth had surpassed North Korea's by more than 10 times. And today, the South's economy is over 40 times larger. So you started the same a short while ago, and now you're 40 times larger. You're doing something right.

Considering the misery wrought by the North Korean dictatorship, it is no surprise that it has been forced to take increasingly desperate measures to prevent its people from understanding this brutal contrast. Because the regime fears the truth above all else, it forbids virtually all contact with the outside world. Not just my speech today, but even the most commonplace facts of South Korean life are forbidden knowledge to the North Korean people.

서구와 한국의 음악도 금지되어 있습니다. 해외 매체의 소지는 사형에 처해질 수 있는 범죄입니다. 사람들은 서로 염탐하고, 집은 언제라도 수색당할 수 있으며 모든 행동은 감시의 대상이 됩니다. 활발히 살아가는 사회가 아니라, 북한 주민들은 사실상 매시간 쏟아지는 국가 선전 속에 살고 있습니다.

북한은 광신적 종교 집단처럼 통치되는 국가입니다. 이 군사적 이단 국가의 중심에는 정복된 한반도와 노예가 되어버린 한국인들을 보호자로서 통치하는 것이 지도자의 운명이라는 착란적인 믿음이 자리하고 있습니다.

성공할수록 한국은 더 결정적으로 김정은 체제 중심에 있는 어두운 환상에 손상을 입힐 수 있습니다. 이렇듯 번영하는 한국의 존재 자체가 북한 독재체제의 생존을 위협합니다.

자유롭고 독립적인 한국에서 서울과 국회는 강력하고 세계 최고이며 자랑스러울 것이며 그건 실제로 세계 속에서 그렇다는 증거입니다.

Western and South Korean music is banned. Possession of foreign media is a crime punishable by death. Citizens spy on fellow citizens, their homes are subject to search at any time, and their every action is subject to surveillance. In place of a vibrant society, the people of North Korea are bombarded by state propaganda practically every waking hour of the day.

North Korea is a country ruled as a cult. At the center of this military cult is a deranged belief in the leader's destiny to rule as parent-protector over a conquered Korean peninsula and an enslaved Korean people.

The more successful South Korea becomes, the more decisively you discredit the dark fantasy at the heart of the Kim regime. In this way, the very existence of a thriving South Korean republic threatens the very survival of the North Korean dictatorship.

This city and this assembly are living proof that a free and independent Korea not only can but does stand strong, sovereign, and proud among the nations of the world.

이곳에서 국가의 힘은 가련한 폭군의 가짜 영광에서 나오는 것이 아닙니다. 강력하고 위대하며, 자유롭게 살면서 번창하고 예배하고 사랑하고, 스스로 운명을 결정하는 한국 국민의 진정한 영광에서 나옵니다.

한국 국민은 그 어떤 독재자도 할 수 없었던 것을 해냈습니다. 미국의 도움을 받아 스스로 책임지고 미래의 주도권을 잡았습니다. 꿈이 있었고 코리안 드림을 현실로 만들었습니다.

그 과정에서 우리 주변에서 볼 수 있는 서울의 멋진 마천루, 들과 산봉우리, 아름다운 경관을 아우르는 한강의 기적을 이뤄냈습니다. 여러분들은 자유롭고 행복하고 여러분들만의 아름다운 방법으로 이를 성취했습니다.

이러한 현실, 훌륭한 나라, 여러분의 성공은 북한 정권이 느끼는 불안함, 놀람, 심지어 두려움의 가장 큰 근원입니다. 그래서 김정은 체제는 나라 안의 고통스러운 완전 실패로부터 눈을 돌리기 위해 나라 밖에서 갈등을 모색합니다.

Here the strength of the nation does not come from the false glory of a tyrant. It comes from the true and powerful glory of a strong and great people, the people of the Republic of Korea, a Korean people who are free to live, to flourish, to worship, to love, to build, and to grow their own destiny.

In this republic, the people have done what no dictator ever could. You took, with the help of the United States, responsibility for yourselves and ownership of your future. You had a dream, a Korean dream, and you built that dream into a great reality.

In so doing, you performed the Miracle on the Han that we see all around us, from the stunning skyline of Seoul to the plains and peaks of this beautiful landscape. You have done it freely, you have done it happily, and you have done it in your own very beautiful way.

This reality, this wonderful place, your success is the greatest cause of anxiety, alarm, and even panic to the North Korean regime. That is why the Kim regime seeks conflict abroad, to distract from total failure that they suffer at home.

소위 휴전 이후에 북한은 미국인과 한국인을 수없이 공격했습니다. 푸에블로호의 미 해군들을 붙잡아 고문했고, 반복해서 미국 헬기들을 공격했으며 1969년에 미국 정찰기를 격추해 31명의 미군을 사망하게 했습니다.

북한 정권은 여러 번 한국을 침투했고 고위 지도자 암살을 시도했으며 한국 함선들을 공격했습니다. 오토 웜비어를 고문해 그 젊은 청년을 죽음에 이르도록 했습니다.

또한 협박으로 자신의 궁극적인 목표를 이룰 수 있다는 잘못된 희망으로 북한 정권은 핵무기를 추구했습니다. 우리는 그 같은 목표를 이루지 못하도록 할 것입니다. 분단된 채 한국 전체가 맞서고 있습니다. 한국은 북한에서 일어나고 있는 일이 지속되지 못하도록 할 것입니다.

Since the so-called armistice, there have been hundreds of North

Korean attacks on Americans and South Koreans. These attacks have included the capture and torture of the brave American soldiers of the USS Pueblo, repeated assaults on American helicopters, and the 1969 downing of a U.S. surveillance plane that killed 31 American servicemen.

The regime has made numerous lethal incursions in South Korea, attempted to assassinate senior leaders, attacked South Korean ships, and tortured Otto Warmbier, ultimately leading to that fine young man's death.

All the while, the regime has pursued nuclear weapons with the deluded hope that it could blackmail its way to the ultimate objective. And that objective we are not going to let it have. We are not going to let it have. All of Korea is under that spell, divided in half. South Korea will never allow what's going on in North Korea to continue to happen.

북한 정권은 미국과 동맹국에 했던 모든 보장, 합의, 약속을 어기면서 핵, 탄도 미사일 프로그램을 추구했습니다. 모든 약속을 위반했습니다. 플루토늄을 동결하겠다고 94년에 약속한 이후에도 북한은 합의된 혜택은 거두면서 즉각적으로 불법적 핵 활동도 지속했습니다. 2005년에는 수년간의 외교 이후, 독재체제는 궁극적으로 핵 프로그램을 폐기하고 비확산 조약에 복귀하겠다고 했습니다만 돌아오지 않고 오히려 포기하겠다고 협상한 무기를 실험했습니다.

The North Korean regime has pursued its nuclear and ballistic missile programs in defiance of every assurance, agreement, and commitment it has made to the United States and its allies. It's broken all of those commitments. After promising to freeze its plutonium program in 1994, it reaped the benefits of the deal and then, and then immediately continued its illicit nuclear activities. In 2005, after years of diplomacy, the dictatorship agreed to ultimately abandon its nuclear programs and return to the Treaty on Non-Proliferation. But it never did. And worse, it tested the very weapons it said it was going to give up.

2009년 미국은 다시 협상하여 북한에 참여할 수 있는 기회를 제공했습니다. 북한의 답은 한국해군 함정을 침몰시키고 46명의 해군이 사망에 이르게 하는 것이었습니다. 지금까지 북한은 계속해서 일본과 이웃국 영토 위로 미사일을 발사하고, 핵실험을 하며 대륙간탄도미사일을 개발하여 미국을 위협하려 합니다. 북한 체제는 과거 미국의 자제를 유약함으로 오인했습니다. 이는 치명적인 오산입니다. 현재 미국행정부는 과거의 행정부와는 매우 다릅니다.

In 2009, the United States gave negotiations yet another chance, and offered North Korea the open hand of engagement. The regime responded by sinking a South Korean Navy ship, killing 46 Korean sailors. To this day, it continues to launch missiles over the sovereign territory of Japan and all other neighbors, test nuclear devices, and develop ICBMs to threaten the United States itself. The regime has interpreted America's past restraint as weakness. This would be a fatal miscalculation. This is a very different administration than the United States has had in the past.

오늘 우리 양국뿐 아니라 모든 문명국가들을 대표하여 북한에 말합니다. 우리를 과소평가하지도 시험도 하지 마십시오.

우리는 공동의 안보, 우리가 공유하는 번영, 신성한 자유를 방어할 것입니다.

우리는 훌륭한 이 한반도에 다른 곳에서도 볼 수 있고 역사 속에도 있었던 가느다란 문명의 선긋기를 선택하지 않았습니다. 하지만 이 선은 여기에 그어졌고 남아있습니다. 이 선은 평화와 전쟁, 품위와 악행, 법과 폭정, 희망과 절망 사이에 놓인 선입니다. 이 선은 수차례, 많은 장소에서 역사 속에서 그어졌습니다. 이 선을 지키는 것이 자유국가가 해야 하는 선택입니다. 우리는 유약함의 대가와 이것들을 지키는 데 따르는 위험을 함께 배워왔습니다.

미국 군인들은 나치즘, 제국주의, 공산주의, 테러와 싸우면서 생명을 걸었습니다. 미국은 갈등이나 대치를 원치 않습니다. 하지만 결코 도망치지도 않을 것입니다.

Today, I hope I speak not only for our countries, but for all civilized nations when I say to the North: Do not underestimate us. And do not try us.

We will defend our common security, our shared prosperity, and our sacred liberty.

We did not choose to draw here, on this peninsula — this magnificent peninsula — the thin line of civilization that runs around the world and down through time. But here it was drawn, and here it remains to this day. It is the line between peace and war, between decency and depravity, between law and tyranny, between hope and total despair. It is a line that has been drawn many times in many places throughout history. To hold that line is a choice free nations have always had to make. We have learned together the high cost of weakness and the high stakes of its defense.

America's men and women in uniform have given their lives in the fight against Nazism, imperialism, Communism, and terrorism. America does not seek conflict or confrontation, but we will never run from it.

역사에는 어리석게 미국의 결의를 시험하다 버림받은 체제들이 많습니다. 미국의 힘, 결의를 의심하는 자는 우리의 과거를 보고 더 이상 의심치 말아야 합니다.

우리는 미국이나 동맹국이 협박이나 공격받는 것을 허용하지 않을 것입니다. 우리는 미국 도시들이 파괴 위협을 받는 것을 허용치 않을 것입니다. 우리는 협박받지 않을 것입니다. 우리가 지키기 위해 목숨을 걸었던 땅인 이곳에서 최악의 잔혹이 반복되도록 하지 않을 것입니다.

그래서 나는 이곳에 왔습니다. 자유롭고 번영하는 한국에 평화를 사랑하는 국가들을 위한 메시지를 들고 왔습니다. 변명의 시대는 끝났습니다. 이제는 힘의 시대입니다. 평화를 원하면 강해야 합니다.

세계에 핵 참화로 협박하는 악당들의 위협을 관용할 수 없습니다. 책임 있는 국가들은 힘을 합쳐 북한의 잔혹한 정권을 고립시켜야 합니다. 어떤 형태로라도 부정해야합니다. 지원해서도 공급해서도 받아들여서도 안됩니다.

중국과 러시아를 포함한 모든 국가들에게 유엔 안보리 결의안을 완전히 이행하고, 북한과의 외교관계를 격하시키며 모든 무역, 기술 관계를 단절시킬 것을 촉구합니다. 우리의 책임이자 의무는 이 위험에 함께 대처하는 것입니다. 왜냐하면 기다릴수록 위험은 증가하고 선택지는 적어지기 때문입니다. 이 위협을 무시하거나 가능하게 하는 국가들에게 말합니다. 이 위기의 무게가 여러분의 양심을 누를 것입니다.

History is filled with discarded regimes that have foolishly tested America's resolve. Anyone who doubts the strength or determination of the United States should look to our past, and you will doubt it no longer.

We will not permit America or our allies to be blackmailed or attacked. We will not allow American cities to be threatened with destruction. We will not be intimidated. And we will not let the worst atrocities in history be repeated here on this ground we fought and died so hard to secure.

That is why I come here, to the heart of a free and flourishing Korea, with a message for the peace-loving nations of the world: The time for excuses is over. Now is the time for strength. If you want peace, you must stand strong at all times.

The world cannot tolerate the menace of a rogue regime that threatens with nuclear devastation. All responsible nations must join forces to isolate the brutal regime of North Korea, to deny it and any form, any form of it. you cannot support, you cannot supply, you cannot accept.

We call on every nation, including China and Russia, to fully implement U.N. Security Council resolutions, downgrade diplomatic relations with the regime, and sever all ties of trade and technology. It is our responsibility and our duty to confront this danger together, because the longer we wait, the greater the danger grows and the fewer the options become. And to those nations that choose to ignore this threat, or, worse still, to enable it the weight of this crisis is on your conscience.

나는 북한 독재체제의 지도자에게 직접적으로 전할 메시지가 있어 한반도에 왔습니다. 당신이 획득한 무기는 당신을 안전하게 만드는 것이 아니라 체제를 심각한 위험에 빠뜨립니다. 어두운 길로 향하는 걸음마다 당신이 처할 위험이 극대화될 것입니다.

북한은 당신의 할아버지가 그리던 낙원이 아닙니다. 그 누구도 가서는 안 되는 지옥입니다. 하지만 당신이 하나님과 인간에게 지은 범죄에도 불구하고 우리는 나은 미래를 위한 길을 제공할 준비가 되어 있습니다. 이것의 출발은 공격을 종식하고, 탄도미사일 개발을 멈추며, 완전하고 검증 가능한 총체적인 비핵화입니다.

하늘에서 한반도를 바라보면 눈부신 빛이 남쪽에 가득하고, 뚫을 수 없는 어둠이 북쪽에 드리우고 있습니다. 우리는 빛과 번영과 평화의 미래를 원합니다. 하지만 우리는 북한 지도자들이 도발을 멈추고 핵 프로그램을 폐기할 경우에만 이 같은 밝은 길을 논의할 것입니다.

북한의 악한 정권은 한 가지는 제대로 보고 있습니다. 바로 한민족의 운명은 영광스럽다는 것입니다. 하지만 그 모습이 무엇인지에 대해서는 잘못 알고 있습니다. 한민족의 운명은 억압의 굴레 속에서 고통을 받는 것이 아니라, 영광의 자유 속에서 번영하는 것입니다.

I also have come here to this peninsula to deliver a message directly to the leader of the North Korean dictatorship. The weapons you are acquiring are not making you safer. They are putting your regime in grave danger. Every step you take down this dark path increases the peril you face.

North Korea is not the paradise your grandfather envisioned. It is a hell that no person deserves. Yet despite every crime you have committed against God and man, you are ready to offer and we will do that we will offer a path to a much better future. It begins with an end to the aggression of your regime, a stop to your development of ballistic missiles, and complete, verifiable, and total denuclearization.

A sky-top view of this peninsula shows a nation of dazzling light in the South and a mass of impenetrable darkness in the North. We seek a future of light, prosperity, and peace. But we are only prepared to discuss this brighter path for North Korea if its leaders cease their threats and dismantle their nuclear program.

The sinister regime of North Korea is right about only one thing: The Korean people do have a glorious destiny, but they could not be more wrong about what that destiny looks like. The destiny of the Korean people is not to suffer in the bondage of oppression, but to thrive in the glory of freedom.

한국인들이 한반도에서 이룩한 것은 한국의 승리, 그 이상입니다. 인류의 정신을 믿는 모든 국가들에게 승리입니다. 우리의 희망은 조만간 여러분들의 북한 형제, 자매들이 하나님이 의도한 인생을 충만히 누리는 것입니다.

한국은 우리에게 무엇이 가능한지 보여줍니다. 여러분들은 단지 몇십 년의 세월 동안 근면, 용기, 재능만으로 전쟁으로 폐허가 된 이 땅을 부와 풍부한 문화와 심오한 정신을 갖춘 축복받은 나라로 바꾸어놓았습니다. 모든 가정이 잘 살고 모든 어린이들이 빛나고 행복할 수 있는 나라로 만들었습니다.

이러한 한국은 자주적이고 자랑스러우며 평화를 사랑하는 국가들 사이에 강하고 위대하게 서 있습니다. 우리는 국민을 존중하고 자유를 소중히 여기며 주권을 간직하고 스스로 운명을 만드는 나라들입니다. 인간의 존엄성을 확인하며 온전한 잠재력을 인정합니다. 우리는 폭군들의 잔인한 야욕으로부터 우리 국민의 중요한 이해관계를 보호할 준비가 되어 있습니다.

What South Koreans have achieved on this peninsula is more than a victory for your nation. It is a victory for every nation that believes in the human spirit. And it is our hope that, someday soon, all of your brothers and sisters of the North will be able to enjoy the fullest of life intended by God.

Your republic shows us all of what is possible. In just a few decades, with only the hard work, courage, and talents of your people, you turned this war-torn land into a nation blessed with wealth, rich in culture, and deep in spirit. You built a home where all families can flourish and where all children can shine and be happy.

This Korea stands strong and tall among the great community of independent, confident, and peace-loving nations. We are nations that respect our citizens, cherish our liberty, treasure our sovereignty, and control our own destiny. We affirm the dignity of every person and embrace the full potential of every soul. And we are always prepared to defend the vital interests of our people against the cruel ambition of tyrants.

3. 결론

우리는 함께 하나의 한국, 안전한 한반도, 가족의 재회를 꿈꿉니다. 남북을 잇는 고속도로, 가족의 만남, 핵 악몽은 가고 아름다운 평화의 약속이 오는 날을 꿈꿉니다.

그날이 올 때까지 우리는 강하고 방심하지 않으며, 북한에 시선을 집중하고 모든 한국인들이 자유롭게 살 그 날을 위해 기도할 것입니다. 감사합니다. 하나님께서 한국 국민들과 미국을 축복하시길 기원합니다. 감사합니다.

Together, we dream of a Korea that is free, a peninsula that is safe, and families that are reunited once again. We dream of highways connecting North and South, of cousins embracing cousins, and this nuclear nightmare replaced with the beautiful promise of peace.

Until that day comes, we stand strong and alert. Our eyes are fixed to the North and our hearts praying for the day when all Koreans can live in freedom.

Thank you. God bless you. God bless the Korean people. Thank you very much. Thank you.

은혜와 진리 출판사

"거짓의 시대에 진리를 말하고,
어둠 속에서 생명을 밝히는 출판사."

은혜와 진리 출판사는
이 시대의 거대한 침묵과 타협 속에서
진실을 드러내고, 생명을 살리는 메시지를 전하기 위해 설립된
출판 공동체입니다.

우리는
- 침묵당한 생명의 외침,
- 왜곡된 과학과 의료의 실상,
- 진리를 향한 신앙인의 고백과 순교적 증언을
  책이라는 통로를 통해 세상에 드러냅니다.

우리의 책은 단지 정보를 전하지 않습니다.
눈을 뜨게 하고, 깨어나게 하며, 선택하게 합니다.

아이와 청소년들 그리고 청년을 살리고, 가정을 지키며,
교회와 나라를 회복시키는
진실한 말씀과 증언, 시대적 고발과 회개의 외침이
은혜와 진리 출판사의 핵심 사명입니다.

"진리가 너희를 자유케 하리라" (요 8:32)